法華經講義

——第二十輯

——平實導師 述

ISBN 978-986-96548-1-4

執著離念靈知心爲實相心而不肯捨棄者，即是畏懼解脫境界者，即是畏懼無我境界者，即是凡夫之人。謂離念靈知心正是意識心故，若離**俱有依**（意根、法塵、五色根），即不能現起故；若離**因緣**（如來藏所執持之覺知心種子），即不能現起故；復於眠熟位、滅盡定位、無想定位（含無想天中）、正死位、悶絕位等五位中，必定斷滅故。夜夜眠熟斷滅已，必須依於**因緣**、**俱有依**緣等法，方能再於次晨重新現起故；夜夜斷滅後，已無離念靈知心存在，成爲無法，無法則不能再自己現起故；由是故言**離念靈知心是緣起法**、**是生滅法**。不能現觀離念靈知心是緣起法者，即是未斷我見之凡夫；不願斷除**離念靈知心常住不壞之見解**者，即是恐懼解脫無我境界者，當知即是凡夫。

——**平實導師**——

一切誤計**意識心為常**者，皆是佛門中之常見外道，皆是凡夫之屬。意識心境界，依層次高低，可略分爲十：一、處於欲界中，常與五欲相觸之離念靈知；二、未到初禪地之未到地定中，暗無覺知而不與欲界五塵相觸之離念靈知，常處於不明白一切境界之暗昧狀態中之離念靈知；三、住於初禪等至定境中，不與香塵、味塵相觸之離念靈知；四、住於二禪等至定境中，不與五塵相觸之離念靈知；五、住於三禪等至定境中，不與五塵相觸之離念靈知；六、住於四禪等至定境中，不與五塵相觸之離念靈知；七、住於空無邊處等至定境中，不與五塵相觸之離念靈知；八、住於識無邊處等至定境中，不與五塵相觸之離念靈知；九、住於無所有處等至定境中，不與五塵相觸之離念靈知；十、住於非想非非想處等至定境中，不與五塵相觸之離念靈知。如是十種境界相中之覺知心，皆是意識心，計此爲常者，皆屬常見外道所知所見，名爲佛門中之常見外道，不因出家、在家而有不同。

—**平實導師**—

如《解深密經》、《楞伽經》等聖教所言，成佛之道以親證阿賴耶識心體（如來藏）爲因，《華嚴經》亦說**證得阿賴耶識者獲得本覺智**，則可證實：證得阿賴耶識者方是大乘宗門之開悟者，方是大乘佛菩提之眞見道者。經中、論中又說：證得阿賴耶識而轉依**識上所顯真實性**、**如如性**，能安忍而不退失者即是**證真如**、即是大乘賢聖，在二乘法解脫道中至少爲初果聖人。由此聖教，當知親證阿賴耶識而確認不疑時即是開悟眞見道也；除此以外，別無大乘宗門之眞見道。若別以他法作爲大乘見道者，或堅執**離念靈知**亦是實相心者（堅持意識覺知心離念時亦可作爲明心見道者），則成爲實相般若之見道內涵有多種，則成爲實相有多種，則違實相絕待之聖教也！故知宗門之悟唯有一種：親證第八識如來藏而轉依如來藏所顯眞如性，除此別無悟處。此理正眞，放諸往世、後世亦皆準，無人能否定之，則堅持離念靈知意識心是眞心者，其言誠屬妄語也。

——**平實導師**——

目次

自序……序01
第一輯：
〈經題略說〉……001
〈序品〉第一……089
第二輯：
〈序品〉第一……001
〈方便品〉第二……105
第三輯：
〈方便品〉第二……001
第四輯：
〈方便品〉第二……001

〈譬喻品〉第三……009
第五輯：
〈譬喻品〉第三……001
第六輯：
〈信解品〉第四……001
〈藥草喻品〉第五……267
第七輯：
〈藥草喻品〉第五……001
〈授記品〉第六……115
〈化城喻品〉第七……201
第八輯：
〈化城喻品〉第七……001
〈五百弟子受記品〉第八……269

第九輯：

〈五百弟子受記品〉第八……001
〈授學無學人記品〉第九……011
〈法師品〉第十……061
〈見寶塔品〉第十一……205

第十輯：

〈見寶塔品〉第十一……001
〈提婆達多品〉第十二……143
〈勸持品〉第十三……311

第十一輯：

〈勸持品〉第十三……001
〈安樂行品〉第十四……149

第十二輯：

〈安樂行品〉第十四……001

第十三輯：
〈安樂行品〉第十四……001
〈從地踊出品〉第十五……273
第十四輯：
〈從地踊出品〉第十五……001
第十五輯：
〈從地踊出品〉第十五……001
〈如來壽量品〉第十六……051
第十六輯：
〈如來壽量品〉第十六……001
〈分別功德品〉第十七……017
第十七輯：
〈隨喜功德品〉第十八……001
〈法師功德品〉第十九……127

第十八輯：

〈法師功德品〉第十九……001

第十九輯：

〈法師功德品〉第十九……001
〈常不輕菩薩品〉第二十……013
〈如來神力品〉第二十一……285

第二十輯：

〈如來神力品〉第二十一……001
〈囑累品〉第二十二……129
〈藥王菩薩本事品〉第二十三……227

第二十一輯：

〈藥王菩薩本事品〉第二十三……001
〈妙音菩薩來往品〉第二十四……353

第二十二輯：

〈妙音菩薩來往品〉第二十四……001

第二十三輯：

〈妙音菩薩來往品〉第二十四……001
〈觀世音菩薩普門品〉第二十五……013

第二十四輯：

〈觀世音菩薩普門品〉第二十五……001
〈陀羅尼品〉第二十六……139
〈妙莊嚴王本事品〉第二十七……217

第二十五輯：

〈妙莊嚴王本事品〉第二十七……001
〈普賢菩薩勸發品〉第二十八……035
〈法華大義〉……279

自序

大乘佛法勝妙極勝妙，深奧極深奧，廣大極廣大，富麗極富麗，謂此唯一佛乘妙法，意識思惟研究之所不解，非意識境界故，佛說爲不可思議之大乘解脫境界，名爲大乘菩提一切種智，函蓋大圓鏡智、成所作智、妙觀察智、平等性智；然而此等極勝妙乃至極富麗之佛果境界，要從因地之大乘眞見道始證，次第進修方得。然大乘見道依序有三個層次：眞見道、相見道、通達位。眞見道者位在第七住；相見道位始從第七住位之住心開始，終於第十迴向位滿心；通達位則是圓滿相見道位智慧與福德後，進修大乘慧解脫果，再依十無盡願的增上意樂而圓滿，名爲初地入地心菩薩。眾生對佛、法、僧等三寶修習信心，十信位滿心後進入初住位中，始修菩薩六度萬行，皆屬外門六度之行；逮至開悟明心證眞如時，方入眞見道位中；次第進修相見道位諸法以後，直到通達而得入地時，歷時一大阿僧祇劫，故說大乘見道之難，難可思議。

大乘眞見道之實證，即是證得第八識如來藏，能現觀其眞實而如如之自性，名爲證眞如；此際始生根本無分別智，同時證得本來自性清淨涅槃。乃至證悟般若不退而繼續進修之第七住位始住菩薩，轉入相見道位中，歷經第一大阿僧祇劫中三十分之二十有四的長劫修行，同時觀行三界萬法悉由此如來藏之妙眞如性所生所顯，證實《華嚴經》所說「三界唯心、萬法唯識」正理；如是進修眞如後得無分別智，終能具足現觀非安立諦三品心而至十迴向位滿心，方始具足眞如後得無分別智，相見道位功德至此圓滿，然猶未入地。

此時思求入地而欲進階於大乘見道之通達位中，仍必須進修大乘四聖諦，現觀四諦十六品心及九品心後，要有本已修得之初禪或二禪定力作支持，方得相應於慧解脫果；或於此安立諦具足觀行之後發起初禪爲驗，證實已經成就慧解脫果；此時已能取證有餘、無餘涅槃，方得與初地心相應，而猶未名初地。而後再依十大願起惑潤生，發起繼續受生於人間自度度他之無盡願，不畏後世長劫生死眾苦，於此十大無盡願生起增上意樂而得入地，方得名爲大乘見道之通達位，眞入初地之入地心中，完成大乘見道位所應有之一切修證。此時已通達大乘見道位應證之眞如全部內涵，圓滿大乘見道通達位應有之無生法忍智慧，及慧解脫果與增上意樂，方證通達位之無生法忍果，方得名爲始入初地心之菩薩。

然而觀乎如是大乘見道之初證眞如，發起眞如根本無分別智，得入第七住位，成爲眞見道菩薩摩訶薩；隨後轉入相見道位中繼續現觀眞如，實證非安立諦三品心而歷經十住、十行、十迴向位之長劫修行，具足眞如後得無分別智，生起初地無生法忍之初分，配合解脫果、廣大福德、增上意樂，名爲通達見道位眞如而得入地。如是諸多位階所證眞如，莫非第八識如來藏之眞實與如如二種自性，同屬證眞如者。依如是正理，故說未證眞如者，皆非大乘見道之人；證眞如者謂現觀如來藏運行中所顯示之眞實與如如自性故，實相般若智慧依如來藏之眞如法性建立故，萬法悉依如來藏之妙眞如性而生而顯故，本來自性清淨涅槃亦依如來藏之眞如法性建立故。

如是證眞如事，於眞藏傳佛教覺囊巴被達賴五世藉政治勢力消滅以後，由於時局紛亂不宜弘法故，善知識不得出世弘法，三百年間已經不行於人世。及至時局昇平人民安樂之現代，方又重新出現人間，得以繼續利樂有緣學人。然而，縱使末法時世受學此法而有實證之人，欲求入地實亦匪易，蓋因眞見道之證眞如已經極難親證，後再論及相見道位非安立諦三品心之久劫修行，而能一一教授弟子四眾者，更無其類；何況入地前所作加行之教授，而得具足實證大乘四聖諦等安立諦十六品心、九品心者？眞可謂：「善知識者出興世難，至其所難，得值遇難，得見知難，得親近難，得共住難，得其意難，得隨順難。」如是八難，具載於《華嚴經》中；徵之於末法時世之現代佛教，可謂誠言，眞實不虛。

縱使親值如是善知識已，長時一心受學之後，是否即得圓滿非安立諦三品心及安立諦十六品心、九品心而得入地？觀乎平實二十餘年度人所見，誠屬難事；殆因大乘見道實相智慧極難實證，何況通達？復因大乘慧解脫果並非隱居深山自修而可得者，如是證明初始見道證眞如已屬極難，更何況入地進修之後，所應親證之初地滿心猶如鏡像現觀，解脫於三界六塵之繫縛；二地滿心猶如光影之現觀，能依己意自定時程及範圍而轉變自己之內相分，令習氣種子隨於自己施設之進程而分分斷除；三地滿心前之無生法忍智慧，能轉變他人之內相分；以及滿心位之猶如谷響現觀，能觀見自己之意生身分處他方世界廣度眾生，而使無生法忍及福德更快速增長。至於四地心後之諸種現觀境界，更難令三賢位菩薩了知，何況未證謂證、未悟言悟之假名善知識，連第七住菩薩眞見道所證眞如都只能想像者？

雖然如此，縱使已得入地，而欲了知佛地究竟解脫、究竟智慧境界，亦仍無法望其項背，實因初地菩薩於諸如來不可思議解脫及智慧仍無能力臆測故。縱使已至第三大阿僧祇劫之修行——已得八地初心者，亦無法全部了知諸佛的境界，則無法了知佛法之全貌，如是而欲了知十方三世諸佛世界之關聯者，即無其分。以是緣故，世尊欲令佛子四眾如實了知三世佛教之亙古久遠、未來無盡，以及十方虛空諸佛世界等佛教之廣袤無垠；亦欲令弟子眾了知世間萬法、出世間法及實相般若、一切種智無生法忍等智慧，悉皆歸於第八識如來藏妙眞如性者，則必於最後演述《妙法蓮華經》而圓滿一代時教；是故　世尊最後演述《法華經》時，一仍舊貫而如《金剛經》稱此第八識心爲「**此經**」，冀諸佛子醒悟此理而捨世間心、聲聞心，願意求證眞如之理，久後終能確實進入絕妙難思之大乘法中。斯則　世尊顧念吾人之大慈大悲所行，非諸凡愚之所能知。

然而法末之世，竟有身披大乘法衣之凡夫亦兼愚人，隨諸日本歐美專作學問之學者謬言，提倡六識論之邪見，以雷同常見、斷見外道之邪見主張，公開否定大乘諸經，謂非佛說，公然反佛聖教而宣稱**大乘非佛說**。甚且公然否定最原始結集之四大部阿含諸經中之聖教，妄判爲六識論之解脫道經典，公然貶抑四阿含諸經中之八識論正教，令同於常見外道之六識論邪見；全違 世尊依八識論而解說聲聞解脫道之本意，亦令聲聞解脫道同於斷見、常見外道所說之解脫，則無餘涅槃之境界即成爲斷滅空而無人能知、無人能證。如是住如來家，著如來衣，食如來食，藉其弘揚如來法之表相，極力推廣相似像法而取代聲聞解脫道正法，最後終究不免推翻如來正法；如斯之輩至今依然寄身佛門破壞佛法，而佛教界諸方大師仍多心存鄉愿，不願面對如是破壞佛教正法之嚴重事實，仍多託詞高唱和諧，而欲繼續與諸多破壞佛教正法者**和平共存**，以互相標榜而**維護名聞利養**。吾人若繼續坐令如是現象存在，則中國佛教復興，以及中國佛教文化之推廣，勢必阻力重重，難以達成；眼見如是怪象，平實不得不詳解《法華經》之眞實義，冀能藉此而挽狂瀾於萬一。

如今承蒙會中多位同修共同努力整理，已得成書，總有二十五輯，詳述《法華經》中 世尊宣示之眞實義，因名《法華經講義》，梓行於世，冀求廣大佛門四眾捐棄邪見，回歸大乘絕妙而廣大無垠之正法妙理，努力求證，共爲復興中國佛教文化、抵禦外國宗教文化之侵略而努力，則佛門四眾今世、後世幸甚，中國夢在文化層面即得實現。乃至繼續推廣弘傳數十年後，終能使中國成爲全球最高階層文化人士的歸依聖地、精神祖國；流風所及，百年之後遍於歐美社會各層面中廣爲弘傳，則中國不唯民富國強，更是全球唯一的文化大國。如是復興中國佛教文化之舉，盼能獲得廣大佛弟子四眾之普遍認同，乃至廣有眾人付諸實證終得廣爲弘傳，廣利人天，其樂何如。今以分輯梓行流通在即，因述如斯感慨及眞實義如上，即以爲序。

佛子　平實　謹序

公元二〇一五年初春　謹誌於竹桂山居

第二十輯：

《妙法蓮華經》

〈如來神力品〉第二十一（上承前一輯同品未完內容）

七寶塔就這麼蓋啊！這樣就蓋完了！所以有一回 世尊在路上走著，突然間拿了樹枝在沙地上畫個圓圈說：「此處宜建梵剎。」追隨 世尊身後的釋提桓因聽了，他心裡想：「我知道釋迦老爸在幹什麼。」他就去路邊摘了一根草來，往沙地上那個圓圈圈一插就合掌啓稟 世尊說：「建梵剎已竟。」這麼一來，一所清淨的佛剎已經蓋好了。同理，當你看見你的「經卷」在哪裡時——你悟了就是找到如來藏，這時看見你自己這一部「妙法蓮華經」的「經卷」所在；那你走到了園中想起來說：「《法華經》是這麼說的，所以我應該在這裡建個寶塔。」於是你就看旁邊有樹枝或者有什麼，或者甚至於剛好開了一朵花，弄些泥土來園中地上，再用手掌在四周側面拍一拍，拍到一堆土尖了起來，就把那朵花摘來插上去說：「供養寶塔。」應該如此啊！

那如果你家祖上留下的祖產是一大片園林，今天想起來說：「十月了，有柿子可吃。」不管是毛柿、紅柿都好，走進去園林摘柿子，摘了一籃子，你又想起來：「這裡也有《妙法蓮華經》，這部經卷所在之處應該造塔供養。」所以你就把那一些掉下地來，爛掉一半的，或者全爛、或者爛一點而不能吃的，都把它們收集起來弄成一堆，然後你又留下一個好的放在那頂上，就開口說：「供養寶塔。」那麼如果來到了樹下，這裡也有《妙法蓮華經》的「經卷」，樹葉掃一掃，掃成一堆，把它盡量堆高，然後看看樹上有沒有一朵花；若是沒有的話，草花也行，不一定要樹上的花，什麼花都行，摘一朵來放到上面說：「供養寶塔。」因爲「經卷」在此。行不行？行啊！正應該如此。

接著假使你是出家人，回到了僧坊，也許在後面院子，才在那邊摘了菜剛剛回到僧坊中來，走過大殿時，心想：「這大殿裡應該要造個七寶塔。」那你該怎麼造？剛好有一個花盆在大殿裡，你就把剛摘回來的菜，掰下一葉來，插上去說：「供養寶塔。」然後再上伙房去。那麼如果在殿堂，譬如你當皇帝，坐在金碧輝煌的金鑾寶殿，或者你在皇宮裡面的議事大堂，都行！於是你召見群臣，請群臣們把茶喝完了時，你要幹什麼？叫他們一起來蓋寶塔：叫他們把茶杯拿到你的案上來疊羅漢，疊好了，身上隨便看有什麼金飾或什麼東西，拿下來放到最高那個杯子裡面，隨即合掌說：「供養七寶塔！」那時殿下群臣驚怪起來說：「皇上今天為什麼如此？」你就說：「這裡有《妙法蓮華經》，所以我得要供養。你們得要好好端詳端詳，看經卷在哪裡？給你們三年為期，參不出來時，每一個人打一杖。」讓他們好好學佛，這樣子你在殿堂也造了寶塔供養。

不但如此，假使你出外辦事，若山谷、若曠野，好生瞧一瞧「妙法蓮華經」的所在，你可別哪一天爬山或者在曠野瞧來瞧去說：「什麼《妙法蓮華經》？」我說的可不是那本語言文字印刷成的經本，我說的是你自己身中的「經卷」，你爬了一天的山頭，真的可以好好閱讀啊！你只要每天好好讀祂，將來智慧跟我一樣好；也許再過一段時間，或是二十年、三十年，那時我很老了，那時我老人家沒力氣了，換你上來講經，你就可以上來講啊！因為你有那個智慧了。所以你那一部經卷真的可以讀誦，越讀誦以後智慧就越好；

那麼請問，你去到曠野、去到山谷中，迥絕人煙，有沒有這一部《妙法蓮華經》的「經卷」？（大眾答：有！）當然有啦！諸位都知道每一個人身中都有這一本經，只是很難唸而已。

那麼　世尊就說：「是中皆應起塔供養。」所以起塔的方式百千萬種，你就觀察當時的因緣，是哪一種塔比較適合，就用那個方法來造塔；當這七寶塔起造好了，合掌也是供養、讚歎也是供養、點頭也是供養、禮拜也是供養，那就隨便你要怎麼樣供養都行。也許你想起來說：「不然，我唱一首讚佛偈來供養。」也行！你就唱啊！也許你說：「唉呀，我已經三十年沒有唱世俗的歌曲了，想一想有哪一首還記得起來？」我好像都記不起來，都忘光光了，啊！有：「當我們同在一起，在一起，在一起……」喔？這一首很容易記，因為就是那麼幾句話一直重複。「好啊！我就唱這一首來供養。」等到唱完了，也就是供養完了，你就說：「我可不想跟『你』分離，我很想繼續跟『你』同在一起。」這才是真供養，這叫作畫龍點睛。因為你供養了那麼多，不如這一句：「我要繼續跟『你』在一起，永遠跟『你』同在一起。」

所以每天都要唱（平實導師唱了起來）：「當我們同在一起，其快樂無比。」

有沒有道理？（大眾回答：有！）有啦！學佛應該是很快樂才對，「當『我們』同在一起，我們就很快樂」。（大眾笑⋯）假使你跟《妙法蓮華經》的「經卷」分開了，我告訴你，一點都無法快樂得起來；所以學佛一生最快樂的事，就是跟《妙法蓮華經》這個「經卷」同在一起，這樣就是供養啊！

所以說，起塔的方式有百千萬種，供養的方式也有百千萬種；至於如何起塔、如何供養，可就存乎一心，都看諸位用什麼樣的創意來造塔、來供養，都行！只要有那個實質，不在於表相。例如有一天薛平貴當了大將軍，家鄉兄弟們有的送好酒來，有的送什麼好東西來；其中有一個人因爲窮，家裡沒錢，他從家鄉挑了一擔水來，薛平貴好感動，說了一句話（在臺灣，以前這一齣戲很流行的），當時薛平貴說：「誠意食水甜啊！」（臺語）只要你誠意夠了，人家即使喝你的水都是甜的。所以只要你的誠意夠，如來藏不跟你計較說：「你爲什麼都是弄這種供養？」祂不會跟你計較說：「你又不是用金銀珠寶供養我。」祂從來都不計較，祂是你最好的兄弟。

所以這樣看來，世尊吩咐我們的是什麼？你看看這裡說的「若『經卷』所住之處」，不管有什麼樣的不同地方，或是園中、林中，不是鬧哄哄的地方；山谷、曠野則是只有你一個人；僧坊是在寺院裡出家人的所在，白衣舍則是你在家人住的家裡；殿堂是當國王、宰官所待的地方，這代表什麼？代表說，能夠證得「此經」的人，不一定出家、不一定在家、也不一定要當高官、當國王，平民百姓也行啊！也不一定要有年紀、比較有智慧才能證。假使有因緣的話，像以前有一位高官講的：「兒（路）童也可以！」（大眾笑…）對啊！那四祖道信遇見一個栽松道人，那栽松道人懇求說：「我來請領受法，我想要證得你的法。」四祖嫌他說：「你年紀這麼一大把，我度你幹什麼？你都比我還老了，等你下回再來時我再度你。」所以他去找了個人家投胎，說好要借住一宿；結果那一宿是在人家的肚皮裡借住十個月，終於出胎了，他還記得這事，才不過五、六歲的年紀，在路上走著又被四祖遇見了，所以度了他，那他不是兒童嗎？他正是兒童！這就是後來的禪宗五祖弘忍。

意思是告訴我們說，不分男女老少，不分貴賤，不分在家出家，沒有說女人就不能證得，都沒這回事。聲聞法中比丘尼見了年輕比丘一樣要行八敬法，但在菩薩法中都沒這回事；所以不管什麼樣的身分，只要你有因緣就能實證。所以 世尊告訴我們，菩薩之道平等平等毫無差別，因此我們奉行這樣的原則來利樂有情、推廣法務、救護眾生；所以我們弘法的過程中，並沒有男尊女卑的事，我們弘法的時候也不管男眾女眾，只要有因緣就可以證，就可以出來接引眾生、度化眾生。不管男眾女眾，只要你適合，就可以出來接引眾生。有的寺院裡面清一色都是女眾，有的寺院清一色都是男眾，就只有一方可以接引眾生，其他的都不行；但我們不理會這個，只要你的因緣適合，你就出來接引眾生；你的因緣適合，你就可以證悟，所以我們是奉行 世尊的教誨。

而且從實證上來看，男眾的如來藏並沒有比女眾好，女眾的如來藏也沒有比男眾好，大家全都一樣啊！甚至於我們還打破另一個藩籬：人類的如來藏沒有比螞蟻的如來藏好，天人天主的如來藏沒有比我們人類好，都是那麼平等。所以 世尊告訴我們，在園中、林中、樹下、僧坊、白衣舍、殿堂、山谷、曠野，一視同仁；只要你走到哪裡突然想起來：《妙法蓮華經》的「經卷」在不在這裡？一看！在！既然在，那就當場起塔。那麼起塔一定要怎麼起嗎？那可不一定！也許你剛好旁邊都找不到樹枝、雜草，你想：「我寶塔往下蓋。」行不行？行嘛！就把手指往沙地上一戳，就有一個往下建的寶塔，然後就供養那個七寶塔說：「此經太勝妙了。」那你就是 世尊說的「如法修行」的人，這樣就是有奉行 世尊的教誨啊！這容易不容易？很容易嘛！然而到底是容易、不容易？有的人一定想：「不容易。」有的人卻想：「是很容易啊！」可是有許多人想：「眞的不容易。」因爲先得要看見「經卷」的所在啊！問題來了，這麼多的地方，到底哪裡比較能夠找得到「經卷」？我告訴你：全都一樣。不管到哪個地方，「經卷」都同樣分明顯現，不會在哪個地方特別分明，另一個地方就不分明。

世尊這樣開示完了，你就要記住這一點：不管是在鄉村、城市，有人之處、無人之處，只要你到了一個地方看見那裡有「經卷」，你就起塔供養。要不然還有一個辦法，譬如你說：「我不想沾到或碰觸到什麼東西。」不然就這樣，你走到一個地方一看，還是有這一本「經卷」，那你就這樣供養（導師以讀書、翻書示範，大眾爆笑…）也行！不過那個人讀的是一神教的《聖經》（大眾爆笑…），而我們讀的是「妙法蓮華經」，對不對？對！

不管什麼人，他講的是什麼內容，他讀他的《聖經》，我們讀我們的聖經；他的《聖經》是世俗法中的聖經，我們讀的是世出世間的聖經「妙法蓮華經」，一部永不毀壞的聖經。他們的《聖經》被火一燒就沒了，我們這部聖經則是水潑不溼、火燒不著，而且一絲不掛，因爲祂不是物質。那你說這部聖經妙不妙？妙啊！所以因爲這樣的緣故，你就要設法了，要趕快把這部「經卷」找出來，否則你這部紙本的《妙法蓮華經》是永遠讀不通的。那你如果找出來了，你就可以讀通了！

接下來 世尊解釋爲什麼要這樣：「所以者何？當知是處即是道場，諸佛**於此**得阿耨多羅三藐三菩提，諸佛**於此**轉于法輪，諸佛**於此**而般涅槃。」如果你要依文解義，這幾句話你能怎麼「於此」？這些文字你要怎麼講解？讓你「於此」不了，你想要解義時也解釋不了；所以依文解義者，不敢把《法華經》拿來這樣詳細地逐段逐句解說的，因爲當他想要演講之前，總得要先讀過一遍吧？當他閱讀了以後，在這部經中讀到很多地方時，譬如就像這幾句經文，他就想：「我要怎麼講？無法解釋哪！我能講解此經嗎？」心中可得要先斟酌！而且還是很慎重的斟酌。

因爲這時他心裡在想：「連我自己都不太相信，我要怎麼跟人家講經？」很斟酌啊！斟酌再三之後，還是換別部經來講吧！因爲依文解義而想要講解

「此經」時是講不通的！如果是依文解義的方式，咱們就來試試看說，有這一部經卷的地方就是道場，假使有人請了一部《妙法蓮華經》的經卷回到家裡，他是一生辛苦工作，很不容易積攢了一生的錢財才能夠買到大樓裡面的一間八、九坪的小套房（八、九坪大約是三十平方米以內），這可糟了！把這部經典請回家時，這個小小的套房就是道場了，既是道場就得行道、弘法呀！「那我要怎麼弘法？」扣掉洗手間，扣掉廚房，剩下的就只是床鋪，也沒有正式的客廳，剩下的只是放小沙發的地方，那麼小的地方要怎麼當道場？

當道場就是要講經說法，要讓人家一起來共修的啊！這時糟了！怎麼辦？沒得辦法了。這解釋不通欸！於是妄想說：「喔！我知道了，原來《妙法蓮華經》不可以請回家裡，只能請到寺廟裡面去。」誰說道場一定是在寺院裡面啊？可是問題來了，佛沒有說在家人不許請《妙法蓮華經》回家；如果不許請回家，佛陀會交代的。可是 佛明明說這部經要廣爲宣揚，而且也說在「白衣舍」、在「殿堂」都可以，那當然要印出來盡量給人家帶回去，可是又說這部經典所在之處就應該起塔供養。這可糟了，這一句經文又該怎麼講解？起造寶塔時又是應該在何處起造？

這問題都還沒有解決，接著 世尊又說諸佛「於此」得無上正等正覺；完了，這是不是說諸佛在園中成無上正等正覺，還要到林中成無上正等正覺，然後到樹下、到僧坊、到白衣舍、到殿堂，再到山谷曠野去成無上正等正覺？這要怎麼解釋呢？所以說，《妙法蓮華經》依文解義是講不通的，必須要從理上來解說才能通。也就是說，這一部經的「經卷」講的就是你自己的如來藏經，是你自己的第八識金剛心「妙法蓮花」；當你找到了自己的如來藏，你就可以閱讀祂；也就是說，你可以不斷地觀察祂，親見自己的五陰十八界等萬法全都是從祂出生的，而祂有許多自性，這就是眞正的讀經。

能夠像這樣子讀，就是你已經見道的時候；你如果無法讀自己的如來藏經，就不能稱爲佛菩提的見道。當你見道的時候，你發覺自己永遠都住在如來藏中，你不曾外於你的如來藏「妙法蓮花」；所以你修道的時候，是依於這一部《妙法蓮華經》的「經卷」在修行，不是依於別人，是「於」自己的這一部經中在修行；而你悟後進修時也都是在你自己這部「妙法蓮華經」裡面進修，始終不曾外於「此經」。所以當你去到園中，這部經的經卷就在園中；你去到了林中，這部經的「經卷」就在林中；因爲你跟祂「非一非異」，你從來不曾離開祂，你跟祂永遠同在一起。剛剛還唱過「當我們同在一起」，別忘了你跟祂真的同在一起。

所以當你園中去過了，林中去過了，走累了來到一棵樹下坐了下來，你就把腿盤起來，打個法界定印坐著，看一看此經的「經卷」在不在？「啊！一直都在！不曾一剎那離開過我。」那你坐在那一邊說：「那不然，我現在唸唸佛好了，我悟後好久沒唸佛了，自從進了正覺以後也都是無相念佛，都在看話頭、參話頭，破參了以後學個沒完沒了，好久沒有唸佛了。」想一想：「我應該唸唸本師釋迦牟尼佛，因爲這樣的勝妙法是從祂而來的呀！我竟然那麼久都沒唸祂，有點不孝。今天孝順一點，我就多唸唸祂。」於是坐在那邊，心裡面就開始唸起來：「南無本師釋迦牟尼佛……。」

一面唸著一面又突然想起來：「我這部『妙法蓮華經』在不在？」嘴裡一面唸著，或是心裡一面唸著，就一面觀察說：「還是在！原來我跟我的『經卷』一起在唸佛。那我這樣修行，全都是住在『此經』裡面修行。所以我來到樹下，樹下有『此經』，樹下就是我的道場。」也許第二天想一想：「我還是得要護持三寶，自性三寶由我自己護持就夠了，可是勝義三寶還是得要我去護持。」於是跑到正覺講堂來了，進了講堂一看，「經卷」還是在，「原來我到了僧坊這裡，一樣也是道場。」那你到了知客處，見了辦事的同修們，你說：「我今天要藉你造個寶塔。」那我們已悟的義工菩薩們說：「好！你就造吧。」於是紙筆拿了出來，你從口袋裡掏出一千塊錢說：「寶塔造竟。」你就走了。這樣是不是你的道場？依舊是你的道場啊！因為你還是住在你的「妙法蓮華經」裡面修行、護持正法，這正是培植你的福德啊！

所以到了僧坊如此，天候晚了，寶塔也來建造過了，回家該要為自己也造一個寶塔吧？所以回了家，也許媳婦把晚餐做好了，你說：「我今天晚上得造個寶塔供養。」於是飯碗端起來，走到飯鍋旁邊，拿了飯匙把碗裡的飯弄尖一點，看看媳婦煮了什麼好菜好湯，舀起湯來往上面供養下去，就這樣多淋幾下；至少要三遍，因為你浴佛也都三遍嘛（大眾笑…）；然後你同時觀察：「我這樣造塔、供養寶塔，是不是依舊在『此經』中起造及供養？」是！所以說：「我這時雖然在白衣舍中，在自己家裡這樣子修行，」這算不算修行？算啊！這叫「受持、讀誦」，而且還「造塔」供養，所以說：「我這樣的修行，雖然是在白衣舍中，也還是真實的修行。而且不是外門修行，我可是內門修菩薩行喔！」那就想：「我晚上住在自己的白衣舍中，這不就是我的道場嗎？因爲有這部《妙法蓮華經》的『經卷』在，這就是我的道場。」

假使你哪天當上了大官，總統召見你進了總統府；或者說你也許去大陸當上了大官，假使總書記召見或是主席召見，那你就去了，可是先要打聽清楚：主席到底有沒有學佛？主席如果有學佛，主席召見握手時，你就說：「我今天在您手上造了一所寶塔。」他也許問你說：「你幹什麼？」你說：「我爲您造寶塔、供養您。」要激起他的疑情來，他若是有興趣了就問：「你平時說法的智慧這麼好，這絕對不是開玩笑，你是爲了什麼這樣作？」你說：「我爲了您啊！爲您現世和未來世的利益，所以今天爲您起造了這所寶塔。」他也許說：「哪有？你不過是拍了我的手一下。」你說：「我給您的寶塔已經造好了，這所寶塔裡面藏著一部經王《妙法蓮華經》，將來您要把祂找出來，當您找出來了，您的智慧可就非比尋常！阿羅漢們都得聽您的。」他聽到這一句話，哇！眼睛亮起來，心想：「連阿羅漢都要聽我主席說法。」也許就對佛法有興趣了，那你這時也是在修行，那你這時是不是在《法華經》道場中修行？是啊！

所以不論你是進了總統府，或是進了主席的辦公室去，那個叫作「殿堂」的地方也是你的道場，因爲你所在之處都有這部「經卷」在啊！所以 世尊說的都沒錯：「**當知是處即是道場，諸佛於此得阿耨多羅三藐三菩提。**」你開悟了就是證得這部「經卷」，諸佛很早以前修行經過三大阿僧祇劫，現在成佛時一樣是在這一部經典的所在成佛的，外於這一部《妙法蓮華經》的「經卷」，就不可能成佛了。那麼成佛的時候會不會說：「**我是在樹下成佛的，當我到了園中就不是佛；到了林中，到了殿堂、山谷、曠野就不是佛？**」不會這樣的，成佛就是成佛了，不論去到哪裡都同樣是已成佛了。同樣的，咱們在因地，證得「**此經**」以後不論到哪裡，同樣都是「**此經**」，同樣都是「**道場**」，而「**道場**」就是修行佛道的場所。

從此以後，我們不管去到哪裡，只要是看到這一部「經卷」所在之處，那裡就是道場，不管是在什麼地方都一樣。你可別心裡面打個玩笑說：「**我才不信，難道我進了廁所，廁所裡也是道場嗎？**」我就偏偏告訴你：「**眞的，廁所裡也是你的道場。**」因爲道場不是廁所，是你的「經卷」；而你進了廁所時，「經卷」就跟你進到了廁所；所以如果還沒有辦法找到的話，進了廁所時小心瞧一瞧：「經卷？經卷呢？在哪裡？在哪裡？」你要好好瞧，因爲這就是你的道場。將來悟了以後修道，你也是在這裡面修，都是在同一部經中；諸佛也是同樣因爲證得「此經」而次第進修以後，仍然在「此經」裡面成就無上正等正覺。

成佛之後就這樣算了嗎？不！還得度眾生：「諸佛於此轉于法輪，」諸佛轉法輪時也不曾外於祂的第八識而轉法輪；釋迦如來示現給我們看，祂老人家轉法輪時就是住在祂的無垢識裡轉法輪；祂的第八識稱爲無垢識，等覺、妙覺下至八地心稱爲異熟識，七地以下到我們、甚至於一切凡夫都稱爲阿賴耶識，但同樣都叫作「妙法蓮華經」或是「金剛經」，有時往往簡稱爲「此經」。那麼諸佛轉法輪時，你如果有證悟了，就會看到如來也是住在祂的「妙法蓮華經」裡面爲大眾說法；不管是爲大眾演說人天善法，或者爲大眾演說二乘菩提，乃至爲菩薩眾演說大乘菩提，同樣都是住在「此經」之中轉法輪。因此如來可能在殿堂中轉法輪，可能在山谷、曠野遇到誰的時候就轉法輪，也可能在園中、林中、樹下、僧坊乃至白衣舍中轉法輪；但其實全都是在這個道場，也就是在「妙法蓮華經」中轉法輪。

那麼說到這裡，我可要說了：禪宗之內所有修學大乘菩提的祖師們，實證如來藏「此經」以後也是在此中了生脫死。諸位證得「妙法蓮華經」之後，觀察看看：不論是誰，了生脫死時，何曾外於「此經」如來藏？何曾外於「妙法蓮華經」這部「經卷」？生從何來？（大眾答：如來藏！）你們都知道是如來藏；死往何處去呢？還是回到如來藏中去啊！所以生也從如來藏中生，死也往如來藏裡死，因為生死從來不曾離開過如來藏；生了只是生在如來藏裡面，死了也是死在如來藏裡面，從來不曾外於如來藏心體啊！那麼當你找到如來藏的時候，你親自觀察到這一點，你就清楚了然，所以不必記掛說：「我死了以後要到哪裡去？」就死到如來藏裡去啊！下一世我又要出生行道，到底是從哪裡生出來的？你可不要像小孩子說：「從媽媽肚子裡來的。」其實是從如來藏中生出來的，這樣不就「了生脫死」了嗎？所以我說眞正學佛的人，「當知是處即是道場」，也都是在此「道場」中了生脫死啊！

那麼凡夫三惡道眾生的生死，到底是怎麼回事？你當然也懂得怎麼說。聽我講到這裡竟然還不會講，未免太笨了吧？你一定心裡面這麼講：「凡夫眾生不知恩養，都在此『妙法蓮華經』裡面輪迴生死，可是他們不但不知恩養，連供養都不懂。」有沒有這樣想過？一定有很多人曾經這樣想；因爲從一個實證者的立場來看，一切有情眾生，生也都從「此經」中生，死也都在「此經」中死；就這樣一世又一世，全都是在「妙法蓮華經」裡面生了又死、死了又生而輪迴不斷；可嘆的是他竟然還在否定自己本有的這一部「妙法蓮華經」。這時說他不知恩，還眞的客氣；說他不知養，還眞的客氣；因爲對他有恩的是他的「妙法蓮華經」，養他長大成人的也是他的「妙法蓮華經」，可是他完全不知恩養，竟然還反咬一口說：「沒有這部『妙法蓮華經』如來藏。所以如來藏其實不存在，如來藏的別名就叫作緣起性空，只是緣起性空的異名。」

有沒有人這樣講？有啊，還是被封爲導師的某大法師呢！那我們就說他那個人永遠都不懂得如何建造寶塔，因爲他不知恩，當然也不知養。我們這樣講他，確實很客氣。如果依照一般世俗的說法，一定會說他是什麼？大聲一點！（大眾回答：忘恩負義！）對嘛！就是這四個字！眞是忘恩負義！想想他的如來藏經—他的「妙法蓮華經」—那麼努力呵護他、照顧他，對他有那麼大的恩德，而且養著他、也養了一百零三歲（大眾笑⋯），他竟然到死還在否定，這眞是忘了「妙法蓮華經」的恩，負了「妙法蓮華經」的義，所以我說他「忘恩負義」一點都沒有過分，過分的確實是他。

所以說，諸佛當然是在這個「道場」裡面轉法輪；諸位想一想，如果諸佛離開「妙法蓮華經」這部「經卷」，還能轉法輪嗎？當然不行。就如同我們若是離開了「妙法蓮華經」，修行再久都永遠無法成就一樣。因此這一段經文，不許依文解義，依文解義是講不通的。如果不信，咱們再看下一句經文說：「**諸佛於此而般涅槃**。」若是依文解義的人，到此要怎麼解釋？難道釋迦如來示現般涅槃，要去林中死一遍，園中再死一遍，然後樹下、僧坊、白衣舍、殿堂、山谷、曠野到處都要去死一遍，再去紙印的《妙法蓮華經》經本中死了才能離去嗎？

當然不是世俗法中說的死，要叫作般涅槃。因爲諸佛不死，只是示現「般涅槃」；然後又到另一個世界繼續利樂過去曾經接引過的弟子們，幫助他們實證。既然說「經卷所住之處」，不論哪個地方都應起塔供養，因爲這些地方都有「此經」，都叫作「道場」，而諸佛在這個「道場」中「般涅槃」，是不是應該園中示現入涅槃給人家看過以後，又爬起來走了（大眾笑…），再到另一個地方，再示現一遍？所以這段經文眞的不能依文解義，必須從實際理地來說，才能講得通。

所以「此」是什麼？是「妙法蓮華經」；「妙法蓮華經」是個名稱，以什麼爲體？以如來藏爲體。所以如來藏就是「妙法蓮華經」的「經卷」，「妙法蓮華經」指的就是第八識心，而諸佛都是在這個第八識中示現般涅槃。諸佛入涅槃有一定的方式，包括將來諸位成佛以後示現入涅槃時也是如此，一定都從初禪中入二禪，再入三禪、四禪，然後入空無邊、識無邊、無所有、非想非非想處，接著進入滅盡定；再從滅盡定出來，依反過來的順序回到初禪，再從初禪順序來到四禪，在第四禪中示現涅槃。但是這整個過程也都是在這一部「經卷」之內，不曾外於這部「經卷」，所以這部「經卷」就是如來藏，就是「妙法蓮華經」。

那麼這樣子，這段經文講完了，諸位端詳一下：這部經典容不容易瞭解啊？不容易！這部經典深妙不深妙呢？（大眾回答：深妙！）廣大不廣大呢？（大眾回答：廣大！）因爲不管你去到十方虛空哪個佛世界，全都不外於「此經」，當然「此經」就是無量無邊廣大。因爲「此經」沒有量也沒有邊，當然是最廣大的了。所以這樣來端詳一下說「此經」勝妙不勝妙？（大眾回答：勝妙！）眞的勝妙。該不該否定「此經」？（大眾回答：不該！）眞的千不該、萬不該。可笑的是讀不懂的人卻在否定這部經，讀懂的人可都當作寶啊！

因此以後只要聽到誰否定《妙法蓮華經》，你就說：「你這個人不懂佛法。」那他一直要拉著你說：「你爲什麼說我不懂佛法？我研究佛法三十幾年了。」你就告訴他：「不足道哉！」「爲什麼不足道哉？」「不足與言。」他總是要窮究到底：「我研究佛法三十年了。」你就告訴他說：「你正因爲研究佛法，所以越研究越不懂。」「那我要怎麼樣才懂？」「你要實修啊！」「那你也教教我怎麼實修。」「行！明天到正覺來。」

所以由一部經的如實理解，或者是誤會而產生的偏差，也就有了邪解，他對經典的態度就變得完全不如法。那麼我們的任務就是讓佛教界的廣大四眾弟子，可以如實理解《妙法蓮華經》，乃至如來藏經、其他諸經的眞實義。這樣佛教正法才有可能重新復興起來。那麼講到這裡，諸位如果還沒有去打禪三，你最重要的任務就是怎麼樣能使自己可以去打禪三，你要設法去完成可以打禪三的條件；也就是說，你要趕快成長，不能老是像一棵小樹苗，我把你砍下來也沒辦法雕刻；你得要長成大樹，讓我能夠用來雕成很莊嚴的佛像，才能夠把你供到佛案上去呀！這個部分就讓諸位自己去思考思考，但我仍然要把勝妙法說給諸位瞭解。長行的部分說完了，世尊又講了重頌，我們來恭聽 世尊怎麼樣開示：

經文：【爾時世尊欲重宣此義，而說偈言：

諸佛救世者，住於大神通，爲悅眾生故，現無量神力；
舌相至梵天，身放無數光；爲求佛道者，現此希有事。
諸佛謦欬聲，及彈指之聲，周聞十方國，地皆六種動。
以佛滅度後，能持是經故，諸佛皆歡喜，現無量神力。
囑累是經故，讚美受持者，於無量劫中，猶故不能盡；
是人之功德，無邊無有窮，如十方虛空，不可得邊際。
能持是經者，則爲已見我，亦見多寶佛，及諸分身者；
又見我今日，教化諸菩薩。能持是經者，令我及分身，
滅度多寶佛，一切皆歡喜；十方現在佛，并過去未來，

亦見亦供養，亦令得歡喜。諸佛坐道場，所得祕要法，
能持是經者，不久亦當得。能持是經者，於諸法之義，
名字及言辭，樂說無窮盡，如風於空中，一切無障礙。
於如來滅後，知佛所說經，因緣及次第，隨義如實說；
如日月光明，能除諸幽冥；斯人行世間，能滅眾生闇；
教無量菩薩，畢竟住一乘。是故有智者，聞此功德利，
於我滅度後，應受持斯經；是人於佛道，決定無有疑。

語譯：【這時世尊想要重新宣示這裡面的眞實義，就以偈頌這麼說：】

諸佛是世間有情的救護者，住於大神通的境界中，爲了取悅於眾生的緣故，因此顯現了無量的威神之力；

如來舌根的功德相往上直到了色界天，從祂的身上所有毛孔放出了無量無數種光明；爲了想要求得佛道的人們，而顯現了這樣稀有的事情。

諸佛謦欬的聲音，以及彈指的聲音，周遍的普聞於十方佛國，大地都示現出六種的震動。

由於佛陀滅度以後，菩薩們能夠受持這部《法華經》的緣故，諸佛全部

都很歡喜，而爲他們顯現無量的神力。

爲了付囑和交代這一部「經卷」的緣故，讚美那位受持「法華經」的人，這種事情在無量劫之中來讚歎，還是無法全部說清楚的；

這個人的功德，沒有邊際也沒有窮盡，猶如十方的虛空一樣，沒有辦法探究到它的邊際。

能夠受持這一部「法華經」的人，就是已經看見「我」釋迦牟尼，也是已經看見多寶佛，並且也看見我釋迦牟尼種種分身的人；又看見我釋迦牟尼在今天，教化了這麼多的菩薩。

能夠受持這一部「經卷」的人，可以使我釋迦牟尼及分身諸佛，以及滅度的多寶如來，一切都很歡喜；

十方佛土現在諸佛，以及過去諸佛、未來諸佛，也都同樣看見而且已經供養了，也能使十方三世一切諸佛都生歡喜。

諸佛坐於金剛座而成就道場，所得到的種種祕密重要之法，凡是能夠受持這一部《妙法蓮華經》的人，不久之後也都會同樣得到。

能夠受持這一部「法華經」的人，對於諸法的眞實義，諸法的名字以及言說，都能夠樂說而沒有窮盡，就好像風在空中，吹到一切處所時，完全不會有任何障礙一樣。

在釋迦如來滅度以後，知道如來所說的經典，也知道如來說法的因緣和其中的次第，並且能夠爲人家隨著諸法的眞實義而如實演說；

猶如日月的光明一樣，能夠滅除種種幽暗和昏冥；這樣的人行走於世間，就能夠滅除眾生心中的無明；也能教授無量的菩薩們，最後畢竟都會安住於唯一佛乘之中。

由於這樣的緣故，凡是有智慧的人，聽聞到「此經」這樣的功德利益，於我釋迦牟尼佛滅度以後，應該要受持這一部《妙法蓮華經》；那麼這個人於成佛之道，決定是不會有疑惑的。】

講義：前面長行說過了，接著是重頌。有的人想：「前面長行都已經說過了，何必再重複講一遍？」但 世尊有祂的用意，就好像慈父針對遠行的孩子，必須要時時耳提面命，不嫌煩、多說兩遍，要講到兒子說：「老爸！夠了吧？」（大眾笑…）這表示兒子已經印象深刻了；因爲他既然聽到煩了，就表示他已經聽到很清楚了，如果他沒有聽清楚，就不會煩。（平實導師這時面對女眾說）所以妳在他臨行之前，對他最好的吩咐就是講到他翻臉說：「老媽！夠了吧？」這樣就表示妳的吩咐已經完成，他一定印象深刻，所以世尊要用重頌來重講一遍。可是重頌之中 世尊往往又會有一些前面長行沒有說過的法義要告訴你，所以還是需要再有重頌。但是這個重頌，今天已經沒時間可以說了，下回再見。

禪三在昨天傍晚結束了。經過這一回禪三，眞的感覺歲月不饒人；想當年出來弘法時，每次禪三時都是陪著大家熬夜，常常拖到凌晨兩點才上床睡覺都沒問題；現在可不行了，筋骨也僵硬了。不過，這是人生必經的過程，一切人間的菩薩悉皆不免，所以也就正常看待它了。現在禪三的結果，好像是破參越來越難了，到前天晚上都還掛零；所以看到這種情形，我還是得要出手相救，看能夠撈幾個；以後大概也都這樣子吧？如果開悟太容易，好像就不怎麼珍貴了。不過這一回禪三在告假前那天的下午，看到 世尊很歡喜，因為知道我沒有亂放水；觀世音菩薩也很歡喜，大約可以說是笑容燦爛！連一向嚴肅的 彌勒菩薩都有笑容。所以我說，我這一次辦禪三眞正心安理得，昨天回到家，昨晚睡了一場好覺，幾乎是一覺到天亮。但禪三還是應當要如此。

閒言表過，回來《妙法蓮華經》。上一週我們只是唸過，還沒有講解。有語譯了嗎？有！好，這一段重頌，是世尊想要重新宣示前面所說的這些道理，所以又以偈頌重新再講一遍。

「諸佛救世者，住於大神通，為悅眾生故，現無量神力；舌相至梵天，身放無數光；為求佛道者，現此希有事。」世尊說諸佛是世間一切有情的救護者，這不免讓人想起來：人間這幾十年來，常常有人在說「救世主」這名字，也有人拍電影說誰是救世主，把神話跟科幻電影結合；但是如果眞正理解的話，誰才是眞正的救世者？這其實也是依個人的見解不同，所知就會有不同；如果從世俗人間的法來說，疾疫流行時有醫師能夠開藥救治世人免於死亡，那他就是救世主，因爲大家遇見了他，都稱他爲恩公、恩人、恩主。可是這樣救治眾生，不如設法使天下永遠太平，使一切奇能異才之士都能夠爲利樂大眾而作事，不受到壓抑，這是範圍大一點的救世主。

也許有人修學仙道有成，讓更多人超脫於人間的生老病死，得到四天王天的天界境界，也算是救世主；只不過他吹的曲子稍微高一點，能應和的人就少。也有教人持五戒、修十善業的，能使人往生欲界天中，免於人間的老病死，也是救世主。有的人可以教大眾離開人間，還離開欲界天，去到清淨梵天；大眾都能夠擁護他，即使不能夠受學，也願意認定他為所歸依之主人，這也算是救世者，至少免除掉了部分人生在人間和欲界天的痛苦。可是有的人還能教人家到達無色界，因為色身是苦的根源，所以這樣又更加的解脫，當然也是救世主，但是終究不免流轉生死。

所以說，這一些人所能治療眾生的各種苦難，都有他們的侷限，因此只能夠說是世間救護者，不能夠通稱為究竟的救護者。也有人在佛教出現之前，宣稱證得阿羅漢果、證得如來，所以在世間行道救度眾生；可是這一些世間的阿羅漢或者如來，眾說紛紜，沒有誰能令大眾全部信受、拳拳服膺；一直到 釋迦如來出現於人間，才算是真的有了究竟的救世主。但是這位救世主從來不認為自己是主，只是認為因緣熟了就來救護眾生，在這裡的度眾因緣圓滿了就再度受生於別的星球世界中，又繼續祂救護眾生的旅程。宇宙間，宇宙風一直吹，如來的腳步不停留，這才是真正的救世的聖者，但不叫作救世主；因為祂從來不以主人自居，也因為祂證得的是「人無我」與「法無我」，所以不是主，但是眞懂三乘菩提的大眾都尊稱祂爲「救世者」。

然而我爲什麼說，在 釋迦如來出現於人間之前，外道們所謂的「如來」、所謂的「阿羅漢」全都是因中說果？因爲他們所修之道、所得境界，都還是在人間、欲界天、色界天，最多是無色界天的境界，都還不離三界生死，當然不是眞正的「救世者」。當然，臺灣佛教界也有一位所謂的導師在書中說：

「如來」是外道所說的思想，所以佛教中其實如來就是阿羅漢，阿羅漢就是如來，因爲釋迦如來出現在人間之前，有許多外道都演說成佛之道、身證如來；如果外道曾經這樣說，那麼釋迦如來所說的如來之道，也就是外道法。

他所說的大意就是如此。

依照釋印順這個邏輯，那麼四阿含諸經記載的，許多遇見 佛陀之前便已自稱爲阿羅漢的外道們，他們也自稱得涅槃、自稱是阿羅漢；然後 佛陀出來教導大家親證阿羅漢果，得涅槃出三界生死，是不是 如來所說的阿羅漢之道也同樣是外道法呢？因爲阿羅漢之道，是許多外道早就說過的法呀！依同一個邏輯來說，必然是如此。然而事實上不然！因爲外道可以自稱他們已經成佛、是如來，外道也可以宣稱他們已經證涅槃、是阿羅漢；然而他們都是誤會的說法而不如實！所以說，如來之法或羅漢之法，以及是否實證如來、實證阿羅漢，或者如來之法、羅漢之法是否為外道法，應依其實證及內涵來定義，而不是從外道是否曾經講過如來之法、羅漢之法來定義。

就好像現代，在正覺同修會出世弘法之前，佛門中有許多人自稱開悟，也有人宣稱明心又見性了；不但佛門中廣有其人，在外道之中也有，其中也有人宣稱已得三果或證得第四果；然而在正覺同修會開始弘揚佛法之後，這些人便漸漸地銷聲匿跡，不敢再宣稱自己是阿那含乃至阿羅漢了；更不敢再有人宣稱成佛，除了達賴等密宗外道。現在如果還有人宣稱成佛的，就只有一種，不會是在佛門之中；那麼他們就是外道，假冒著佛教的名號而說他們成佛了，所以「活佛滿街跑」，到處乞討財、色，這就是外道。如今，真正的佛門中再也沒有人敢自稱成佛或是阿羅漢了。話說回來，依照他的邏輯，現在正覺所說的開悟應該等同現代外道們所說的開悟內容了。但正覺所弘揚的開悟內容，是否就等同他們以前說的開悟內容？卻不相同。

然而在現代佛門中、佛門外，都還有許多人誤會了阿羅漢的境界，更誤會了成佛的境界，這是已經有佛法流傳兩千五百多年後的事；那麼釋迦如來還沒有在人間示現，還沒有開始演述佛法之前，那些外道們誤會如來、誤會阿羅漢的境界，可就是勢所必然了。因為「如來」這個名號以及如來的境界，諸天往往會來人間為大眾說明：確實是有阿羅漢可證，也有如來可成；這其實是為 釋迦如來即將示現在人間而作的準備，先為人類建立這樣的思想，等到大家求之不已而全都誤會時，實證的因緣已經成熟了，釋迦如來就可以來示現了，從此以後才眞的有阿羅漢、有如來出現在人間。

所以不能因為外道曾經說他們已是如來，就說如來是外道法；因為同一個邏輯，世尊出現在人間以前，外道們也多有稱說自己是阿羅漢的，那麼後來 世尊所度佛門中的所有阿羅漢們，依照同一個邏輯，是否也應該同樣認定都是外道？所以釋印順那個邏輯是講不通的。而且他談到邏輯的時候不能只取一半，應該要一體適用，因為同一個邏輯一定可以、也是應該適用於同一種情況的其他事相上。所以我說，那一些外道們都不是「救世者」，眞正的「救世者」是諸佛，只有諸佛才是「救世者」。

可是有一些外道根本就不懂，不懂的緣故就敢把 佛陀收編為他們座下的護法眾之一，這表示他們對 佛陀的「十號」完全不瞭解，所以就是外道！

外道是怎麼收編的？先說說天竺的事，印度教把 佛陀收編爲他們的四大護法之一，所以 佛陀倒變成了有證悟的外道了。那麼印度教的最主要教義就是生生不息，跟儒家的一個思想「天行健，君子以自強不息」類似，所以永遠不滅亡而生生不息；因此印度教廟門口都有一個東西：石磨。石磨中心有一根柱子，這跟密宗的樂空雙運完全一樣。其實密宗是先竊盜了印度教的東西，然後混入佛門來，拿佛門的修證名相套上去，就成爲佛門中的一個怪胎；與佛法完全不同，但是卻又不是印度教，而內容全部都是印度教的內涵。

印度教主張有破壞、有新生，所以生命就生生不息。可是印度教後來大概是認爲說：「釋迦牟尼佛曾經在印度風光一時，也是印度的產品，所以如今在外國還有非常、非常多的信徒，那我們何不把釋迦牟尼佛納進印度教來，就當我們印度教的護法神？」於是他們就正式收編。但事實上只是他們的妄想，因爲他們連一個阿羅漢或者初果人都收編不了，何況能收編 佛陀？連一個初果人的三縛結所斷的智慧解脫境界，他們都還不懂，何況能收編阿羅漢？這是一個可笑的例子。可是世間人不懂，如今印度人也全都不懂，才會有收編的事情發生及流傳。

那麼這種收編的故事，後來在中國更有人擴而大之，不但把 釋迦牟尼佛收編作她的兒子，還把阿拉、耶和華都收編作她的兒子，好像道教的元始天尊也被收編作她的兒子，而那個神是母性的，所以叫作「母娘」；那麼請問：她的境界是什麼境界？欲界。住在欲界境界而不懂色界與無色界的人，我見具在，連初果人都不是，竟然自稱可以收編色界、無色界所不能收編的佛陀，也可以收編欲界天神，這不是一個比天還大的妄想嗎？所以一貫道在大陸至今仍然是邪教，依舊不許弘傳的；那麼在臺灣，因爲政治運作、選票考量等因素，所以政府把它合法化了！但合法以後，一貫道的本質其實依舊不合法，因爲它依舊是「一貫盜」。

一貫道那個「道」要改爲三點水加個欠錢的「欠」，下面再加個器皿的「皿」，也就是說，他們是一貫想要竊盜其他宗教的教義，從來沒有自己的教義。從一開始就竊盜，首先竊盜了儒家、道教的教義，然後是竊盜佛教的；到了近代傳入一神教以後，他們又竊盜了耶(基督)教、回教的教義，顯示他們一貫的態度與行爲就是要竊盜，而他們始終都沒有自己的教義。至少人家各有自己的教義，且不論究竟或不究竟；然而一貫盜始終沒有自己的教義，所以一貫要竊盜其他宗教的教義，當然我要為他們正名為「一貫盜」。一貫盜竊盜了別人的教義以後，只能把它弄成一個拼盤，是個大雜燴的拼盤，然後自己再來弄一個教主放在上面，宣稱是更高於五教教主的境界，其實他們那個老母娘教主，只是沒智慧的某些底層中國人，愚癡編造出來欺瞞沒智慧的人們。回教有個創教者，基督教也有，佛教也有；而道教是大家共推一個能感應到的天神來當教主。至於一貫盜，可就是大家一起來想像一個名稱叫作「老母娘」；就比照中國人講的「天生萬物以養民」，下一句就不講了，因為那一句不好聽啦！知道意思嗎？不知道？那是個寇賊講的：「天生萬物以養民，民無一德以報天，殺、殺、殺、殺、殺、殺、殺！」連下七個殺，誰講的？（大眾回答不出來……。）你們歷史都不讀！（大眾笑……）（編案：張獻忠。）

這意思就是說，一貫盜想說：「我們要統攝諸教，成為萬教中的至尊，所以我們要把所有的教主都收編進來，全部成為母娘的兒子。我們還要把五教的教義一以貫之，所以我們便稱為一貫道。」問題是諸教的教義，他們都沒有通，一貫道的本質仍是五貫道，那真的是天下最大的妄想。所以一貫道在大陸仍然是邪教，是有道理的，我當然要稱他們是一貫盜。那麼一貫道在我小時候的臺灣就有了，他們都祕密集會，其實是在搞密宗的雙身法，暗地裡集會共修時都是男女一體裸身的。當時民間都稱他們爲「鴨蛋教」，因爲跟他們飲食習慣有關聯，所以那時他們都會被取締。

後來因爲他們懂得改變，漸漸不再搞密宗的雙身法，集會共修時也不再裸身了，臺灣政府也鑑於宗教自由，而他們的信徒也開始多起來了；又因爲他們開始改變方向，講儒家的三從四德、三綱五常等等；這樣教化人心也算是好的，而他們努力傳教以後人數也多了，所以臺灣政府及政黨從選票考量，就認定他們而開放合法了。但在大陸依舊是邪教，因爲他們竊取其他五教的教義，都沒有自己的教義，是個不折不扣的竊盜者，當然不合法；也因爲一貫道在大陸推廣時，自古以來一向都跟政治有關聯，所以他們在大陸一向是違法的，歷代都是如此。

可是在大陸還有一個邪教卻是合法的，就是「喇嘛教」——他們自稱爲「藏傳佛教」。他們其實不是佛教，而是把印度教性力派的邪法套上佛法名詞，混入佛教中宣稱是佛教。其實眞正的藏傳佛教只有覺囊巴一派，弘揚第八識如來藏妙法，提出他空見的教義，符合佛教三乘菩提的教義。達賴率領的四大教派雖然不是佛教，但由於他們的信眾很多，要取締又不行，眞的很爲難，因爲怕傷害民族感情。中國是由五大族加上很多的小民族組成一個國家的，當藏族大多信奉喇嘛教的時候，你要定位它是邪教還眞的有困難——在維持國家安定的大前提下，這確實有很大的困難。所以這個天下最大的邪教——而且不是普通的邪——在中國卻依然是合法的，但我們也得要體諒官方。你若老是罵中國政府，那換你上來當國家主席好了，你能立刻取締嗎？你也辦不到啊！因爲恐怕國家就分裂了，所以說，這就是眾生的共業。

因此，從這個情況來看，救世主的傳說一直都會存在人間；然而誰才是眞正的救世主？只要想當「主」，他就不是「眞主」；因爲他已經被繫縛了，而且也被眷屬繫縛了，這顯示他本身就不是自由的；既然連他本身都不是絕對自由的，又怎麼可能當上眞正的主？眞正的主是不當主的，因爲是絕對的自由，來去無礙；所以，既然不當主，就成爲「救世者」。那麼諸佛正是這樣子，是救護一切世間，而且是究竟的救護。所以同樣是弘道，有的人弘什麼道？人間道，講的是仁義禮智信，敬鬼神而遠之。有的人弘傳的是天道：

你不要殺生，要吃素，要修行十善業道，死後可以往生欲界六天享福。這是修天道，修天道也很好啊！只要不侮辱別的宗教，修天道很好，應該讚歎的；但一貫盜竊盜別人的教義以後，他們自己的道其實也只是欲界天的天道而已，卻老是要貶抑別的宗教，眞是邪教。

那麼有的人修的天道比較高級，他會告訴你「欲為不淨」，說明你應該如何離欲，然後可以出生到梵天去，於是修行證得禪定以後，捨壽生到色界天去。有的人修天道更高級，因爲生到色界天時仍然是有漏的境界，但不屬於欲界天這種下漏，所以稱色界天的境界叫作「上漏」；這上漏仍然有災患，因爲三禪天以下仍會毀壞，天人們也仍然會死亡，仍然會繼續輪迴生死，所以說「上漏爲患」；因此就修無色定，求生無色界。就好比老子說的「吾之大患爲吾有身也」，有色身就是個災患；雖然離開欲界了，但色界有色身也還是災患啊！雖然老子不懂色界，我還是把他的話借來用一下。但是還有一種修行就不屬於天道，而是超越天道，叫作「出要爲上」；這是 世尊爲度人證初果之前都會先說的次法。

你如果有常常讀《阿含經》，常常會讀到這些過程：外道來見 佛，請問佛法，佛就會先為他說「施論、戒論、生天之論」，觀察外道接受了這三論之法，接著才說明「欲為不淨，上漏為患，出要為上」。一定都會先說這三個次法：施論、戒論、生天之論；這三論都是人間的善法，同時說明色界天、無色界天的境界；當學人對三界境界有所瞭解而且信受以後，接著才說明三界境界是輪迴痛苦煩惱的境界，也就是要「脫離欲界、脫離色界、脫離無色界」。如果來求法者對這二個階段的次法都可以接受了，佛接著才說「苦、空、無我、無常」，於是聽完了得法眼淨、證初果，也有人是要再聽完集、滅、道聖諦以後才證初果；然後往往就跟著 佛陀出家，在閑靜處自己再深入思惟、斷除我所執與我執，第二天就證得阿羅漢果。

得要像 佛陀這樣度眾生，才是眞正的「救世者」；但這樣得度的人也還不是究竟，只是先讓你出三界生死，不必再於三界種種災患之中受苦；所以度這樣的阿羅漢雖可說是醫王，也還不能稱為「大」；「大醫王」則是到第二轉法輪之後，度弟子們證入實相、乃至入地的事了。所以「欲為不淨，上漏為患，出要為上」，是 佛陀為新學大眾說法的常規，有它的次第性；因為必須要這樣演說，才能夠引生求法者瞭解三界的境界都是有災患的，也才願意出離三界生死。

但是要演說這三個法之前，先得要看看對方的心性怎麼樣；如果他信受三界的境界，而且深信因果，才能爲他接著演說後面這三個法。深信因果的人，當你爲他演說「施論、戒論、生天之論」，大約都會相信；信了才爲他講「欲爲不淨」等後面這三個法，這三法也聽得進心中去了，才爲他說五蘊十八界苦、空、無我、無常等四聖諦的道理，對方才能證得初果。可是那一些人一天到晚都在世間法用心，他們經中所說的也都是人間的法，只是想要聚集一大堆的眷屬，想要當唯一的神，那你想：這樣的人，自己都被繫縛流轉了，怎麼可能是「救世者」？

但是即使能度人出三界過了分段生死，都還不是究竟的「救世者」，還得要度人超過兩種生死，也就是分段生死的習氣種子生死和變易生死。這就是第二轉法輪與第三轉法輪之所說，讓大眾可以入於菩薩道中，勤苦修行之後，實證了人無我與法無我，究竟圓滿超越二種生死；那麼能夠度大眾同樣是如此成佛，才能稱爲究竟的「救世者」；而諸佛都是如此，所以說諸佛是「救世者」。那麼以後如果還有人說救世主如何如何？造物主如何如何？你可別跟著說，因為你不是外道。

接著說「住於大神通」，一般人提到神通時大概都是想：「喔！就是神通。」可是神通有很多的層級。鬼神也有小五通，中陰身也有小五通，稀奇不稀奇？不稀奇。你如果持五戒、修十善，死後生到欲界天去，自然也會有五通，並不稀奇！可是要證初果呢？總是沒辦法。再向上往生到色界、無色界去，也是沒辦法。想要明心可就更難，因為連阿羅漢都無法明心；所以不要羨慕神通，要求證「此經」如來藏而悟入佛菩提。

神通可有可無啊！一直到你應該滿足三地心了，因為其他的法你都已經實證了，在佛菩提道中，三地無生法忍再也無可修證了，這時必須往上走了，於是不得不再修神通。所以在此之前，神通可有可無；有也不必故意排斥，無也不必刻意追求。因為在這之前，於佛菩提道的進修中，神通的作用可有可無的。那麼三地滿心的神通，不是三明六通阿羅漢的神通所能猜測，因為他有無生法忍，所以那個神通遠比三明六通大阿羅漢的神通更大，但也還不足以稱為「大」。如果是人間那些自稱有五通的人，往往是不堪檢驗的；縱使眞的有，只不過是小小的五通，尚不足以和欲界天人的五通相提並論，那麼他的神通之小可想而知。

至於諸佛，爲什麼都是「大神通」？因爲一切眾生無始劫以來的狀況，只要想知道，立刻便能知道，不必再入定去觀察，一念之間可知，這便是諸佛都有的宿住隨念智力。眾生未來將會如何，也不必用天眼通去觀察，而是一念可知；甚至於有些菩薩未來兩大阿僧祇劫，或是一大阿僧祇劫之後將如何成佛，諸佛如來也都是一念可知。這可不是像三明六通阿羅漢：往後面去看八萬大劫，往前面去看八萬大劫，再過去可全都看不見。諸佛所見不是幾萬大劫，而是以阿僧祇劫計算的，都是無所限制的，所以諸佛是大神通者。可是神通之所以大，不只如此啊！是因爲有十力的緣故，而使神通無所侷限，所以稱爲「大神通」。

那麼諸佛都是「救世者，住於大神通」，在三界中示現之目的是爲什麼？爲度脫眾生離於生死苦海的緣故。諸佛不隨便示現神通，也禁止弟子們隨意示現神通，因爲恐怕誤導眾生；眾生如果看見菩薩們、阿羅漢們一天到晚神來神去、通來通去，眾生會想：「喔！原來我就是要學神通。」對於解脫的智慧以及法界的實相智慧就不看重了，所以還要特地禁止菩薩眾、聲聞眾隨意示現神通。但是有時候要示現威神之力以懾服剛強的人們，有時是要讓諸天天主拳拳服膺，他們流傳出去之後諸天就會前來擁護，所以人間的有情也就跟著尊重，這就是示現威神力的目的。而這樣子示現無量的威神之力，目的是爲了幫助眾生脫離三界生死苦海；所以，大神通的示現、威神力的示現，都只是爲了度脫眾生。

世間人的神通，目的是爲了示現、譁眾取寵，獲得大家的擁戴而博取人間的利益；但諸佛是解脫於生死的、究竟於實相的，對於這些都不看重。可是世間人不懂，有人常常說：「佛爭一爐香，人爭一口氣。」我說，人們或許可以常常爭那一口氣，然而諸佛從來不爭一爐香！一爐香不過爾爾，想想諸佛在因地見道之前，很多劫當轉輪聖王，後來尚且棄如敝屣，怎麼可能成佛之後還爭一爐香？是不是神魂顛倒了？當然不是，而是亂說話的人愚癡而胡言亂語謗佛。諸佛是無上智者，豈有可能愚昧至此呢？所以說，只要誰講了那一句話，你就可以指斥他說：「你這個愚癡人！」

你就說他是愚癡人，可是你說這句話時，記得要滿臉笑容地說，那他想：「欸！他對我沒有惡意，可是爲什麼又罵我是愚癡人？」他當然要問，那你就告訴他：「這個說來話長，你如果想聽這個道理，至少你得要給我半個小時，我詳細爲你說明，否則你還是聽不懂啦！」他若是願意找個時間來，你就爲他先說轉輪聖王的境界，先不談佛。他如果聽到不耐煩，你就說：「我得要細說從頭，否則你聽不懂啊！你就耐點心吧！」於是你就從鐵輪王開始講，然後銅輪王、銀輪王、金輪王，接著問他：「讓你當轉輪聖王中的金輪王好不好？」他會說：「可是我哪有資格？」你跟他說：「你是沒資格啦！可是人家有資格哪！而且不是只有當一世，是一劫又一劫連續當下來，可是這個『劫』你懂嗎？」喔！又不懂了！

所以還得要花時間爲他說明劫的意思：怎麼樣叫作一劫？你就從饑饉劫、疾疫劫、刀兵劫說起，讓他瞭解一個小劫裡有多少事；那麼他會問：「啊？這到底是多久的時間？」你說：「那你算算看啊！你那麼聰明，當然會算出來的。」高帽子給他一頂，接著說：「經歷很多個饑饉……等劫才過完一個小劫，二十個小劫是一個中劫，四個中劫才是一個大劫。人家當金輪王當了很多、很多、很多劫，你想他福報大不大？」大呀！當然得要承認。因爲不要說他當一世，他連小小的鐵輪王都當不上；且不說鐵輪王，當個人間的小國王都還當不上。然後你才告訴他：「諸佛在見道之前，當轉輪聖王時都是當金輪王，而且是連續當很多劫，後來棄如敝屣，才來修行成佛的，那你想：諸佛會爲了一爐香而跟人家相爭嗎？」他聽完了，當然知道自己錯得很離譜。

所以說，諸佛雖然都有大神力，但不隨意示現。諸佛是解脫生死的，也是究竟了知宇宙萬有，是具足實證法界實相的，有大神通，有大福德，有大智慧，這才是眞正的「救世者」。有時偶爾示現大神通，目的不是爲了炫耀神力；諸佛的神力確實是無量，但是偶爾示現一次，只是爲了度脫眾生離三界生死苦海。

同樣的道理，正因爲度脫眾生的緣故，所以「舌相至梵天，身放無數光」。我在前面講六根清淨，講到舌根有多少功德呢？一千兩百。六根之中有三根同樣具足一千兩百功德，舌根是其中之一；以舌根的功德來利樂有情，可以具足一千兩百功德，諸佛當然可以用這個功德示現廣長舌相。因此以諸佛的威神之力，示現廣長舌相，意思是說，諸佛都以大神通力，把說法的音聲遍於三界世間，唯除無色界。這就是說，以舌根音聲說法，警覺諸天，這是諸佛都能夠作的事；另外，如果想要警覺有緣的眾生聽聞佛法，當然也可以從舌根放光照耀到色界頂，這也是「舌相至梵天」，所以「舌相至梵天」，不能依文解義。如果 佛陀舌相伸出來，竟然可以又廣包覆了整個梵天，那你會覺得那是舌相嗎？你一定覺得是什麼東西把我們蓋住，所以不能依文解義。這就是說，以廣長舌的功德力，示現出說法的音聲直到四禪天，函蓋了整個色界天。

同時「身放無數光」，是一一毛孔都放光；這在《金剛經》〈法會因由分〉中有爲大家講過了，其實在〈序品〉之中就已經爲諸位講過了。身根放光、舌根放光、足下放光等等，是故就說「身放無數光」，是可以全身毛孔都放光，也可以全身顯現各種不同的放光；這個放光可以讓光音天以上的有情讀懂，他們會知道 佛陀在說什麼；光音天以下的菩薩會懂的「身放無數光」，就是當 世尊身放無數光的時候，就是法身強烈示現說法的時候，所以又會使很多天界的有緣人可以相應；這樣子利樂眾生、接引眾生，範圍更廣而且更深遠；這就是爲了那一些希求佛道的人，而顯現出的希有之事：「爲求佛道者，現此希有事。」

佛陀不隨便示現神通，不隨便示現威神力，也許有人想：「爲什麼要這樣？」當然得要這樣。佛陀教導菩薩修行四攝法，自己也如是行，不讓眾生譏嘲。假使教弟子眾修四攝行，而自己卻不行，一天到晚以神通飛來飛去，從來不在路上走，那麼人間的有情看了就想：「祂本來就是佛，我怎麼能修學祂說的妙法？」「祂本來就是佛，我們本來就是人，本就不同種類，所以人類不應該如此，再怎麼修，都還是人類，無法實證的。」

因此，在人間示現的應身佛，應該像眾生那樣，依舊是一步一步到了市集，然後一家一家托缽，大家看了會說：「佛陀是人，人可以成佛，那我們應該也行啊！」這叫作見聖思齊。如果佛陀一天到晚飛來飛去，告訴菩薩與阿羅漢們：「你們不許飛行，只有我可以。」這就沒有辦法領眾了。所以佛陀示現神通時，一定是有緣故才會示現的；如果不是特殊的緣故就不示現，仍然像一般人那樣於路上行走，所以《阿含經》中說這叫作「遊行人間」。因此說，大神通只是爲了希求佛道的人才刻意示現，不是常常示現。

那麼 世尊說完了這個部分，接著說明「諸佛謦欬聲，及彈指之聲」，這也是在警覺有情。一切有情之受警覺，可有各種不同層次；一般有情所受的警覺只是覺得奇怪：「怎麼會有這種奇特的謦欬聲？爲何有這種奇特的彈指聲？不論遠近所聞，音聲不大、不小，各處完全相同，好生奇怪啊！」因此會去探究，這聲音從哪裡來？諸天天人也會探究：這聲音從哪裡來？可是有緣人一聽見就會探究：這應該是有賢聖於三界中示現，想要利樂有情，於是追尋而來。如果是大菩薩們聞見謦欬聲及彈指聲：「周聞十方國，地皆六種動。」表示一切賢聖皆聞，所以周聞於十方佛國。

這聲音到了十方佛國，一切大地都是六種震動。從事相上是這麼說，可是在理上，咱們正覺講堂中早就有許多佛國了，你一國、你一國、你一國，他一國、他一國、他一國，各個是佛國；你們各自的自心如來謦欬、彈指之時，由於祂的威神之力，你們自己這個佛國之中大地六種震動，有哪六種震動？眼、耳、鼻、舌、身、意，悉皆震動！怎麼不震動？一定全部都震動。這震動就是六種：眼根這一聚的震動是一個情況，耳根這一聚乃至意根這一聚的震動，各是另一個情況，所以說有六種震動；當你六根都震動的時候，是不是大地震動？這一震動了，就應該會了吧？對啊！

所以有的人苦心追尋，尋了幾十年，有一天突然間追尋到：「啊！原來這才是我的本來面目啊！」所以渾身都顫抖起來，抖了好久欸！為什麼抖？

因為從來沒有想過能夠回到真正的故鄉啊！活了七十歲，老是記掛我要回故鄉，但那都是假的故鄉；你應當回原鄉——原來就有的故鄉；不是你這一世出生了才有的那一個故鄉，那種故鄉每一世都會有一個，就會有新故鄉、舊故鄉、舊舊故鄉、陳舊故鄉……，全都不是原來的故鄉。由於突然找到了原鄉，所以太激動了，於大地震動個不停！人家是六種震動，一會兒就停了，他卻是震動很久欸！

這就是說，只要是有緣，隨時隨地都有因緣；豈不聞黃龍禪師說，每一個人的法身慧命的出生，都是「**生緣處處**」啊！然而，如果是諸佛以威神之力，遍及十方佛國傳遞法音，謦欬及彈指之聲，你如果是有緣人，當時一定是「**地皆六種動**」，發覺六根之中無一不是眞如啊！從來都不外於眞如。可是一般人老是覓不著，所以禪門才會說「**只緣身在此山中**」。意思是說什麼？說你沒看見本來面目嘛！看不見本來面目就是這個原因：你始終不知道廬山煙雨究竟怎麼回事，只因為你就住在其中，只見一片霧茫茫，什麼都看不清楚。可是你如果同時超脫出來看的時候，可就能夠一窺全貌了。因此只要你有緣，你就能體會到「**地皆六種動**」。

接著　世尊勉勵大家：「**以佛滅度後，能持是經故，諸佛皆歡喜，現無量神力。**」由於大地六種震動，所以在諸佛滅度以後，凡是能受持《妙法蓮華經》的菩薩們，大家發願受持了，諸佛都很歡喜；也因為這個緣故，釋迦如來示現無量的神力來作證明。諸佛滅度後最重要的事，就是菩薩們如何受持《妙法蓮華經》，因為《妙法蓮華經》函蓋了一切諸經，所以如果菩薩們在佛陀滅度以後，能受持「**此經**」，當然諸佛看見了都會歡喜。至於顯現無量神力，其實有各種不同的方式，所以有時同一個世界中，有許多人在定中同時看見了　如來為他開示，或者為他解說因緣；也有許多人同時夢見了　如來，所說各不相同，這也是　如來為了《妙法蓮華經》的久續弘傳而示現的無量神力。

「**囑累是經故，讚美受持者，於無量劫中，猶故不能盡；**」世尊告訴我們說，為了付囑勞累大家來住持《妙法蓮華經》的緣故，應當要讚美受持「**此經**」的人；可是如果真的要具足讚歎受持「**此經**」的人，在無量劫之中，以各個層面來讚歎時，依舊是沒有辦法說得完的。因為受持「**此經**」的人會引發的功德，一定是有次第而且綿綿無盡，不會有侷限。如果要加以讚歎的話，從不同的層次、不同的面向來讚歎時，那是講不完的。

也許諸位懷疑真的無量劫講不完嗎？我們簡單舉個例子來說好了；譬如讚歎一位菩薩善於受持《妙法蓮華經》，我們會怎麼說？當然不會像大師們那樣說。我們就依諸法的因緣次第，極簡略地說一說，諸位就會想：這怎麼能講得盡？因爲你如果眞要讚歎他，其實就是把五乘法一一解說出來讚歎，不然你眞的讚歎完了，人家也聽不懂！剛才不是說有次法與法了嗎？次法是什麼？是施論、戒論、生天之論；次法還有後半部，就是剛剛講的：「欲爲不淨，上漏爲患，出要爲上。」這六個都只是次法，就已經分爲兩個次第了。

你把這六個次法先來讚歎說：菩薩布施是多麼勝妙，菩薩布施時能捨慳心，說菩薩藉著布施把慳心給布施掉。這還沒有談到主題喔，你就從這裡開始講，接著是持戒等；講了一堆以後說：「可是菩薩布施的時候，三輪體空。而菩薩卻又相信布施的因果，所以你看三輪體空那樣的布施是多麼值得讚歎！卻只有受持『此經』的人才作得到。」你這個題目就可以講上好久，然後拉回來說這個布施的因果，詳細加以說明：這菩薩了知布施的因果，因此菩薩布施不嫌累，就這樣一世一世不斷地布施。你就說明：「受持『此經』

的菩薩，是不是應該讚歎呢？」那麼你講布施因果要講多久？因為不同的布施有不同的果報，就有好多種布施要講，那要講多久？你就一一來說明每一種，講完就讚歎受持「此經」的菩薩，從法上聯結起來，講上十種、十二種布施的因果，全都用來讚歎此菩薩。

施論終於講完了，大約一個鐘頭、兩個鐘頭就過去了，這還是極簡略讚歎而已。把施論講完了（當然，施論其實不只這些，另外還有「至心施」、「時節施」、「自手施」……等法，對不對？你一樣一樣慢慢去講解，那得要講很久），但其實也都不離「此經」，因此你都拿來讚歎受持《法華經》的菩薩。然後「施論」終於講完了，接著是持戒的論義，就說明：受持《妙法蓮華經》的人一定可以受持五戒、菩薩戒。至於只存在一世的戒體——聲聞戒，那就「在所不論」，只用五戒、菩薩戒來讚歎。然後是生天之論：菩薩了知三界，三界的境界如何，菩薩都無所著，都能超越。但菩薩能出離三界而不出離，發起大願心繼續生在人間，都是因為受持《妙法蓮華經》的緣故。

像我這樣提綱式的說明，都只是概略地帶過去，也講了幾分鐘；如果要詳細講、一一講，那你想，需要講多久？這都還只是持戒而已。若是講到出家菩薩，因爲戒有五戒、八戒、沙彌戒、沙彌尼戒、式叉摩那戒、比丘戒、比丘尼戒、菩薩戒，你都可以一一拿來讚歎菩薩，因爲菩薩都作得到。爲什麼作得到？因爲受持《妙法蓮華經》。詳細地一一把大乘有關的「戒論」終於講完了，然後是「生天之論」，你就講解三界的境界層次，讚歎菩薩都能超越；然後說到「欲爲不淨」等等，你一一讚歎菩薩的「梵行已立」；這都還沒有談到聲聞菩提，都還只是在次法上談。那你如果要再把二乘菩提一一講完，全都拿來讚歎菩薩；再把大乘菩提拿來講，講完用來讚歎菩薩，你可眞的要講上好幾天、好幾夜。這還不是具足宣說，如果要像佛陀那樣具足宣說，那就是把所有佛法一一講出來讚歎受持《法華經》的菩薩，那你想，你得要講多久？所以世尊說：「讚美受持者，於無量劫中，猶故不能盡。」就看你要怎麼說。然而這樣讚美的用意，目的是「囑累是經故」，也就是希望大家好好把「此經」弘傳下去。

世尊又說：「是人之功德，無邊無有窮，如十方虛空，不可得邊際。」確實是如此，因爲能夠受持《妙法蓮華經》，具足理、事，爲人宣說，他的功德沒有邊也無法窮盡，因爲這個功德不是物質之法，不可能有邊；這個功德不是物質之法，也不可能有窮盡之時。例如世間法中說：「**給他一條魚，不如教他怎麼釣魚。**」因爲給他一條魚，他一餐吃完就沒了；但你若是教他怎麼釣魚的智慧，他想要吃就去釣，每天都會有魚，是一樣的道理。你若是給他物質之法，他的受用終有窮盡；可是這個智慧之法受用無窮，永遠不會耗損。總不會像世間人那樣，拿什麼東西布施完以後自己資財就有損減；智慧之法，你爲別人教得再多，你自己的智慧依舊絲毫沒有損減，依舊圓滿無缺，所以不會有窮盡。

又因爲這個智慧的功德函蓋三界法，函蓋了三乘菩提，所以他的功德沒有邊際。這個智慧函蓋面很廣，猶如十方虛空；如果是世間的智慧，那是有窮盡的，都有一個侷限；但是受持《妙法蓮華經》的智慧，由於遍十方虛空一切世界都同樣是「**此經**」，所以「**如十方虛空**」，而虛空是無窮盡的。不管虛空多麼廣大，世界國土多麼廣大，往東有無量無數佛土，往西有無量無數佛土，四維上下莫非如此；不論你到哪一個佛土去，全都是「**此經**」，何曾有邊際之可定？也許你想說：「**應該只有佛土才是如此，如果有的世界並不是佛土，只是愚癡眾生的世界，難道也如此嗎？**」我告訴你：「**眞的如此，**

凡是有眾生的地方就有『此經』，有『此經』的地方不就都有佛土嗎？」那就看你說的是什麼佛土。你們每一個人就是一個佛土，何嘗沒有佛土？因為你們都是在「此經」中修行，這就是一個佛土啊！只要有有情的所在，你就有這個功德；所以不論你去到哪裡，都還是擁有這個功德，可以永遠繼續利樂有情。所以說，這個功德「無邊無有窮」，又說「不可得邊際」。

接著 世尊開示說：「能持是經者，則為已見我，亦見多寶佛，及諸分身者；」能夠受持這部《妙法蓮華經》的人，就是已經見到 釋迦如來了，也是已經看見 多寶佛了，也是看見 釋迦如來的分身諸佛了。這就要問你們：有沒有看見啦？只有很少的人說有，大部分的人默然；有的人心裡面還想說：「在哪裡？」

我們先從事上來說，當你受持《妙法蓮華經》的時候，用比量來推斷一下：釋迦如來是不是同樣這一部《妙法蓮華經》呢？是啊！那你不就是看見了「釋迦如來」嗎？當然也看見了「多寶佛」。當你找到了如來藏時，你確實觀察以後再來設想一下：如來藏能生一切法，不是寶嗎？是寶啊！且先不談理上，那你現在先從事相上的比量來看看：當 釋迦如來演說《法華經》

的時候，多寶如來前來聽受《法華經》時，祂是否同樣也是「**妙法蓮華經**」？多寶如來同樣也是由祂的第八識「**法華經**」來成就，所以你既然看見 釋迦如來同樣是「**此經**」第八識，多寶如來難道不是嗎？那你再看看 釋迦如來分身諸佛，不也是從祂的第八識分身應化而出的嗎？所以，你這樣就同樣是已經看見了 釋迦如來、多寶如來以及釋迦如來的分身諸佛了！

回到理上來，當你受持了「**妙法蓮華經**」第八識如來藏，是不是「**我**」？是不是「**我**」？雖然祂沒有五蘊的我性，但是祂眞實而常住，是你的本來面目，是你眞實的自我，所以稱爲「**我**」；在《阿含經》裡面都告訴你說苦啊、空啊、無我啊、無常啊，所以很多人依文解義、斷章取義，只落到那一部分，忽略了「**諸法本母**」的本識，他們不能函蓋全部阿含經典的眞義；所以當你宣稱找到了眞我，他們反而會罵你是個凡夫、是個外道：「**佛法是講無我，你怎麼還說我？常見外道！**」他們一定會罵你。我們早期弘揚如來藏妙法時，人家還說我們是自性見外道，說我們是外道神我。

可是他們眞的不懂《阿含經》在講什麼。《阿含經》固然說無我，可是也說我欸！《阿含經》中說五蘊時，從色蘊開始說：色蘊無常、苦、空、無我。都是說，遠的色蘊——無量劫前的色蘊，無常、苦、空、無我；現在的色蘊、未來世的色蘊、未來無量劫後的色蘊——很久遠以後的色蘊，依舊是苦、空、無常、無我；最後說：「受想行識亦復如是。」可是《阿含經》也告訴我們：五蘊苦、空、無常、無我，但五蘊卻是「非我、不異我、不相在」。說五蘊不是眞實我，但五蘊也不異於眞實我，可是五蘊跟眞實我「不相在」——不是混在一起而不可脫離的。那麼假使主張說，四阿含是專講無我或者專講我，其實都不對，而是具足演說了「無我與我」。

所以當你找到了那個能生名色的本識——《阿含經》講的「諸法本母」，當你找到了那個被名色所緣的「識」，那你就是找到「我」了。所以你受持《阿含經》說的這個「諸法本母」第八識時，你就是看見了「我」；當你看見了「我」的時候，你是不是看見了多寶如來？你發覺你所有的一切法寶，你所有的一切世間所能獲得的福報，各種的寶物莫不都從你這個如來藏中生出來，這如來藏當然就是你的「多寶如來」。你現在找到了，你開始演講《法華經》，多寶如來就從地踊出——從你這個五蘊大地踊出來，靜靜地聽你演說《妙法蓮華經》，祂絕對不插嘴。是不是如此？是不是嘛？你只要證得如來藏，就只能承認我這一句話，你不能否定的，因爲你現觀的結果就是這樣啊！

所以當你開始演說《法華經》的時候，即使你只是爲自己一個人說，也是如此，你的「多寶如來」一定來聽啊！而且是帶著七寶塔來聽，絕對不會不來。所以你開始在爲自己說《法華經》：「唉呀！原來我這個如來藏眞的是妙啊！因爲祂能生萬有，而且清淨猶如蓮華，出淤泥而不染卻能生我的一切法。」這時你是不是看著你這個如來藏來演說的？是啊！你一定是現觀而說的，是看著如來藏，一面觀察一面演說；這時雖然只是爲自己說，那你不就看見 多寶如來了嗎？祂就是你的「多寶如來」啊！然後你就想起來：「我應該爲某甲演說這個法，應該爲某乙說這個法，也應該爲某丙說這個法。」這時有三個念頭了，是不是就有三個分身諸佛？你如果越講越多，聽眾越來越多，那你分身諸佛就會越來越多了，這時你難道沒有看見你的分身諸佛嗎？喔！知道了！眞的可以看見。

可是不要去依文解義說，當你能夠受持《法華經》的時候，釋迦如來就跑到你面前給你瞧見。那麼我要請問：哪個 釋迦如來？你的如來藏不是既寂靜又能仁嗎？釋迦牟尼就是「能仁寂靜」，你的如來藏對你不夠仁至義盡嗎？祂對你永遠行於仁義，當然叫作「能仁」啊。那祂從來有沒有跟你吵鬧過，永遠連一句話都沒有，寂寞無聲，那不叫作「寂靜」嗎？所以你的如來藏就是自己的「釋迦牟尼」！那你為人演說《法華》時還能說自己沒有看見「釋迦牟尼佛」嗎？有啊！當你證得時也就看見了！哪能夠說沒有看見「釋迦牟尼佛」？因為成佛也是祂啊！你將來修到究竟地而成為「釋迦牟尼佛」時，就是靠祂。所以 釋迦世尊說：「能持是經者，則為已見我。」你要解釋作看見釋迦牟尼佛，但這裡說的「釋迦牟尼佛」是指理上的「釋迦牟尼佛」。那你開始說《法華經》時，你一定也看見自己的「多寶佛」了，因為你所有一切佛法寶貝都從祂而來，那麼這樣子連分身諸佛都有了。

接著你可以來想一想：「又見『我』今日，教化諸菩薩。」是不是眞的如此？誰不是被自己的「釋迦牟尼佛」所教化？這一句話就點出來了。那你如果要依文解義說：「糟了！我講到這裡時該怎麼講？我明明有受持此經如來藏啊！可是我現在講解此經的時候，又沒有看見釋迦牟尼佛在教化諸菩薩，那我應該要怎麼說？人家會說這部經典是神話。」這就是依文解義的後果。所以只要你眞的通達了「此經」，而不是一知半解；當然，話說回頭，通達是不容易的；也正因爲不容易所以才說「此經」很難說、很難理解，非常廣大、非常深奧，否則 釋迦佛就不必指出「此經」深廣難知！但是你如果通達了，就可以瞭解所謂的「見我、見多寶佛、見諸分身」，以及看見『釋迦牟尼』教化諸菩薩」，是理上應當如此瞭解的，你就沒有疑惑。那麼你也會瞭解將來自己成佛，也是會像這樣「教化諸菩薩」，那你其實也等於親眼看見 釋迦牟尼佛像今天這樣子「教化諸菩薩」，用什麼教化呢？用「妙法蓮華經」第八識來教化。

接著說：「能持是經者，令我及分身，滅度多寶佛，一切皆歡喜；十方現在佛，并過去未來，亦見亦供養，亦令得歡喜。」這是說，只要能夠眞的受持《妙法蓮華經》而不是依文解義的人，即使沒有通達也沒有關係；只要你能受持，就表示正法不滅沒於人間，正法能夠不滅沒於人間，就是 釋迦如來最高興的事情。所以 釋迦如來雖然兩千多年前已經捨我們而去，但是其實未曾捨，因爲 如來的慈悲依舊在攝受我們，也仍然繼續照看著我們。所以當你受持「此經」而需要與 釋迦如來感應的時候，就會讓你感應到。

這就表示說　釋迦如來以及祂的無量無數分身，以及當時現象中「從地踊出」的寶塔中的　多寶如來，也同樣是這樣的慈悲；因爲有人受持「此經」，所以都很歡喜！因爲這表示佛法裡面仍然會有許多眾生獲得法利；也表示佛種紹隆不斷，只要佛菩提道的種子——佛種性的受持者繼續存在，那麼佛菩提種性的眾生就不會斷絕；因爲繼續會有人發起佛菩提的道心，成爲具有佛種性的人；因此　釋迦如來及諸分身，以及　多寶如來都很歡喜。不但如此，十方現在諸佛也很歡喜，而且過去諸佛、未來諸佛和十方現在佛是一樣的歡喜！這就是同時看見了十方世界現在諸佛，以及未來十方諸佛、過去十方諸佛，也等於作了法供養，也同時使祂們歡喜。玄吧？玄喔？是很玄啦！如果不玄，怎麼可以說「此經」深奧、微妙、廣大呢？

未來佛你怎麼見？過去佛你怎麼見？且不談過去未來，單說現在十方諸佛你要怎麼見？其實你只要通達了這個理，不必親自去到那邊見。你如果親自去到諸佛世界，那你這一世從剛出生就開始去遊歷諸佛國，把十方諸佛國都遊歷回來，一百年夠嗎？絕對不夠，那你要如何去見十方現在佛？這就是說，你只要比量而見就看見了：你在娑婆世界　釋迦牟尼佛教導你的是「此經」，去到極樂世界亦復如是，去到琉璃世界亦復如是，十方世界一切諸佛所說的莫非是「此經」第八識。

當然有人心裡面懷疑，但是如果你實證了，你也去檢驗過了，你所有的一切諸法莫不從你的「妙法蓮華經」而來。那麼你設想一下：十方世界一切有情，上從諸佛下到地獄，有哪一個有情可以外於此經「妙法蓮花經」？有誰可以外於「此經」如來藏？沒有一個有情能夠。那你不就是從理上看見了十方現在佛了嗎？所以，假使你有一天入定，或者你沒有禪定功夫，睡夢中感應到某一尊佛時，你說：「原來某某佛您也一樣是『此經』喔！」你都不需要奇怪，因為本來就是「此經」，又誰能夠外於「此經」呢。「此經」是阿哪個？「妙法蓮華經」如來藏啊！

如果沒有「妙法蓮華經」如來藏，還會有那一尊佛嗎？不可能啊！所以十方現在佛都是如此，那麼十方現在佛如此，過去更是如此。至於未來諸佛也是如是嗎？未來諸佛如果不是因為此經「妙法蓮花」，連命都沒有了還能成佛啊？但是未來諸佛終究還沒有成佛，為什麼說他們也是佛？因為是依於「此經」如來藏將來必定成佛！那麼這個未來佛，不但《妙法蓮華經》中如是說，別的經中也有說未來佛，說到現在就可以看見未來佛。所以我今天抄錄一段經文，在銀幕上打出來，這是《文殊師利所說摩訶般若波羅蜜經》中說的「一行三昧」。一行三昧，大家耳熟能詳，常常聽過，我先唸給諸位聽聽看，你們就會稍微知道了：

【佛言：「法界一相，繫緣法界，是名一行三昧。若善男子、善女人欲入一行三昧，當先聞般若波羅蜜，如說修學，然後能入一行三昧。如法界緣，不退不壞，不思議，無礙無相，善男子、善女人欲入一行三昧，應處空閑，捨諸亂意，不取相貌，繫心一佛，專稱名字。隨佛方所，端身正向，能於一佛念念相續，即是念中，能見過去、未來、現在諸佛。何以故？念一佛功德無量無邊，亦與無量諸佛功德無二，不思議佛法，等無分別，皆乘一如，成最正覺，悉具無量功德、無量辯才。如是入一行三昧者，盡知恒沙諸佛、法界無差別相。」】

這樣，你如果證得如來藏了，就知道我要怎麼解釋了；但時間又到了，只能夠下週再分解。

上週由於講到《法華經》的經文中說：「十方現在佛，并過去未來，亦見亦供養，亦令得歡喜。」有談到未來佛，我們談到：未來佛還沒有成佛，應當如何供養？又怎麼可能見得到呢？

這讓我想起以前的事，快二十年了！有一次跟我二哥談到這個念佛，但因為身為弟弟的我，打從小時候起，一向都是傻傻呆呆笨笨的，從小就是被他用拳頭敲腦袋敲大的：「你為何這麼笨？」因為好東西都會拿出來與別人分享，不會留著自己享用，他老覺得我好笨。後來長大了，有年紀了，我學佛以後勸他別再釣魚，也勸他學佛，那他就學著唸佛；因為他不能打坐，一坐就會有幻覺；而他不能突破打坐的那個幻覺，我告訴他如何對治，因為我早就對治過了，但他又不相信我，那就只能唸佛，於是他就持名唸佛。

有一次他說：「我聽說你們都自稱已經開悟了，那你到底悟了什麼？」我說：「我悟得什麼？如人飲水，冷暖自知啊！」那他就說：「那你怎麼知道你悟的對不對呢？」我說：「自然有三乘經典可以印證啊！總不會是違背經典而可以說是開悟吧？」他就說：「我才不信！那經典流傳到現在兩千五百多年了，你怎麼知道經典正確？」我說：「你如果這樣講，我就無可奈何。因為經典是聖教量，如果經典不能作為根據，那麼一切都不必再談。」他說：

「我不管那一些，我就老老實實唸佛，我往生去極樂世界就沒事。」我就說：「你既然講唸佛，那我問你啊！念佛法門中有一個法門很有名，叫作一行三昧。」他說：「我有聽過啊！但是內容不太瞭解。」

我說：「內容我可以講給你聽……」我就把銀幕上面這一段經文大致唸給他聽，當然沒辦法一字不易，只是就記憶所及唸給他聽，然後我說：「這段經文裡面說，在那一念之中就可以見三世諸佛了。你認爲要怎麼念佛才能見三世諸佛？這還不是最重要的喔！最重要的是未來諸佛都還沒有成佛，但是你在念佛這一念之中就能看見未來諸佛，我請問：『你要怎麼見？』」他總不好把念佛法門中的一行三昧也給推翻吧？於是只好傻在那邊。當然他又會講好多的話，永遠都有他的理由；但我就不理他了，因爲我是從小被他罵大的，那無所謂，因爲在世間法上我是笨，不會爲自己謀私利，眞的夠笨；但是笨也有笨的好處，就是在佛法上很容易相應啊！所以我笨到現在還是不懂得爲自己謀利，還是笨到底；但是佛法上面我可不笨，這有什麼不好？我覺得很好，所以我也不想改變，我下輩子還是這麼笨的好。

那麼這個「一行三昧」談到的是見未來諸佛，而這一段《法華經》的經文，也說是見未來諸佛；所以我們有必要把這個一行三昧拿出來為大家談一談，可不要有人嫌棄就講：「這又不是《法華經》的經文，你拿來這裡談是幹嘛？」可是我要說，《法華經》是圓教的經典，函蓋一切佛法，哪有什麼不能談的呢？不然諸位想一想，文殊師利菩薩在下方世界教化無量無邊的菩薩眾們，自始至終都只講一部《法華經》，那他是講些什麼？《法華經》的經文就只有這麼多啊！他都講些什麼？這樣大家就瞭解喔！

現在回來看這一段經文，這是《文殊師利所說摩訶般若波羅蜜經》的經文，這段經文講的一行三昧是佛陀講的；在念佛法門中也用這段經文，來作為淨土宗的教義之一，因為這段經文講的正是念佛。我們就來看經文中怎麼說：【佛言：「法界一相，繫緣法界，是名一行三昧。若善男子、善女人欲入一行三昧，當先聞般若波羅蜜，如說修學，然後能入一行三昧。」】這意思在告訴我們什麼？是說法界的眞相只有一個，所以叫作「法界一相」。法界的實相如果有兩個，那麼成佛時就會有兩種佛；那麼未來就會像一個廣告改變了說：斯斯有四種。以前都是廣告有兩種，現在廣告已經變四種了。所以實相只有一種，永遠都不會有兩種；只要會有兩種，將來就會有三種、四種，不斷地演變，就不是實相。

「法界一相」意思是說：實相法界只有一種。你要怎麼樣住於永遠不改變的三昧中，前後始終一貫不變，所以叫作「一行」。「一行」是不容易的，我們那個北投的鄰居大道場是有很多行，不是「一行」；因此有時候是「打坐離念」稱爲開悟，說靜坐到能夠離念的時候，心都不動了，那時心花兒朵朵開，叫作開悟。接著後來又變成「放下煩惱」：當煩惱消失的時候，你就不會再生起妄想，這樣就是開悟。然後又變成說要「把握自我」，要當自己，所以要找到自己，開悟的時候就是找到自己，就是離念時的覺知心。那麼這樣子過了一段時間又改爲說：「放下煩惱以後，連這個放下也不要去牽掛、執著，這樣才能開悟。」所以說：「不求開悟，才能開悟；求開悟的人就悟不了。」後來又改爲說：「要消融自我，不要牽掛，要無我。」這時又與把握自我互相矛盾了。

就是這樣變來變去，那麼這樣說來，他到底有沒有「法界一相」？沒有喔？已經是三、四相了。可是他在其中也有「法界一相」，叫作「識陰相」——永遠住於識陰境界；不管怎麼轉來轉去、變來變去，永遠都是識陰境界，最多時候是落入意識心中。問題是，那不是「法界」，那是生滅界，因爲全都是現象界裡的事，與實相法界無關，所以他們沒有辦法始終不變，因此爲人說法時就有多行而不是一行。

但咱們正覺出來弘法從來不變！一開始就是**眞如與佛性**，現在也還是眞如與佛性，二十年了（編案：這是二〇一二年十月二十三日所說）；未來依舊還是眞如與佛性，不會改變的。剛開始那十年，大家都在等著瞧：「**這個正覺，欸！不必十五年就會消失了！它一樣是個新興宗教。**」可是我們並沒有消失啊！我們仍然繼續在成長，而且是佛教界所有大師們永遠都無法撼動分毫的至理妙義。這就是說，「**繫緣法界**」時，我們的前後所緣都是實相「**法界**」而不是現象「**法界**」，二十年來同樣是法界的實相，沒有一絲一毫變更或演變。那麼這個「法界」的「一相」，之所以能夠永遠「一相」而不改變，是因爲你所「繫緣」的那個「法界」——你繫心所緣的法界，祂就是實相界；只有一個實相法界，再也沒有別的實相法界作爲所緣；所以永遠不改變你的所緣所行，這樣叫作「**一行三昧**」。

但　世尊有這麼開示：「**如果善男子、善女人想要進入一行三昧，應當要**

先聽聞般若波羅蜜，也要如說修學。」光聽聞是沒用的，還要「如說修學」，然後才能夠進入「一行三昧」，這就是大前提。可是那一些教一行三昧念佛法門的淨土宗大師們，全都把這個大前提砍掉，大家都不談這個大前提。這是因爲如果要教導徒眾們修學般若波羅蜜，對他們而言眞是困難重重，因此只好把大前提砍掉，所以他們只解說後面這一段：「善男子、善女人欲入一行三昧，應處空閑，捨諸亂意，不取相貌，繫心一佛，專稱名字。隨佛方所，端身正向，能於一佛念念相續，即是念中，能見過去、未來、現在諸佛。」他們就只講這一段。那麼諸位想一想：當大前提砍掉了以後，他用這一段經文所說來修學持名唸佛法門，就好像一輛汽車把引擎拿掉了以後，裝上了搖桿，坐在駕駛座上搖啊、搖啊、搖啊！一個鐘頭可能只前進一、兩百公尺。人家一個鐘頭是跑一百公里，他才前進一、兩百多公尺，那你說它還能叫汽車嗎？所以他們講的「一行三昧」不是眞的「一行三昧」，因爲他們把最重要的成分剝離了，是離開最重要的成分而只從表相上來修，就想要成就「一行三昧」，那眞是緣木求魚。

這就要說到那個大前提：「當先聞般若波羅蜜，如說修學。」這一句聖教之中說的「般若波羅蜜」可不能夠弄錯，如果用六識論來解釋「般若波羅蜜」，那可就是外道法了，不是眞正的般若；根本就不可能「波羅蜜」，也就是不可能「到達解脫的彼岸」。但末法時代的大法師們，有誰是實證「般若波羅蜜」而能爲人解說的？所以「聞般若波羅蜜」的事也是不容易的。但是如實聽聞之後——聽聞到正確的般若波羅蜜了，後來沒有「如說修學」，只是聽聞就算數了；就好比佛教界有很多人讀我們的書，讀了以後只是在那邊思惟而不能付諸於實行；他們不作實修，結果就只是常識，或者講好聽一點叫作佛學知識，想要親證實相法界也就沒有因緣。所以即使聽聞了眞正的般若波羅蜜，也得要如說修學，否則沒有緣由實證。

如果已經先聽聞正確的「般若波羅蜜」了，並且也有「如說修學」，那麼他想要進入一行三昧的話，世尊開示說：應當「處空閑」，也就是摒除閒雜人等的干擾；並且要「捨諸亂意」，換句話說，得要制心一處、要有定心而不是散亂心。至於爲什麼得要有定心？因爲定心會使人心地細膩、觀察入微，如果是散亂心，心地很粗糙，想要觀察到行相很微細的如來藏就很困難；而且，若沒有定心，縱使悟得「法界實相」以後也不會有功德受用，依舊只是乾慧，所以覺知心先得要有定力相應才行。

然後得要「捨諸亂意」，同時得要不受干擾，所以應該「處空閑」。到這裡，這兩個條件有了，然後「不取相貌，繫心一佛，專稱名字」；換句話說，這是持名唸佛的法門。「一行三昧」絕對不是無相念佛，絕對不是觀想念佛、思惟念佛，而是專心持名唸佛。接著說，持名唸佛時不可以取佛的相貌，意思是說：不能落入色相之中而想要看見佛陀影像有三十二大人相、八十種隨形好，那都是有相的，不是「一行三昧」中所應見到的佛，所以不能取相貌。

如此專心的「繫心一佛，專稱名字」：要把你的心緣於某一尊佛，不要編了一大串不同的佛號，例如像八十八佛的佛名一直唸下去，而是要以同一尊佛的佛號持唸，前後都不可以更改。但是選哪一尊佛的佛號並沒有關係，隨便你去選；你覺得哪一尊佛相應，你就用那一尊佛的佛號，但只能夠單唸一尊佛的佛號。原因可以告訴諸位：就是不希望你攀緣太多，只要緣於一尊佛的佛號，越單純越好。那麼這樣子「專稱名字」，也就是持唸佛號。可是每一次持唸佛名時，你先要把方位定好，要「隨佛方所」：唸藥師佛時望東方坐，唸　阿彌陀佛時望西方坐，唸　日月燈佛時望南方坐，唸北方佛時（你們唸那部《小彌陀經》〔編案：《佛說阿彌陀經》〕，北方有什麼佛？）阿閦佛在北方嗎？阿閦佛在東方。好，你今天如果專唸　阿閦佛，你就望東方坐；明天專唸　阿彌陀佛時，你就轉向西方坐。每天轉都沒關係，但是每一次只能專唸一尊佛的佛號，面向一個方向。這只有眞懂「一行三昧」的人才敢這樣講啦！你看古德誰敢這樣講解？我就敢這樣跟你們講解。

後天改唸　日月燈佛時你就轉向南方坐，你就這樣子轉來轉去都沒關係，但每天只能持唸一尊佛，不許一天之中改來改去；也不可以你在持名唸佛的時候忽然換來換去，這樣太亂了，就跟「捨諸亂意」不契合。不過，你每天一定要選方位，爲什麼要選方位？這裡面有文章啊！所以有人問：「如何是佛？」禪師告訴他：「北斗面南看。」你想要看到眞正的北斗七星，當然要先去找到北方的北斗七星，找到以後轉身往南看，你就會看到了眞正的北斗七星，北方天空那個竟然是假的。同樣的道理，今天到了你樓上的佛堂，或者你山上有個專修的地方都行，一到了，你先帶個指南針說：「我今天要唸阿彌陀佛。」先看一看，喔！西方在那邊。你就轉過那邊去坐。明天來了，心想：「我要唸藥師佛，在東方那邊。」你就轉過去面對東方坐下來。這時可要「端身正向」喔！但「端身正向」的前提是要「隨佛方所」；然後你就開始唱唸佛號，專心去持唸佛號而不能打妄想。你若是打了妄想，可就入不了「一行三昧」。如果入了「一行三昧」以後繼續持唸佛名，那時縱使打妄想，也還是「一行三昧」，這就是「一行三昧」奇特的地方。

在一尊佛的佛號上面不斷地持唸佛名，不能停止或中斷；但是你心中要先有「般若波羅蜜」的作意，知道「般若波羅蜜」的意思是什麼，要這樣來持唸佛名。那麼突然有一個時候，你在某一次唸佛之中忽然間進入「一行三昧」，那時就能夠看見過去、未來、現在諸佛。很奇怪喔？過去佛已經過去了，爲什麼還能看見？現在諸佛遍於十方世界，又不是全在這裡，憑什麼你這時一念之間就能看見？那未來諸佛都還沒有成佛啊！那你怎麼看見未來佛？淨土宗祖師最怕人家問這些道理。古來淨土宗祖師不怕被問這些道理的人，就是永明延壽，他同時也是禪師，所以他敢寫《宗鏡錄》。雖然其中也有小錯誤，且不談它，但他終究有實證「一行三昧」。

在這一念之中看見過去、未來、現在諸佛，這到底是怎麼回事？當你親自看見了自己身中的佛，你就看見一切未來佛了；這時一面唸著佛號，一面看著說：「唉呀！前面地上來了一隻昆蟲，爬呀、爬呀、爬過去，唉呀！原來是昆蟲佛，牠是未來佛啊！」為什麼牠是未來佛？因為你看見自己身中的佛與牠身中的佛是一樣的，無二無別。也許待會兒來了一些鳥在樹上吱吱喳喳，你一面唸著佛號一面看著牠們想：「唉呀！原來是翠鳥佛、白頭翁佛。」但那時候你不會覺得牠們很漂亮，你只看見牠們是自性佛；因為牠們身上有佛，你看得清楚分明，了知牠們是未來佛而不是現在佛。

然後你看來看去，一切有情的自性佛全都跟自己一樣。接著想：「現在西方極樂世界阿彌陀佛也是這個佛啊！原來東方、西方、南方、北方、上方、下方的所有佛世界現在正在度人的佛全都一樣。」那麼過去佛呢？難道會不一樣嗎？唉呀！原來都一樣。那你這時就是親見三世諸佛了！說到這裡，不免有人心中打了問號，雖然心中還沒有形成語言文字，那個問號的內涵是說：「你說的都正確嗎？經文中可沒有這樣講呢！」喔？只是還沒有形成語言文字，但是先有個疑情在那邊了，這可不是參禪的疑情。

那我們接著就看　佛陀隨後的開示，跟我所說的是不是相符合？如果我說的跟佛陀接下來的開示一樣，那就印證了我說的是正確的了：「何以故？念一佛功德無量無邊，亦與無量諸佛功德無二，不思議佛法，等無分別，皆乘一如，成最正覺，悉具無量功德、無量辯才。」咱們來看看這一段世尊的開示。世尊解釋說，爲什麼在突然相應這麼一念之中——「即是念中」，就能看見過去、未來、現在諸佛？原因是什麼呢？是因爲你唸一尊佛的功德，沒有量也沒有邊。任何一尊佛的功德，既沒有量也沒有邊，所有諸佛的功德同樣都沒有量也沒有邊；因爲功德不是物質，怎麼會有量？又怎麼會有邊？物質之法才有量，也才有邊。重量說一磅、或者一公斤、或者一臺兩，容積是一合、一升、一斗、一石，重量當然也可以擴充到噸等單位；長度可以施設各種不同的距離，全都是有量也有邊，不管多麼長，終究有個邊；但是無形的功德，你怎麼能說它是有量有邊？

當你看見自己身中的佛時，顯然祂沒有量也沒有邊啊！因爲祂無形無色，你不能秤、也不能量祂。你如果說：「可以啊！這個佛在我身上，那我有多高祂就有多高。」好像有道理，但你下一輩子生到四王天去，還是這個身高嗎？也許未來有一世生到色究竟天去追隨盧舍那佛，身量還是這麼高嗎？也許像某一些外道毀謗正法，從地獄回來以後到人間，當上了細菌，連蟲蟲都還當不上，那時身量有多高？所以祂沒有一個固定的量，眞的無法量。可是禪師就不一樣：「如何是佛？」「佛有五尺六。」他告訴你佛有五尺六。「如何是佛？」明天告訴你說：「佛沒有五尺六。」翻來覆去，沒一個準兒，那到底是怎麼樣才對？統統都對，若是誤會了可就統統錯。因爲佛無量無邊啊！他只要告訴你佛的所在就好了，不必告訴你說自性佛有多高、體重多少，因爲諸佛沒有重量啊！可是我說諸佛又重得不得了，因爲太貴重了。

所以佛的功德是無量無邊的，因爲自性佛是無量也無邊的，那你唸一尊佛功德如此，當你不斷地唸著：「阿彌陀佛、阿彌陀佛、阿彌陀佛……」，突然知道了：「原來如此！阿彌陀佛就是這個，而我也是這個；螞蟻是這個，蚯蚓也是這個，現在十方世界諸佛、過去諸佛也都是這個，未來不管是誰成佛時也還是這個。」這時你就知道了「唸一佛功德無量無邊」的道理，你自己跟無量諸佛的功德是沒有差別的。

但這裡說的諸佛功德是依於這個自性佛而說，你將來成佛時也是依這個自性佛而說；未來不管誰成佛時全都是如此，那麼過去諸佛也是如此；所以你依「一行三昧」唸一尊佛而不是落在世間法上面唸佛時，那麼隨便你唸哪一尊佛，功德都跟唸其他諸佛一樣，所以沒有差別啊！為什麼沒有差別？因為「不思議佛法，等無分別，皆乘一如」，將來才能夠「成最正覺」。不可思議的佛法是平等而沒有差別的，諸佛都不會說他們的如來藏比你的如來藏好，因為全都平等；將來你依憑自己的如來藏而成佛以後，你所得的功德跟祂們將是平等無二的。你也許想：「因為我是人，佛來人間示現也是人，所以平等。」但我可告訴你：那螞蟻、細菌未來無數阿僧祇劫以後成佛了，牠們那時的功德也還是跟諸佛平等無二。為什麼平等無二？因為實相法界本來就是這樣的。哪個實相法界呢？就是自性佛這個法，名為如來藏，就是第八識實相心。為什麼都平等無差別？因為依於這個如來藏「皆乘一如」，而後次第進修「成最正覺」；同樣都是藉著如來藏的如：「皆乘一如」而成就最正覺。

所以說，如何去證得眞如才是最重要的，如果沒有證得眞如而說他成佛了，全都是大妄語人。即使證得眞如而說他成佛時，也還是大妄語；因為證眞如只是入門，才剛剛見道而已。當你證得如來藏而現前看見自己的如來藏眞實又如如，祂眞實存在而且不可壞滅、性如金剛，又是萬法的本源，所以由祂出生了蘊處界等萬法；但是祂永遠如如不動，你罵祂時祂不理不睬，你褒獎祂時一樣是不理不睬，因爲祂永遠都不會動心。如果證得眞如以後，你所證的那個眞實心永遠是如，才可以說眞的開悟了；如果所證得的所謂眞實心是常常會歡喜、會憂傷、會擔憂、會快樂，那就不是永遠的如。所以，一定是永遠都如的心，才能夠說那是法界的實相。緣於這個實相，再也沒有第二個實相可以繫緣，這樣才叫作「**繫緣法界**」。那麼你在這上面就永遠是唯一之行，永遠不會改變所緣的眞如，悟後繼續進修直到未來無數劫後成佛時，所緣也還是這第八識如來藏心的眞如，所以「**皆乘一如，成最正覺**」，同樣是如。

那麼「如」到底是哪個？就只有一個，永遠沒有第二個。既然所證的「如」是只有一種而沒有兩種，那麼佛法中的開悟就沒有兩種，所以不能夠說：「**你悟你的，我悟我的，我們可以不一樣，大家不必互相評論對錯。**」那他的意思顯然是說諸佛有兩種了，那麼禪宗應該也是要分爲兩種：禪宗A、禪宗B，A悟這一種，B悟那一種。可不可以這樣呢？若眞的是這樣，當然也應該有人再來寫出另一套佛經；因爲他主張成佛有兩種，所以佛法當然就會有第三種啊！那就不必全部依止於現在的《大藏經》，也應該會有另一種佛出現於人間。事實上不可能，所以密宗說的另一種佛，被我評論出來的眞相就是：都沒有斷我見，都住在人間大淫大貪的境界中，都繼續在輪轉生死，都淪墮欲界法中，都是大妄語的假佛。

然而十方三世一切佛法只有一種，因爲佛法所講的是成佛之道；而成佛之道所說的內涵，就只是「法界一相」，沒有二相；也就是唯一的一種如，除了如也還是如，沒有第二種。所以如果將來生了個孫子，你看他的狀態知道這一定是菩薩再來時，你乾脆把他取名「鄭眞如」、「張眞如」、「王眞如」。等他長大以後一定要問你：「阿公！阿嬤！爲什麼要幫我取這個名字？」你就告訴他：「因爲你是眞如。」他答覆說：「對啊！我本來就叫作眞如啊！」「不是名字的眞如，而是說你有一個眞實心叫作眞如，你要是證了，你就當聖人了。」這孩子聽了好高興：「阿公幫我取這個名字好好！」欸！你就爲他種下證眞如的種子了。也許他將來長大了，證眞如而如實了知佛法以後眞的是大菩薩，只是他未離胎昧所以忘記而已。到那時眞可說是「額手稱慶，人天有賴」，那是多麼殊勝！這就是說，「如」是唯一，沒有第二種。

那麼諸佛同樣都乘著這一個「如」，次第進修而成就最正覺，所以諸佛同樣都具足「無量功德、無量辯才」。而這個眞如，祂從來不說話，語言之道無法到達祂的境界中，所以叫作「言語道斷」；而且是無量劫來本就如此，盡未來際依舊如此，這才是眞正的如。那麼這個眞如，不理會世間法；你褒獎祂也好，辱罵祂也好，祂依舊非常慈悲地幫助你；你想要成就大善業，祂很慈悲幫助你；你想要成就謗法、謗三寶的大惡業，祂也一樣慈悲地幫助你。只有一個時候不慈悲：一期生死結束的時候，祂開始執行因果律。但祂執行的時候也沒有起惡心說：「他這一世這麼壞，我讓他下阿鼻地獄去受苦。」祂永遠都沒有惡心，還是很慈悲地把他送下地獄（大眾笑⋯）；因爲祂永遠是如，祂永遠不動心。

這個如，永遠不動其心，不論你問祂什麼佛法，祂統統不回應你，看來好像很笨。如果有人說他開悟了，你問他開悟的事，他永遠不回應你，你當然知道他是很笨的人，是騙人的。可是我告訴你，這個如不是騙你，而是祂本來就如此，祂沒有要騙你的意思。可是祂雖然看來笨笨的，也不會用言語說法；可是當你證得笨笨的這個眞如，你卻會越來越有智慧。所以證得這個如以後，次第進修未來成佛了，跟諸佛全然一樣，全部都具有「無量功德、無量辯才」。

諸位不必懷疑，因爲我正是一個現成的例子。打從小時候開始，大家就說：「這個孩子，不會爲自己出頭爭什麼利益，每天笨笨的，沒事靠在店前牆壁上望著街道，什麼都不思、什麼都不想，老是發呆，叫了老半天他也沒聽到。」走到街道上來，找到了這孩子，突然間就往腦門拍下去罵：「你在想什麼！」「沒有啊！我沒想什麼。」「沒想什麼！在那邊發呆啊！」發呆？是發呆啊！可不敢承認啊！這眞的好奇怪喔！但我告訴你，如來藏比我這樣還要這樣（大眾笑…）；你怎麼罵祂，祂都不動其心，看來笨笨呆呆的，可是你只要證得祂了，你就變得很有智慧。

這個笨的、呆的、永遠如如不動的，會使你產生智慧，好生奇怪！但是佛道之中確實如此，當你問祂、罵祂、褒揚祂，不論怎麼樣都沒關係，祂都無所謂。世間沒有人眞的可以都無所謂，只有大白癡；只要你不打痛他，他可以無所謂，可卻不是全部都無所謂，因此你看到了那些白癡，你不會有智慧；但你一旦看到了這個如如不動的、看來沒智慧的如來藏，你卻開始很有智慧。我就是個現成的例子，從小笨笨的，讀書也讀不好，因爲笨嘛！老師們都說：「這孩子將來成不了大器。」果然長大以後眞的成不了大器，因爲不會在世間法上去謀利。也有鄰居老人家說：「這個孩子將來沒有用啦！因爲學校的書都不想讀，也不會想要求什麼世間法的利益，唉呀！實在是笨孩子。」可沒想到這笨孩子、不會讀書的孩子，將來寫的書，連大學哲學教授也讀不懂，這可是眞實的例子。

所以你們年輕人不要老是說自己笨，因爲你將來會怎麼樣，你自己也不知道啊！你現在要作的就是趕快去熏習應該有的正知見，去建立你應該有的參禪功夫，去修集你應該具足的福德，然後就是在最後：去找笨笨的眞如。找到了笨笨的眞如，乘著這個眞如，最後就可以成佛。等你證得這個眞如以後說話就不一樣了，次第進修成佛以後，將來跟諸佛一樣會有「無量功德、無量辯才」。這個辯才是從你證得眞如以後開始出生，所以那個常常敲我腦袋的哥哥，永遠都沒辦法跟我對談什麼佛法，所以我問他說：「你努力持名唸佛，但未來諸佛，你如何見啊？」他可就口似扁擔了。

這就是說，一行三昧的修學，所見的未來佛是自性佛，不是去看見實際上已經成佛的許多應身佛的五蘊。不是看見極樂世界阿彌陀佛那個高大無比的五蘊，也不是去看見南方　日月燈佛那個高大無比的五蘊，而是看見一切有情的「自性佛」。當你看見了自己的自性佛，你就看見未來諸佛啊！螞蟻是未來佛，陌生人從身邊走過去也是未來佛；那麼十方諸佛如是，依這個眞如而成佛，沒有一佛不依眞如而成佛；因此說，現在十方諸佛如是，過去諸佛當然也是如此啊！那麼咱們未來諸佛將來成佛時更不離此，同樣也要「皆乘一如」而「成最正覺」；只要成就了最正覺，你就有「無量功德、無量辯才」。要像這樣子進入一行三昧，才算是實證了一行三昧；否則口說無憑，「來日有殃在」。

接著佛又開示說：「如是入一行三昧者，盡知恒沙諸佛、法界無差別相。」像這樣子進入一行三昧的人，可以知道全部你所無法想像的恆河沙數諸佛的法界，全都沒有差別相。所以諸佛平等平等，因爲功德一樣、辯才一樣，是緣於所證的法完全相同。所以有個外道寫書時亂寫，其實是請別人代寫而由他掛名，書中竟然說：「諸佛分爲三等，釋迦牟尼佛的等級不如我的高。」（編案：這是指法輪功的李洪志。）當然不如他高，因爲他是地獄佛，他連我見都沒斷除，只是一個凡夫而自稱爲佛；地獄裡面已經爲他準備好了，鑊湯、爐炭、鐵床都有了，他還不知道呢。所以說，諸佛同樣是一如，諸佛同樣都沒有差別相，怎麼會分等級呢？不是因爲身量高大就比較高一級，也不因爲身量比較小就小一級，那都是凡夫的所見。所以這樣看來，「見未來諸佛」是見什麼？欸！見自性佛，也就是如來藏啊！

這段補充說明的經文解釋過了，諸位已經瞭解了，那麼我們回到《法華經》來：「十方現在佛，并過去未來，亦見亦供養，亦令得歡喜。」後兩句現在先不說，先來說明「并過去未來」，也就是見到過去佛、未來佛以及現在十方諸佛，你這一下全部都見了。見未來佛正是這樣見的，那麼這樣子證得如來藏妙心以後，是不是「一悟即至佛地」？六祖那是方便說，是誘導大家趕快進入佛菩提道，當然是方便說，可不要陷害六祖說「他是究竟說」。假使有人想要陷害他，可得要有個緣由；例如他往世跟你結了仇，你來陷害他，勉強說得過去，也只是個凡夫或外道；如果他往世沒跟你結仇，你幹嘛要陷害他？他只是方便說，不是究竟說，如果無怨無仇來誹謗他，小心晚上夢裡他來跟你打上幾棍。

那麼這個見未來佛，還是有根據的，接著請看《占察善惡業報經》的經文，有這麼一段說：「入是一行三昧已，見佛無數。」又言：「得相似無生法忍。」這部經中說：「進了這個一行三昧以後，所看見的佛無量無數。」這要問問你們證悟的同修們：「你們自從入了一行三昧以後，所看見的佛到底是看見了多少？你們計算過嗎？」想要計算也無從計算，因爲你見的是三世諸佛。且不說別的，單說你家院子裡，有一天看見有個螞蟻窩，不小心去弄到它，跑出一堆螞蟻來，那些未來佛有多少？你算過嗎？不說那個，再說少一點的，譬如你家有時候跑出蟑螂來，你悟後看見過多少隻蟑螂佛？算過沒有？也沒算。那麼在路上走著，譬如你來正覺講堂的路上遇到多少未來佛？也無法算。所以《占察善惡業報經》告訴你，說你只要入了一行三昧，可就見佛無數；眞的沒有數量可說，你眞的數不清。但我得要告訴你們說，這個是見自性佛。

是否已得一行三昧，還有一個證據，叫作「得相似無生法忍」；因爲這只是七住位的開悟般若而已，還不是無生法忍，所以經中說是相似於無生法忍。因為這時只得大乘「人無我」，所得到的只是大乘「無生忍」。但是隨著你的智慧日漸增長，對於種種無生之法都能生忍——一切法都是無生。當你看見一切法無生，入地了，那你就是眞得「**無生法忍**」。可是在剛明心以後的眞見道位中，這時已經很相似於無生法忍，因為也能看見種種法莫非是從這個「眞如」而出生，「眞如」不生滅，所以一切法雖然有生有滅，依於眞如時也就無生滅，看來也很像是無生法忍；但還不是入地後無生法忍的眞實親證，卻有些相似，所以叫作「**相似無生法忍**」。那麼這樣看來，見未來佛是不是見自性佛？自然不問可知了。

現在回到《法華經》的經文來，當你受持「**此經**」就能夠看見未來諸佛、過去諸佛、十方現在佛，指的正是看見「自性佛」；不是讓你突然間得到比諸天天主更大的天眼，而可以看見十方諸佛，可別依文解義。依文解義以後又自以為是的結果就是毀謗：「**唉呀！這部《妙法蓮華經》就只是神話故事，寫得很美啦！但終究是神話。**」我知道有人曾經這樣毀謗，並且是我在初學佛時就聽過了；縱使他不怕夜裡被人家割舌頭，也要怕死後果報難受吧！可是他們都不怕，因為他們完全讀不懂，所以認定說：「**這個寫經典的人很有**

文學素養，但他寫的這部經典全都是神話。」

大陸學術界因爲接觸到正覺的書還很少，還不知道主張六識論的日本那一些佛學學術界，他們後來寫的論文都不敢再提這些毀謗了義經典的說法了。他們以前都以爲大乘經根本就是僞經，可是我們要不要救他們？要！無論如何都要救他們。但是救，有很多種方式，直接寫文章斥責，也是救的方式之一；因爲有的人眞的很不受教，你明明白白把證據跟道理寫在那裡，他們還是不受教，那你就要挑他所寫論文裡的毛病，一一舉出來說：你說大乘非佛說，但你這篇文章這裡講錯了，爲什麼錯；那裡也錯了，爲什麼錯。全部挑出來加以評論，讓他們無法答覆，他們才會相信你，然後他們的罪才能救贖。能夠受持這一部經的人，一定可以使得 釋迦如來以及祂的分身，以及滅度的 多寶如來一切皆歡喜，因爲這是諸佛心心念念繫緣於眾生的慈悲心的根本，諸佛都依這個「如」而繫念於眾生。

那麼這時 世尊說：「十方現在佛，并過去未來，亦見亦供養，」關於「見」，剛才說過了。但是怎麼「供養」呢？這又是一個問題了！依文解義的時候講到這裡來說：「這個就不談它，因爲這可能只是一個形容。」但我們卻說這不是形容，這是眞實的供養；因為　釋迦如來大慈大悲示現於人間，那麼辛苦之目的不是為了爭一爐香，也不是為了一口飯。如果是為了香或飲食，就不需要捨棄王位，也不需要捨棄轉輪聖王的尊貴身分哪！轉輪聖王是當到不想當了，所以來當菩薩，然後見道乃至成佛；若眞是為了一爐香或一生吃的飯，只要繼續當轉輪聖王不就得了？還需要出家成佛了再來爭嗎？

在人間可以當轉輪聖王時，還怕沒精美的飲食吃嗎？還怕沒有最素雅的香可以點來享受嗎？那些外道眞的不懂，所以就說：「**瞿曇都跟我們爭供養、爭飲食。**」這眞的叫作無知啊！祂是可以當轉輪聖王的，但祂不想當，祂來人間成佛就是要救度眾生啊！所以當眾生用勝妙的食物，所謂食噉含消等美食來供養　釋迦如來時，世尊心中不以為喜，因為祂看重的是法供養。身為佛弟子們，都應該要以眞實法來作供養，所以當你受持《妙法蓮華經》的時候，你就是受持如來藏妙法；你受持了如來藏妙心，你心中就有一部「**妙法蓮華經**」；用你證悟這部「**心經**」所產生的功德，來供養　釋迦如來、供養祂的無量分身，供養已滅度的　多寶如來，乃至供養十方現在佛、過去無量佛、未來無量佛，這樣全部的佛都歡喜！不要懷疑喔！

也許有人想：「未來佛，譬如那一隻蟑螂也是未來佛啊！當你證悟了以後用這個法供養牠，牠會歡喜嗎？牠連懂都不懂欸！」但是你別擔心，牠也有一部「妙法蓮華經」，牠未來總是會懂；那麼當你如是供養，牠的「妙法蓮華經」是會跟你相應的，你不必擔心，供養就是了。也許哪一天看見了一隻蟑螂跑出來，怎麼供養？看在牠也有一部「妙法蓮華經」如來藏的分上，饒牠一命就是供養啦！因爲牠也是未來佛。所以這首偈中說的並不是從現象界中來說這個「亦見亦供養，亦令得歡喜」。你應該從實相法界中來說「亦見亦供養，亦令得歡喜」，這樣你就是眞正受持《妙法蓮華經》了，十方三世諸佛悉皆歡喜。

接下來說：「諸佛坐道場，所得祕要法，能持是經者，不久亦當得。」諸佛坐於道場，道場是哪個？當然就是如來藏。一般人初學佛時都不懂，提到「諸佛坐道場」時就說：「知道了，釋迦如來成佛時坐的道場，就是菩提樹下那個寶座。」然而菩提樹下那個細草鋪成的寶座還在嗎？早就不在了！因爲那只是一把吉祥草。現在那裡有一個長方形的，雕刻看起來還算精美的石製金剛寶座，那其實是安慰性的金剛寶座；當大家去朝禮聖地時，看見菩提樹下有金剛寶座在那邊，大家在那裡頂禮膜拜，心理上得到一個慰藉說：「釋迦如來眞的在這裡坐過，而我今天也來到這裡瞻仰。」可是當時的金剛寶座，是那個牧羊童子供養的一把吉祥草；那吉祥草還能留存到兩千五百多年後的現在？當然不能！

可是話說回來，我卻說釋迦如來的寶座到現在還存在，因爲大家的金剛寶座也都在啊！雖然你還沒有成佛，但你也有自己的金剛寶座，那就是你的道場，也就是你的第八識眞如。所以「諸佛坐道場」講的是坐於表相的道場，可是這個表相道場背後眞正的實質是眞如，是第八識如來藏；那麼諸佛坐道場的時候，所得到的祕要法也就是這個眞如。這個眞如有許多的自性，有許多的功德，直到成佛時才能具足發起，所以說「能持是經者，不久亦當得」。

也就是說，諸佛成佛的時候，所得到的種種不共於菩薩、不共於聲聞緣覺，也不共於一切凡夫的祕密重要之法，只要你能夠受持如來藏「妙法蓮華經」，不久你成佛時也同樣會得到；雖然這個不久，也許是兩大阿僧祇劫，也許超過兩大阿僧祇劫，但也許不到一大阿僧祇劫，就看你悟後怎麼努力了。如果你能夠化長劫入短劫，當然更是不久，所以別誤會了說：「我都證得如來藏，如今已經滿五年了，我怎麼都還沒有得到佛地功德？」因為世尊說的這個「不久」並不是三年五載的事。

世尊接著開示：「能持是經者，於諸法之義，名字及言辭，樂說無窮盡，如風於空中，一切無障礙。」這是說，只要你能受持如來藏「妙法蓮華經」，那麼對於諸法的眞實義、諸法的名相，以及說法時所需要的言辭，都可以樂說而沒有窮盡。為何這麼說呢？因為你所證的這個如來藏「妙法蓮華經」，祂是諸法的本源；你只要證得「此經」，你的智慧就開始出生了，將來讀了經典就開始瞭解經文背後的眞實義。

大乘諸經都是「隱覆說義」，不可能明著告訴你密意；這是為了保護眾生，以免眾生不能信受然後謗法，死後就下墮地獄；為了這個緣故，世尊吩咐諸菩薩悟後必須隱覆而說。那麼當你讀經的時候，一定會想起許多當代大德說的話：「三藏十二部經典浩如煙海，一輩子也讀不完，不知從何下手。」有沒有聽過？都聽過。而且有的人還眞的讀過啊！可是這時你想起大德們說的這一句話的時候，心中會很慶幸說：「原來我今天讀了一部經，等於讀完三藏十二部了。」心中無比歡喜啊！這時經中的那一些名相，你漸漸開始懂得了；越讀就懂得越多，於是「於諸法之義，名字及言辭」，你就可以漸漸通透了。

以前初學佛時，聽到善知識說法口若懸河，滔滔不絕，眞是好羨慕啊：「唉呀！大師們眞有智慧，我什麼時候能像他們那樣有智慧？」不說你們，當年我尚未回復往世的所證時也一樣。我今生剛學佛的時候，有某位居士，他有出書也有錄音帶，我去光復南路的菩提園買回來聽，心想：「唉呀！眞厲害，人家才不過問這個題目，他可以講上十來分鐘，眞的好有智慧。」當時也眞羨慕啊！可是後來破參了，重聽重讀的時候卻是這麼想：「好在我沒去跟他學法。」因爲發覺他的錯誤好多。

然後再看看更有名氣的大法師：「更不得了！錯得更多！原來那些大法師比大居士錯得更多！唉呀！我怎麼會找上這位大法師學法呢？還跟著他四、五年欸！」可是後來依舊不後悔，就認爲這是一個學習的過程。所以破參以後躲在三樓佛堂，坐在那個小方桌前面，一方面練腿功、一方面讀經，每天讀上八小時，都是讀原文的經典；我不要讀人家的註解，眞的讀不下去啊！就這樣開始讀，讀久了以後，這一部經通那一部經，那一部經又通另一部經；就這樣通來通去，最後就可以講經，就可以公開說法。

這就是說，你只要能受持這一部經——如來藏，依這一部如來藏「妙法蓮華經」去讀經典，那些經典裡面的眞實義，你就會漸漸通達；於是諸法的眞實義通了，就能夠瞭解那一些名相；當你需要爲人解釋說明那一些名相的時候，就可以爲人說，說出來的都是眞實義而不只是名相。那麼這時由於你思惟通達了，有如實的體驗，所以你該如何爲人演說，也就沒有遮障，可以如實宣講出來，因此言辭也沒有問題。

但是話說回來，眞正對「諸法之義、名字及言辭」的具足了知，那是九地的事，九地菩薩才能具足這三者。可是從你證悟之後就開始有一些樂說般若了，以前假使有人跟你討論般若，就只是私下互相討論，通常不接受對方特別勝出的演說，而會接受一般的解說；因爲大家水準都一樣，講來講去都差不多；所以烏龜不笑鱉的尾巴短，因爲大家同樣短。可是當你實證了以後，跟其他學人初次相見了，他們聽你說法時會覺得不一樣，認爲你跟以前不同了，然後就處處顯示出他們的不懂所在。

從那次一起論法以後，他們再也不跟你論法了，因爲覺得好沒面子，也不知道該怎麼說。可是你很想爲他們解說啊！這時你開始樂說了。以前是畏說，現在是樂說，這就是「樂說無礙」的初分現起。因爲你實證了，當然可以如實宣講；還沒有實證以前都要先去閱讀人家寫的內容，然後死背起來才能講，又生怕忘記而講錯了。可是現在你一面講著，一面觀察你自己的「妙法蓮華經」而把祂講出來，那你可以爲人演說的就沒有限制了，根本不用死背，也不用去強記；因爲都不用擔心講錯了，因此你開始有樂說無礙的功德，只是還不圓滿。那麼這時你就在這四個法上面次第進步——「諸法之義、名字、言辭、樂說」這四個法的功德，在你心中就開始逐漸成長，一直到九地時圓滿這四無礙辯。

所以你只要受持這一部「妙法蓮華經」，諸佛成佛時「所得祕要法」，你將來也同樣會得到；那麼在這個過程之中，四無礙辯是隨分所得，沒有不得的。因此「如風於空中，一切無障礙」；猶如風在空中流動，不會有障礙一般，遇到樹時一樣吹過去，遇到山也一樣從山頂吹過去，並沒有障礙，這就是受持「此經」如來藏的功德。當然諸位都知道受持「此經」的功德，所以大家都希望趕快上禪三道場去，因爲這是最快的方法，而且也是品質最好的方法；所以在禪三道場你找到如來藏以後，我們就開始錘鍊你。被錘鍊好不好受？啊？好受？其實沒有一個人覺得好受，可是都心甘情願被錘鍊，爲什麼呢？因爲知道這個錘鍊的過程雖然很痛苦，可是錘鍊完成以後，猶如百煉精剛，這時鑄造成寶劍就可以非常鋒利，既不會斷又很鋒利。

如果是一塊生鐵，還沒有好好精鍊就馬上打造成寶劍，一砍就斷了。如果把一大塊鐵，好好錘打淬鍊，把雜質去掉以後，合起來再打；再把它打薄了，雜質又去掉許多了，再合起來錘打；那其實是一層又一層百煉精剛，所以很堅韌，既不會斷又很鋒利。至於剛剛製造成寶劍時，雖然剛開始時這把寶劍默默無聞；但風聲終究會傳出去，不久就會變成大家共所聽聞的寶劍——智慧勝妙而無人能敵，但卻是從你證得「此經」如來藏開始的啊！因此應當遵照　釋迦如來的吩咐：恭謹歡喜受持「此經」如來藏妙法。

接著說「於如來滅後，知佛所說經，因緣及次第，隨義如實說；如日月光明，能除諸幽冥；斯人行世間，能滅眾生闇；教無量菩薩，畢竟住一乘。」在　如來入滅以後受持「此經」的人，若能夠了知諸佛所說的經典；在這一些經典中所說的諸法因緣、諸法的次第，都可以隨著眞實義，如實爲眾生演說；就好像太陽與月亮的光明一樣，能夠除掉種種的幽暗與黑暗。世尊最在意於我們的就是這件事情，也就是說，要能如實瞭解經中的義理，然後教化眾生，把眾生心中的幽冥除掉。在 如來滅後凡事都得靠自己啊！如來在世時，弟子們對某些經典中的眞實義若有所疑，都可以當面請益；但是 如來入滅以後只剩下經典，想要如實了知 佛所說的經中之義就很困難；唯一的解決方法，就是實證「此經」。

實證「此經」以後，讀經就跟以前不同，以前讀來讀去，不管怎麼思惟，不論讀了多少古德的註解，所知終究只是文字的表義，對於那一些文字背後所開示於我們的眞實義並不了知。所以讀經很困難，原因在哪裡呢？在於沒有證得「此經」，所以不能受持此經就讀不懂。有一位老菩薩，這一生從年輕經營事業的時候就開始學佛，後來事業不作了，把《大正藏》讀了六遍，他說：「我讀《大正藏》六遍了，差的就是這個般若禪沒有辦法實證啦！」我說：「你老哥啊！其實只欠腦後一槌。」我說：「你如果身子可以，我留一個名額給你，你來打三啊！」腦後只要一槌就可以解決的；可惜他不能來，肺氣腫很嚴重，隨時有性命之憂。

那你說，如來經中的眞義，有那麼容易懂嗎？他可是讀過整整六遍呢！有好多法師閉關閱藏，就是閉的讀經關，有的還是大法師呢。有人宣稱閉關六年後讀過一遍《大正藏》沒有？沒有！有一位大法師閉關六年之中都讀什麼？讀日本人的著作。那應該稱爲閉什麼關？我說那不是閉禪關、閉經關，那叫作「閉愚癡關」，因爲越讀越愚癡，都被日本人誤導了。日本有什麼好東西？沒有啦！好東西都在咱們這裡啊！所以這兩年，大陸有個政府單位想要再爲日本「批判佛教」那一派人（那不能叫作學佛人，那個只是依文解義的知識宗徒），把他們以前曾經出版的書籍再出版一遍，但他們拒絕政府的好意，不想再出版了！爲什麼呢？因爲他們讀懂中文，看了正覺的書以後，覺得還是不要再印出去流通的好；再印，保不定要被人家從頭批判到尾，然後無法回應，更加難看，因爲他們很清楚知道自己沒能力回應。

所以讀經時，你們看那老人家國學底子那麼好，總共讀了六遍都還自認爲不懂；他的文學底子眞是響叮噹的，可是一個大法師連半遍都沒讀過，只讀日本凡夫的著作，竟然敢說閉關開悟了，而且不用斷我見、不必明心、沒有眼見佛性，竟然還印證十二個出家徒弟明心又見性了。沒想到他一生說法竟會作一些莫名其妙的事，開示大眾說：要「把握自己」、「當自己」。把握五陰的自己是要幹什麼？當五陰的自己是要當個什麼？他本來就是五陰，還要當什麼五陰自己？也不需要把握，因爲他從來不離五陰的境界啊！所以他把經中的眞實義跟禪宗公案的眞實義，全都錯會了。

因此說，來到正覺學法時，我教你們要作的是什麼？鍛鍊眼力！人家練書法的人讚歎書法大師時說：「寫得一手好字兒，力透紙背。」可咱們學佛人，要練得一眼好眼力，也得要力透經背——從這一頁看透到背面去，因爲下一頁也還是如來藏！那文字背後隱藏的實相正義，再怎麼聰明都沒用，學術研究是一點都派不上用場的，因爲他們佛學學術專家們都看不到經文背面的意涵啊！爲什麼看不到呢？因爲這一張紙——這裡剛好有一張紙——這一張紙的正面有字，背面也有字，兩面文字夾著這一張紙，他們能看透什麼密意？兩面經文，他們瞧來瞧去就只是文字，看不見裡面的眞實義。學術研究就是這樣，看來看去都在字面意義上。可是這一面的字，背後有意思；背面那些字的背後也有意思，經文兩個背面夾在一起，他們可就全都瞧不見了。

所以藉著學術研究來瞭解佛法，有用嗎？沒用的！開什麼佛學的學院、學校，其實沒有用。假使有一天雲門來，聽到說某某人弄了一所佛教大學，他一定說：「有個屁用！」雲門可不跟你客客氣氣，不跟你跩文。雖然他很會跩文，可是他有時不太喜歡跩文。因此，如何讀懂經中的眞實義，才是學佛人最重要的事。因爲經中所說義並不容易瞭解，其中說的因緣、次第有誰知道？佛菩提有佛菩提的因緣，聲聞緣覺菩提也各有因緣，乃至於爲眾生演說人天之道也有因緣。那麼聲聞緣覺法的次第、佛菩提道的次第又有誰知道呢？只有諸佛具足了知。那麼能夠具足了知的人，卻必須是受持「此經」如來藏的人；如果不能受持「此經」如來藏，都還在大力否定，而宣稱他懂得經中的眞實義，全都是自欺欺人之談。假使你是今天第一次來聽我講經，你可慘了！這時心中一定憤恨不平：「你說法就說法、講經就講經，幹嘛講這一堆？批評別人幹嘛？」可我不是批評別人，我說的是實話呀！若是講實話，就不是批評。

那麼因緣各個不同，世間法的因緣，咱們且不談它，單說聲聞法的因緣要怎麼樣成就？有誰知道？先說聲聞法在事相上的因緣吧：得要是五比丘等

五個人往世追隨 釋迦如來，然後 釋迦如來諸方應化之後，發覺他們在這裡的因緣成熟了，於是在這裡示現成佛，再去尋找那五個人，為他們**三轉十二行法輪**，這才是聲聞法弘化的因緣，但是有誰知道呢？接著這三轉法輪為什麼要稱為**三轉法輪**？明明就只是四聖諦，講來講去還是四聖諦，卻是要轉十二行法輪，因為都要講三遍，這當然也有它的因緣。如果這四聖諦不作三次運轉，當時就只有一個憍陳如能得法眼淨證阿羅漢果，其他人就不能當場實證，所以得要**三轉十二行法輪**，這就是聲聞法上的因緣。

那麼後來又開始為了根基更差的眾生，所以就講了很多的法，因此外道們來面見 佛陀請法，還沒有成為佛弟子、還沒有成為阿羅漢之前，佛陀總是先演說「**施論、戒論、生天之論**」，都能接受了，然後才演說「**欲為不淨，上漏為患，出要為上**」，想要證聲聞果的人，先得要有這一些因緣，世尊就從這一些法的演講之中去看看他的因緣夠不夠。如果講完了這些次法，觀察他的因緣夠了，才開始為他講「苦、空、無我、無常」，才會正式演說聲聞法的四聖諦。所以聲聞法的因緣——說法的因緣和次第，你得要仔細觀察；可不能隨便見了人就演說苦、空、無我、無常，他們聽了都怕死了，不學了。

可別懷疑我這個說法，想想我們正覺弘法以來二十年了，我們常常說意識是虛妄的，至今有哪一個道場接受了？臺灣還沒有一個道場眞的接受，大陸也還沒有哪一個道場接受而改作正確開示呀！那你告訴他們說：「五陰是苦，五陰無常、五陰無我啊！」他們都不接受的。爲何不接受呢？是因爲我們沒有機會爲他們講解「施論、戒論、生天之論」等等次法。可是諸位來到正覺，就會教導你們「施論、戒論、生天之論」，在禪淨班課程裡都有講過了啊！也會教導「欲爲不淨」，就這樣一步一步有次第性地演說上來；你實修四聖諦觀行時才可以斷三縛結，然後才可以來求證佛菩提果。但是這聲聞法的因緣與次第，有誰如實說呢？好在我們也把它說明了。

所以聲聞法的證初果乃至阿羅漢，雖然都只是粗淺的法，但是已經被末法時代的很多大法師們誤會了，因此他們認爲死後住無餘涅槃中，就是意識一念不生而且不會再出生於三界中。但他們所宣示的「意識繼續存在於三界外，意識繼續一念不生即是涅槃」，其實是邪見。然後我們爲他們詳細的說明：意識是三界中法，意識不可能去到三界外獨存。到現在也沒有人宣布接受，或對信徒們公開改變爲正確的開示。所以這樣看來，他們是還不該閱讀

《阿含正義》的，因爲他們應該先去讀一讀「施論、戒論、生天之論……」等等；看看哪一天我們有哪位老師來寫「施論、戒論、生天之論……」等次法讓他們讀一讀，然後才有因緣可以讀懂《阿含正義》。（編案：後來已有張善思寫了《次法》在《正覺電子報》上連載完畢後編成上、下冊，於二〇一七年六月出版。）

這還只是聲聞法，那麼緣覺法呢？一直以來大家都說緣覺法就只是十二因緣，只要把這個因緣觀弄懂了就可以證辟支佛果啦！問題來了：大家不是都懂了嗎？談到十二因緣時，個個都會背出來說無明緣行、行緣識、識緣名色……，大家都朗朗上口；要逆觀而由生老病死往前推，也都沒問題，全都朗朗上口；你若是叫他們解釋，他們也都能解得；問題是證得辟支佛果了沒有？竟然還說涅槃中沒有「本際」，竟然還說名色中的「名」——離念靈知意識心要去三界外存在。顯然還是不懂！

因此我們得要告訴他們：「你們想要修證十二因緣法，前提是你要先依止八識論；你們得要相信佛說的『名色緣識』，要相信『齊識而還，不能過彼』的第八識聖教。」然而且不說相信與否，他們連經文的閱讀都能錯會，都讀不懂，又要怎麼信受呢？所以說因緣法、緣覺道的內涵與次第，還眞的不容易解說。如果突然要爲他們講三世十二因緣、三念十二因緣，他們一定會說：「這都是你自己創造的，不是佛說的。」如果突然就要爲他們解說這十二支因緣法的背後都是阿賴耶識，他們也都會說：「這也是你自己創造的。」那你們說說看，因緣法、緣覺法這個因緣及次第，如今有誰知道？爲何前一支是後一支的因緣也不知道，只知道依文解義去隨便講一講而已；所以想要把聲聞法的因緣及次第、想要把因緣法的因緣及次第隨義如實演說也不容易。

所以佛菩提道的因緣及次第，想要隨義如實演說就更加困難；在正覺弘法之前，臺灣佛教界都是把解脫道當作佛菩提道，而且他們所提出來取代佛菩提道的所謂解脫道，也還是錯得一塌糊塗，像那樣而說他們的法是成佛之道，顯然不是「隨義如實說」，因此我們才需要不斷地辨正他們說的法義。好在大陸前幾年才剛開始有人在用《妙雲集》弘法，也只限於佛學院中的教導，不久就聞風而取消了，因爲隨即就知道那是錯誤的說法，這就是個好現象。至於佛菩提的因緣和次第，可就更難說明了。所以想要「隨義如實說」，就必須依於「此經」如來藏來演說，否則都不可能正確。好！今天先講到這裡。

上週的《妙法蓮華經》說到一百七十六頁，最後一段第一行：「於如來滅後，知佛所說經，因緣及次第，隨義如實說；」大略介紹過二乘菩提的因緣次第，但是佛菩提的因緣與次第，我們還沒有作解釋；當然這不是解釋佛菩提的內涵次第，而是說為什麼要這樣施設那個次第，以及說法的因緣等。那麼這是說，佛菩提道的演說，也必定有因緣與次第。

佛菩提道所說的內涵，其實是在顯示一件事實：就是諸佛來人間的示現都是為了教導大眾實證佛菩提之法，而不是為了教導大眾聲聞緣覺的解脫道，這才是諸佛在人間示現成佛度眾的因緣。也許有人對這一點一時不能接受，因為過去幾十年來修學應成派中觀所說，或者修學宗喀巴的《菩提道次第廣論》時所說的，都是主張聲聞解脫道就是佛菩提道，因此聽我剛剛這麼一說，一時間不能接受；那麼我們就從兩個面向來說明：

如果聲聞人的解脫道就是成佛之道，那麼佛世有那麼多的阿羅漢們，例如一千兩百五十位大阿羅漢，而這些大阿羅漢座下又各有一些弟子，大多也是阿羅漢，數目絕對超過一千兩百五十；那麼這些阿羅漢們是不是都已經成佛了？我想他們是無法回答這個問題的。因爲一個三千大千世界中不會有第二尊佛同時存在，這是十方世界諸佛的通例；這是因爲有一尊佛的存在，便已足夠利樂一個三千大千世界的有情，不需要有第二尊佛同時存在。那如果解脫道的修證完成，證得阿羅漢果時就是成佛了，那麼佛世有 釋迦如來，也有許多的阿羅漢們，那時就應該是有幾千位或是上萬的佛，同時存在於娑婆世界這個小小的地球上。可是事實不然啊！沒有一位阿羅漢們敢自居爲佛，這是第一個面向。

第二個面向：諸佛來人間示現成佛時，所說的許多法義都不是不迴心的大阿羅漢們所能瞭解，只有菩薩能證以及能夠瞭解，大阿羅漢們得要在 佛陀第二轉法輪以後迴小向大成爲菩薩，並且在 佛陀教外別傳的指點下才能開始悟入，證得第八識「此經」。然而這些證悟內容卻是許多跟隨 佛陀前來示現的諸大菩薩們—例如文殊與觀世音菩薩們—本已所知；那麼諸佛既然有這樣的智慧，來到人間的時候決不會吝嗇到只想要教給大家二乘菩提的解脫道，而把成佛之道的內涵與次第隱藏起來吝於傳授，因爲這不是大慈大悲的諸佛所可能示現的狀態。

所以，由此來看諸佛到人間來示現成佛的本懷，絕對不是只把二乘小法教給眾生而保留最勝妙的成佛之道不說；所以 釋迦如來的本懷是「唯一佛乘」，而不是二乘菩提的解脫道。這就是 釋迦如來在這個地球人間示現八相成道，那麼辛苦的過程之中所要告訴我們大家的因緣。所以「成佛之教」成立的因緣才是 如來示現的因緣，並不是「二乘教」成立的因緣可以作爲 如來在人間示現的因緣。這個因緣必須要先瞭解，因爲這一個因緣是一切眞學大乘佛法的所有學人，都必須要先記住的大前提；如果忽略或不接受這個大前提，就會被那些六識論的假名大師牽著鼻子走向歧途，永無實證之日。這才是佛法在人間出現的因緣。

接著說，佛法在人間的弘傳，也必須觀察事相上的因緣，而作不同層次的前後分布，才有辦法長遠弘傳。因爲這個人間是五濁惡世，五濁之中最嚴重的一濁就是「見濁」；因爲邪見充斥，這時代的眾生見解是很污濁的，連斷我見都很困難，更別說一開始就弘揚佛菩提道的《妙法蓮華經》妙法。所以凡是有佛在五濁惡世的人間示現時，都必須要施設一些次第，以人天善法等次法作爲二乘菩提的因緣，來引申二乘菩提弘傳的基礎；要以二乘菩提的弘傳作爲佛菩提的因緣，來作爲引申佛菩提弘傳的因緣。然後在最後把三藏教、通教、別教收攝圓滿在圓教之中——就是唯一佛乘《妙法蓮華經》的所說。

這就是　佛陀在五濁惡世的人間弘法時必須要觀察出來的因緣，而這個次第是不可更改的，一定要依這樣的次第來演說佛菩提道，才有辦法「**隨義如實說**」；否則都只能作方便說，眾生聽了自然也無法實證。如果一開始就作如實說，眾生聽了不能信受又會毀謗，法緣就斷滅了。所以佛菩提道的弘傳，其因緣與次第都必須先要瞭解；如果不能如實瞭解，那麼再修上三大阿僧祇劫佛菩提道，依舊是在外門修學，始終進不了內門，也就是說他永遠沒有實證的機會。因此這個因緣與次第必須先要瞭解，瞭解了以後對於成佛之道菩薩五十二個位階的內涵，以及這五十二個位階內涵所說應該修習和實證的內容，才有辦法信受和理解；否則是沒有辦法信受理解的，那麼不論他怎麼努力修學，終究還是唐捐其功，徒勞一世，所以這個因緣的部分一定要先瞭解。

佛菩提道其實蠻複雜的，我們把它作了一個簡化的表附在書末，是讓大家從渺渺茫茫不知所趣之中，看見一條坦途大道；可是這條坦途大道裡面其實有很多、很多的事情，若不是在了義法中弘法的人並不容易瞭解；所以往往是開始弘法以後，才漸漸會留意到這個部分，否則不會有人去注意這個部分。而凡夫之中專門搞學術研究的人，卻有少數人注意到這個部分，可是他們注意到這個部分的時候，研究出來的結果又全都是錯誤的。即使作研究的人不是搞學術研究，也有努力在修學，譬如古時的天臺宗；那麼他們研究的結果，作出的判教也有許多過失、許多錯誤存在。不論智者大師的師父與他，兩個人如何互相吹捧，其實依舊不能改變他們的判教有部分錯誤的本質，也無法改變師徒二人都未見道的事實。所以這個部分大家不容易瞭解，那麼大致上的判教，天臺宗還是正確的，只是細部有許多的錯誤。但我們今天不是在談判教，也就不談它。

這就是說，佛法之中有「權教」與「實教」的分別，有「漸教」與「頓教」的差別，也有「始教」與「終教」的差別，但其實都是一體的佛法；只是說，如來在世間即將開始弘法時，觀察五濁惡世的有情，其根基與得法的因緣各有種種差別，所以必須要因機施教、觀機逗教，所以有這樣的次第施設；這是不得不然的作法，否則在五濁惡世中是沒有辦法弘傳佛菩提道的。

那我們就概略而且簡單來談一下「權教」與「實教」：「權」就是善權方便，「實」就是眞實義的演述。權教就表示說，它所含攝的法並不是如來的眞實義，而只是一些方便施設；只有「實教」才是如來所說的眞實義，不屬於方便施設。那什麼是權教？譬如人天善法等次法以及二乘菩提，這也就是說，次法的部分例如「施論、戒論、生天之論」，「欲爲不淨、上漏爲患、出要爲上」，這一些都屬於「權教」，是作爲接引眾生進入佛菩提道的一些次法。乃至於二乘菩提仍然屬於接引眾生進入佛菩提道的次法，相對於佛菩提道而言，仍然屬於次法；因爲還沒有斷我見的人，永遠不可能明心；就算善知識幫他明心了，他們日久以後還是會退轉。所以二乘菩提基本的實證，是眞實教的基礎；因此二乘菩提等正法，從佛菩提來說也屬於權教。

那麼這意思在告訴我們說：如果沒有先經由次法的熏習，就無法實證二乘菩提，因爲「信」不及，就不可能接受。縱使觀察到五蘊的虛妄了，也不願意斷我見，這就是說他在次法上的熏習和實修仍然不夠。也許有人會懷疑我現在所說：「眞的如此嗎？」那麼諸位可以用現代佛教來檢查，現代佛教不論北傳或南傳，諸位去看看有誰願意斷除我見？他們只有在口頭上的斷我見是願意的，實際上的深心層面卻是不願意的。口頭上願意斷我見，是因爲聽說斷了我見就是聲聞法中的初果聖人，所以他們口說願意斷；有時也告訴人家說「我是初果，他是三果」，雙方互相標榜。可是當你眞的告訴他們說：「初果人所斷的我見，是要把一切粗細意識全部否定，入無餘涅槃時是一無所有，是把五陰十八界全部滅盡，只剩下你們所不知道的無餘涅槃中的本際第八識，離見聞覺知而單獨存在。」當他們聽到解脫果的見地是這樣的時候，他們全都不接受了，寧可繼續把意識抱得緊緊的，因此才會公開教導徒眾們，說要「把握自我」。

那麼由此可見，聲聞菩提的斷我見，他們只是口頭上願意而實際上不願意；所以我們書籍寫到現在、弘法講到現在，出書那麼多、宣說那麼多了，到目前爲止還沒有看到有哪一個道場出來公開宣示說：「意識心不論粗細，一切虛妄。」原因在哪裡？因爲他們對次法都還沒有修學啊！或者有一些人已經努力在修學次法，但是還不圓滿。這就是說，對於「施論、戒論、生天之論」，以及「欲爲不淨，上漏爲患，出要爲上」的次法內涵，他們還沒有熏習，更別提到實修。

因為我們《阿含正義》中寫的那一些道理，迥異於諸方大師之所說，跟南傳的覺音論師寫的《清淨道論》也有很大的差異，並且是他所不曾講過的；即使覺音論師今天在世，也是他所不懂的。這表示說，他們對於「欲為不淨」或許能夠接受，可是對於「上漏為患」是完全不懂的，對於無色界的「出要為上」更是不懂，所以都認為一念不生的境界要保持下去，直到死亡後意識仍然存在一念不生的境界，認為這就是無餘涅槃。這表示他們對於色界的「上漏為患」依舊是不懂的；因為他們的境界只是在欲界中具足六識的一念不生而已，若要與他們談到無色界的「出要為上」可就更加困難了。

所以正覺希望他們應該要趕快斷我見，並且質問他們：「你們出家了，所為何事啊？你們是為什麼而出家的？」不論北傳或南傳，那一些法師們不論是穿南傳的衣裳，或北傳的法衣，他們全都一樣——他們都不願意否定意識自我，更何況能夠放棄而斷我執？你們從這裡就可以證實，他們對於次法的修學是遠遠不足的；因為次法上都未修學，所以他們不願意承認意識是虛妄的。即使近在臺灣的各大佛教道場，也沒有一個道場願意承認意識是虛妄的，由這裡可以證實他們對於次法的熏習或者修學，全都還沒有開始；所以「上漏為患」他們是不懂的，「出要為上」更加不懂。至於那些已經在學密，暗中在修雙身法的大道場，已經是等而下之；因為他們連「欲為不淨」的次法都還不懂。這就是說，他們在二乘菩提中實證的因緣還沒有到來，實證的時間還沒有到達，實證的因緣還不成熟，因此導致他們連聲聞初果都無法證得。

那麼回到剛才說的，這一些次法熏習圓滿、實修圓滿了，他們對於「世界悉檀」、「對治悉檀」才終於有一點點的瞭解；至於「為人悉檀」與「第一義悉檀」，可就談不上了，但是終究可以開始修學解脫道了；譬如要如何證得初果以及進修二果，乃至如何進修三果、四果。當他們有初果的實證基礎時，就是佛菩提道開始弘傳的因緣漸漸成熟了；因為現在畢竟不是正法時期的年代，所以只能說因緣漸漸成熟，因為你要期待他們取證三果與四果是不可能的。可是在 釋迦如來那個年代是正法的時代，依於那個時代人心的勝妙以及根性的猛利，配合了 釋迦如來的廣大福德與威神力，以及說法的細緻與勝妙，所以當時在人天善法的圓滿以後，就可以開始二乘菩提的具足修證過程，因此佛世有許多的阿羅漢——當世尊弘法十幾年以後。然後由於佛菩提道弘傳的因緣具足成熟了，當然得要告訴阿羅漢們：「你們現在解脫道已經圓滿了，可是這仍然不是究竟的解脫，必須要到達成佛的階段，才是究竟的解脫。」然後才開始演述第二轉法輪的般若諸經。

這時阿羅漢們對般若諸經的眞實義是聞所未聞，當然願意實修大乘菩提的實相般若；雖然他們其實往世已經實證而有眞見道的功德，但因爲胎昧所障一時忽忘，所以又重新開始聞熏，然後在 釋迦如來的教外別傳方便機鋒之下，大眾一一悟入，因此立刻就成爲菩薩了。可是佛菩提道在人間的弘傳，如果不是施設二乘菩提和人天乘的權巧方便弘法，一開始就講成佛之道的內涵；又因爲成佛之道的時間是三大阿僧祇劫，那麼絕大多數的人都會退心；所以你必須要先讓他們實證解脫，證得出三界的解脫果。

例如家裡孩子剛剛上學校，回到家來作業一堆，他很煩惱，因此你告訴他說：「你要好好學啊！將來長大了，到社會上才能如何如何。」他聽不進去的，因爲那距離現在還太久，離他還太遙遠。可是你如果說：「你如果把功課作完，我給你吃蛋糕。」他就努力去作了，那只是蛋糕而不是將來的好職業。那個蛋糕比起好職業來，相差太多了；因爲將來長大有個好職業，想要買多少蛋糕都有啊！可是小孩子見不及此，他只能看到一小時後的蛋糕，那麼你應允要給他蛋糕，他有甜頭可嚐，就很努力去作，於是他一小時後眞的吃到美味的蛋糕。

然後隨著年紀漸漸長大了，他知道父母親說的「好好學習長大以後，可以有個好職業」的話是眞實語；漸漸的，他因爲學多了，在學習長大的過程中蛋糕也吃多了，另一方面學得多而使智慧增長了，你再告訴他說：「你要好好讀書，別貪玩，現在國中二年級距離大學已經沒有幾年了，你如果沒有好好讀書，將來考不上大學，只好大太陽下作工去，看你要不要？你看人家坐在辦公室吹冷氣，一個月領個五、六萬塊錢，八、九萬塊錢，也有人領二、三十萬元月薪，那你要選哪一種？」這時候他聽懂了，於是他就開始努力。這表示什麼？表示說，那個吃蛋糕的國小一年級猶如是個初果人；國中二年級時已經是阿羅漢，可是心有一點放逸了，覺得說：「我道業已經完成了。」有點放逸。但是要告訴他：「將來大學畢業了，你還要成家立業，很辛苦。」他漸漸地聽了進去，願意繼續努力修學，就好像辛苦修證佛菩提道一樣，終於走上實證究竟解脫的道路。

所以說，二乘菩提也是權教，就像父母親給小孩子吃蛋糕，國中二年級時讓他可以完成國中的學業，讓他確定考上高中以及考上大學到社會上以後，可以獲得一份好職業是可能的，這一些就叫作「權教」；因此二乘菩提屬於　如來的權巧施設，來攝受眾生進入佛菩提道中。而諸佛如來絕無吝法，就好像身爲父母親的你們，不會說：「將來我死的時候，把大部分財產帶入棺材裡面去，只留下一個最差的、一個最壞的基本生活條件給孩子。」一定不會這樣。當你要離開的時候，一定會把全部以及最好的都給孩子，不會把最好的藏起來，然後你就走了。這就是　如來對待眾生的心境。

所以　如來示現在人間的時候，不會只有演述聲聞解脫道，更不會只教導解脫道之前應修的次法；絕對會把　如來的境界告訴大家，並且讓大家可以分證，隨著個人的因緣能證多少就證多少，所以才有「實教」的出現。但是實教的弘傳才是　如來的本懷，權教只是一個權巧的施設，只是爲了誘引大家進入佛菩提道中，親證最究竟、最了義的大乘解脫。這就是佛菩提道中所說的「權教」與「實教」。

那麼實教是說什麼？實教就是「第一義悉檀」，也就是「眞諦」，二乘菩提相對之下就稱爲「俗諦」。俗諦是作爲誘引大家進入佛菩提道的前方便，而「施論……」等次法則是誘引大眾實證權教解脫的前方便。總是要先讓大家證得阿羅漢果，確認自己不受後有了，知道 如來所說眞實不欺，確實可證，於是大家願意完全信受 如來的開示；就因爲這個緣故，第二轉法輪開始的時候，大眾沒有一個人離去，都願意繼續聽聞受學、次第實證；所以第二轉法輪時，大部分的大阿羅漢們，因爲他們本來過去很多劫以來就跟隨 釋迦如來學法，所以這時當然立即迴心於大乘之中，實證佛菩提中的「實相般若」，然後依於實相般若次第進修完成三賢位。這時 如來就開始了「第三轉法輪成佛之道」的具足內涵，也就把唯識增上慧學諸經演繹了出來，這就是權教與實教的施設。

那麼實教的內涵就是「六度波羅蜜多」。努力修學完成了第一大阿僧祇劫後，轉入第二、第三大阿僧祇劫時，就成爲「十度波羅蜜多」，這就是眞正的成佛之道。成佛之道的內涵才是 如來的眞實教，成阿羅漢之道並不是 如來的眞實教，不能以權教的二乘菩提來取代 如來的眞實教成佛之道。這樣就是從權教與實教，來說明佛菩提道說法的因緣。

那麼剛才也說有「頓教」與「漸教」。頓教，如果各位有讀過永嘉玄覺的〈證道歌〉，他裡面也有提到「圓頓教」；其實禪宗的證悟還談不上圓頓教，只能說到「頓教」而說不到「圓教」，因爲頓悟了還不是眞的成佛，只有最後身菩薩一生補處下生人間時悟道才能成佛。那麼這是題外話，暫且不說。頓教與漸教是只有佛菩提中才有，在二乘菩提中全部只有漸教而沒有頓教可言；佛在世時，凡是有聞法之時頓成阿羅漢的人，都是往世無量劫來跟隨釋迦如來修學的久學菩薩，都不是新學菩薩；甚至在第二轉法輪、第三轉法輪時，就有「善來比丘」，如來只是說：「來得好啊！比丘！」他當時就「鬚髮自落」。鬚髮自落，是說頭髮跟鬍鬚都掉了嗎？不是！其實是叫作「三千煩惱絲頓斷」，是煩惱頓斷的意思；代表他是已經出三界的聖者，這叫作鬚髮自落，他當時便成爲大阿羅漢。

這些比丘們其實都是菩薩再來。你如果要從解脫道的實修內涵以及次第來看，不可能有人頓成阿羅漢；只有菩薩再來，才可能頓成阿羅漢，這就是「善來比丘」。其餘的人全都是在聽聞　如來演說次法之後，接著再告訴他們

「五蘊苦、空、無我、無常」，這時才能獲得法眼淨——證得初果智慧；得法眼淨之後，請求在 如來座下出家，然後退下來，在山洞裡或者樹下閑靜無人之處獨一靜坐思惟，到晚上或者到明天早上成爲阿羅漢，才來 佛陀面前稟報說：「梵行已立，所作已辦，自知不受後有。」

那麼這都是二乘菩提，都屬於漸教，都沒有頓悟的法。因爲聲聞緣覺之道，必須經由這樣的法，次第說明而自己也次第思惟領受，然後才能取證，沒有一剎那間悟入的。可是佛菩提道中的見道全都是頓悟的，然後才有非安立諦三品心，以及安立諦十六品心、九品心的次第漸修。當你悟得實相般若，其實是一念之間悟得實相心，也就是悟得「妙法蓮華經」第八識。這是一念之中的事，不是先看到一點點如來藏，再看到一分分如來藏，然後有了三分、四分、五分、九分、十分被你看見了。不是這樣的，而是當你悟得的時候，祂就全體顯現了，這就是頓悟之法，沒有次第，這就是頓教啊！一定要經由頓教的一念相應開悟，才會有後面次第進修而圓滿佛道的圓教之法。達摩大師要離開中土的時候，把四卷本的《楞伽阿跋多羅寶經》交給二祖慧可，作爲他的印證之用；《楞伽經》的宗旨其實都是在闡釋說：「佛語心爲宗，無門爲法門。」般若眞見道中，以頓悟而證得第八識如來藏心爲宗旨，因此說「佛語心爲宗」；然而這卻是頓悟而非漸悟，不是有一個次第法門讓你逐漸瞭解而進入，才說是「無門爲法門」。

這也就是說 如來所說的言語，是以大家都有的常住不壞眞實自心作爲宗旨來演述，終究不曾離開這個第八識實相心來演說佛法。但是想要證得這個佛語宗旨所解說的眞實心，卻是無門可入，因此以無門作爲法門：你什麼時候一念頓悟了，就進入這個無門之門；而這個頓悟是一念之間的事，並不需要一點一滴去累積上來，所以說這就是頓教。乃至最後在五濁惡世的人間示現成佛時，依舊是頓悟，所以經中說**有頓悟的如來而沒有漸悟的如來**。這也就顯示說，二乘菩提是「漸教」，大乘菩提是「頓教」。

但是這個頓與漸之說，卻還有不同的層面，這也是佛菩提道的弘法因緣中必須要瞭解的次第；也就是說，佛菩提道的實證都是頓悟，可是成佛的過程則有漸修的層次差別，並不是一悟就成爲究竟佛，除非是最後身菩薩應緣來人間成佛。這就是說，在七住位中明心了是頓悟，到了十住位眼見佛性時還是頓悟，過牢關時一樣是頓悟。雖然在這三關的修學過程中，有一段很漫長的歷程，可是當你相應的時候依舊是頓悟；都不是先悟得一部分，然後慢慢再悟得其餘而顯現出來，也不是朦朦朧朧之中然後漸漸的悟上去而漸漸看清楚，而是一念相應時全體顯現。

而入地後那些現觀仍然是一念悟得，然後你只是去把它漸次完成觀察而已，可是你的悟入其實仍然是一念之間。所以佛菩提道的修學，都屬於頓教；但是成佛的過程一定會有漸次和階級，不能夠因爲佛菩提中有頓教之說，就主張自己頓悟成佛了。因爲那是不懂佛菩提道中的頓漸之教，才會講出來的妄說。那麼這個就是佛菩提道的因緣與次第裡面，應該要瞭解的內涵。

接著，剛才也說還有「始教」與「終教」。諸佛來人間示現成佛一定先要有「始教」，如果沒有「始教」，眾生聽聞到「聞所未聞」的妙法，心裡面都會想：「世尊剛成佛的時候可能還不懂這個，後來才懂。」第二次又聽聞到聞所未聞法的時候又想：「世尊前一次講那個深妙法的時候，還不懂這個更深妙的法，是現在才懂。」每一次都會這樣想，一直想到世尊把如來的境界全部說完的時候，又想：「啊！原來世尊是這時候才具足知道成佛的境界。」那麼這樣要攝受眾生就很辛苦了。所以必須要有一個「始教」，一開始就先把成佛的全部內涵概略性地先講一遍。那麼始教的建立已經完成，大略解說完畢了，就開始了「漸教」的弘法過程，因此就依照權、實、究竟三個階段弘傳，因此而有初轉法輪時的聲聞緣覺教，然後就開始了「眞實教」，就是般若教、種智唯識教；最後要施設「圓教」，把一切成佛之道收攝圓滿；這個圓教又叫作「終教」，講《無量義經》、《大般涅槃經》、《法華經》，就是最後終了而圓滿全部教法的意思。

所以佛法與佛菩提的弘揚一定有始有終，不可能是有始無終，也不可能是無始有終，一定有始有終。那 如來在人間的弘法最先開始是作什麼？一定要先講《華嚴》，所以從人間講到欲界六天去，爲什麼要這樣講？因爲這是必須在一時之間就把成佛之道的全部內容都說完；那麼一切天界的天主們都知道：人間眞的有如來成佛了，將來 如來開始弘法，每一次的說法都會比上一次更深妙，所以許多場合的說法都是以前聞所未聞；那麼之前諸天所聞的聞所未聞法，後來在人間開始細說而導致眾生心中有疑時，諸天天人、天主都可以爲 世尊證明：**「世尊在什麼時候某某宮殿中說過了什麼樣的法，在人間則是現在才說出來，只是講得更深妙。」**眾生對 如來可能存在的疑心也就消滅無餘。這樣佛菩提道的深妙法才能夠持續地、順利地弘傳下去。

所以說，這個始教是一定要有的；因此我們就說，整個三乘菩提弘傳的因緣與次第，應該叫作「五時三教」——最前與最後的兩個時節與三乘法教的三期教導，合爲五時。二時的第一個時間就是講《華嚴》，最後一個時間就是圓教的《無量義經》、《大般涅槃經》與《法華經》，這樣就是二時。三教就是講聲聞緣覺之教法，以及佛菩提道的般若教，種智唯識勝義教，這就是五時三教。或者作另一種解釋而切割成「三轉法輪」稱爲「三教」也行，同樣都是 如來整個佛道的眞實的內涵。

那麼這五時三教缺一不可，如果缺少了其中一個，就表示 如來示現在人間化度眾生的因緣還沒有圓滿，不應該示現滅度。因爲五時三教的內容必須具足，才能圓滿整體的佛法，所以一定有個「始教」，把成佛之道的內涵頓說圓滿，也要把眞實義的般若與種智全部宣說，否則眞實義就不具足圓滿；如是施設以後，才開始了「漸教」的三轉法輪，一一細說應該如何接引眾生成就二乘解脫，以及迴入佛菩提道中；然後二轉法輪把般若勝義細說具足，接著三轉法輪把唯識種智的微細妙義一一宣講具足；最後回歸萬法的根源，告訴大家成佛的最重要內涵，也就是成佛之所憑藉的第八識心，那時就得要講《無量義經》——以如來藏一法含攝無量義；然後才講「此經」《妙法蓮華經》。這就是 如來對佛菩提道的因緣及次第「隨義如實說」。

所以三教教義中的始教，就是二乘菩提或者單說聲聞菩提；然後宣講因緣法，讓阿羅漢們同時證得緣覺果。當大家都能出三界生死苦了，再教導大家轉入菩薩道，起惑潤生成爲菩薩而教導大家實證般若；般若時期就是開始了義教的教導了，講的是位在三賢階段時應該實證的法，是第二轉法輪時期。當般若非安立諦三品心都實證滿足了，再教導唯識一切種智妙法，助益弟子們證得無生法忍，這便是第三轉法輪的方廣種智妙法；然後以《無量義經》將一切佛法總攝於一法如來藏，並宣講《大般涅槃經》顯示佛性大用之後，繼之以《法華經》而圓滿佛法全部法教，所以說是「圓教」，也是最後時所說。所以「終教」其實就是「圓教」，就是《妙法蓮華經》，以「此經」如來藏心圓滿總攝十方佛土一切佛法，這就是佛菩提的因緣及次第。如來就是這樣爲大眾「隨義如實說」。

如果沒有把「實教」、沒有把「始教」與「終教」來告訴大眾，那麼佛菩提就沒有圓滿；既然　佛陀已經示現入涅槃了，表示化緣已經圓滿，顯然始教、終教、實教一定全部講過，不會單單講解權教的二乘菩提而不講了義的大乘實教，否則就不可能示現入無餘涅槃，由此可以證明　釋迦如來已經把成佛之道的內涵具足演述。可是那一些外現大乘菩薩身分，而骨子裡只是聲聞人的釋印順等六識論者，卻主張說「成阿羅漢就是成佛」；問題來了：修證阿羅漢果所需要的解脫道，並不函蓋成佛的佛菩提道；成佛之道所需要的大乘眞見道證眞如，以及大乘見道位的通達，乃至諸地進修到達佛地的內涵，不迴心的阿羅漢們完全付之闕如，那怎麼能夠主張聲聞解脫道就是成佛之道呢？若是懂得從這裡去加以深入瞭解時，才能夠對佛菩提有一個圓滿而完整的概念。那麼這樣次第修學以後，你對於佛菩提道的內涵自然不會有所疑惑。

接著說：「如日月光明，能除諸幽冥；斯人行世間，能滅眾生闇；教無量菩薩，畢竟住一乘。」這告訴我們說，於　如來滅後受持「妙法蓮華經」如來藏的菩薩摩訶薩，能夠深入瞭解　如來所說經中的眞實義，所以對三轉法輪諸經所說的因緣和次第，能夠「隨義如實說」的菩薩摩訶薩，他在人間就如同太陽以及滿月的光明一樣，能夠爲大眾滅除種種幽暗的無明；這樣的菩薩遊行於人間時，能夠像太陽一樣滅除幽冥——滅除了眾生心中的種種黑暗無明；他能夠教導無量的菩薩眾，到最後一定都可以住於唯一佛乘之中。

意思是說，如果有人自稱菩薩摩訶薩，有人自稱入地了，或是有人自稱成佛了，結果竟沒有辦法像日月光明滅除幽冥一樣：他在人間無法滅除眾生心中的無明，在他弘化的年代，眾生對於三乘菩提的內涵一無所知，並且跟隨他誤會得很嚴重，最後還走入錯誤的解脫道之中，連正確的聲聞解脫道都錯會錯證了，那麼他自己心中其實就已經住於無明之中。如果要以現代的天文學來說，他不是光明的太陽，也不是無雲之夜的滿月，其實反而是個黑洞，所有光明反而都被他吸光了。他完全不可能散出一絲一毫的光明，那他如何能夠幫助眾生滅除無明而生起智慧光明呢？

所以眞正的菩薩摩訶薩，必須要有智慧光明教導大家，從「權教」中入手，並且轉入「實教」中實證，最後要讓大家瞭解「圓教」的內涵，可以一一進修到最後，絕不改變心志而永遠住於唯一佛乘之中，這樣才有資格說他是菩薩摩訶薩！那麼從　如來這六句話的開示中，分明告訴我們：受持《妙法蓮華經》的人有這樣的功德，可以滅除眾生心中的無明；在他的弘化過程中，可以教化無量菩薩永遠都住在唯一佛乘之中。

因此　世尊作了一個結論：「是故有智者，聞此功德利，於我滅度後，應受持斯經；是人於佛道，決定無有疑。」由於這樣的緣故，聽聞到　釋迦如來所說這樣無邊功德的利益，在　釋迦如來滅度以後，應該要受持「此經妙法蓮花」，也就是受持「此經如來藏妙心」。可是心中不要這樣想：「那我受持如來藏就好了，其餘的我就不用管了。」這個想法是不對的，因為　如來在這裡所說「斯經」的「受持」，是函蓋了「妙法蓮花」如來藏心，以及這一部經卷之中所說的整體佛教與佛法在內，不是單單受持如來藏心的總相而已。所以這句「應受持斯經」的意涵是很廣大的，不能單指受持「妙法蓮花」如來藏心的總相；而是應該擴而大之，將心量放大、將智慧提升、將慈悲心更寬廣地推及眾生，然後可以向外去利益無量無邊的菩薩們，這樣才是眞正的「受持斯經」。

如果有人如實地「受持斯經」，世尊說「是人於佛道，決定無有疑。」因為如果心中還有疑惑，就表示他對於《妙法蓮華經》是沒有通達的；由於沒有通達、心中生疑，所以他「信」不及，因此就不可能像這樣子受持「此經」。如果他心中通達無疑，就能夠如實受持「此經」；這樣的人成佛的時間和將來成佛的內涵，都已經確定了；所以 佛說「是人於佛道，決定無有疑。」因爲他確定自己大概再經歷一大或二大阿僧祇劫的修行之後，就眞的能成佛了，所以心中沒有疑惑。

在人間學佛的四眾弟子們有沒有福報，就要看有沒有像這樣如法「受持斯經」的菩薩住世；如果沒有這樣的菩薩住世，也不能怪別人，只能怪自己的福報不夠。如果有幸值遇這樣的菩薩，值得慶幸，也不必推給大菩薩，應該反歸自己說：「原來我這麼有福報，可以值遇這樣的菩薩摩訶薩。」學佛人不要老是長他人志氣，滅自己威風，焉知你過去不是無量劫來就已經學過佛法了？所以三乘菩提的實證確實是可能的。

既然有因緣來在實證的道場之中，就表示你的福德很廣大；千萬別像某一些大法師們說的：「親證實相般若？那是大菩薩們的事，跟我們無關。」如果你心中認同他的邪說了，那麼三乘菩提的實證，果然就跟你無關了。那你要不要跟三乘菩提的實證有關？（大眾答：要！）要！那你就可以實證三乘菩提。如果你心中想：「這跟我無關。」那你別說這一輩子眞的跟你無關，十輩子以後也還是跟你無關，都因爲你這個邪見種子沒有消除！所以世尊這一段開示中，其實是勸勉大家要讓自己努力修道而成爲這樣的菩薩，那麼將來你自己於佛道「決定無有疑」，不必依靠別人，到那時，當你遇見某一位世尊時就可以爲你授記了。好！接下來要進入〈囑累品〉第二十二：

《妙法蓮華經》

〈囑累品〉第二十二

【爾時釋迦牟尼佛從法座起，現大神力，以右手摩無量菩薩摩訶薩頂，而作是言：「我於無量百千萬億阿僧祇劫，修習是難得阿耨多羅三藐三菩提法，今以付囑汝等。汝等應當一心流布此法，廣令增益。」如是三摩諸菩薩摩訶薩頂，而作是言：「我於無量百千萬億阿僧祇劫，修習是難得阿耨多羅三藐三菩提法，今以付囑汝等。汝等當受持、讀誦，廣宣此法，令一切眾生普得聞知。所以者何？如來有大慈悲，無諸慳悋，亦無所畏，能與眾生佛之智慧、如來智慧、自然智慧。如來是一切眾生之大施主，汝等亦應隨學如來之法，勿生慳悋。於未來世，若有善男子、善女人信如來智慧者，當為演說此《法華經》，使得聞知，為令其人得佛慧故。若有眾生不信受者，當於如來餘深法中示教利喜。汝等若能如是，則為已報諸佛之恩。」】

講義：現在是《妙法蓮華經》的〈囑累品〉，這已經是第二十二品了。

語譯：【這時釋迦牟尼佛從法座上站起身來，示現偉大的威神之力，以右手爲諸無量無邊的菩薩摩訶薩們摩頂，此時又這樣子開示說：「我釋迦牟尼於無量百千萬億阿僧祇劫，修學熏習這個很難證得的無上正等正覺之法，如今就以這個法交付囑累於你們大眾。你們應當要堅定心志而不搖動地流布這個無上正等菩提妙法，廣令一切人天獲得增益。」

就像這樣子三次爲無量菩薩摩訶薩們摩頂，而這樣子說：「我在無量百千萬億阿僧祇劫，修學熏習這個很難證得的無上正等菩提妙法，如今以這個吩咐來囑累你們大眾。你們應當要受持、讀誦，廣爲宣說這個無上妙法，令一切有緣的眾生普遍都可以聽聞而了知。爲何我這麼說呢？因爲如來有大慈悲，沒有任何的慳悋之心，也沒有所謂的畏懼，並且能夠施給眾生：佛地的智慧、如來的智慧、自然的智慧。如來是一切眾生的大施主，你們大眾也應當要隨著修學如來的法，要布施如來之法給與眾生，心中不要生起慳悋之心。於未來世，如果有善男子、善女人信受如來智慧的話，你們應當爲他們演說這一部《妙法蓮華經》，使他們得以聽聞而了知，目的是爲了讓他們那些人可以得到諸佛智慧的緣故。如果有眾生對於如來的智慧是不信受的，就應當在如來其餘的深妙法中開示教導利益他們，讓他們生起歡喜。你們如果能夠這樣子如教奉行，就是已經報答了諸佛無比的深恩。」】

講義：這樣子語譯式的說明，依舊是依文解義，那麼我們再接著來解釋一下。「爾時釋迦牟尼佛從法座起，現大神力，以右手摩無量菩薩摩訶薩頂，而作是言：『我於無量百千萬億阿僧祇劫，修習是難得阿耨多羅三藐三菩提法，今以付囑汝等。汝等應當一心流布此法，廣令增益。』」這是說，如來開示以後，從法座上站起身來，示現了大神力，也就是說讓人無法想像的事情出現了：同時為無量菩薩摩訶薩們摩頂。如來站起身來，只是一個應化之身，即使像千手千眼大悲　觀世音菩薩示現，也只是一千隻手。但是諸位還記得嗎？〈從地踊出品〉所說的那些「從地踊出」的大菩薩們是無量無邊的，如果以世間人的所知來說，「無量無邊」到底是多少？連計算都有問題了；可是　如來不但不用計算，而且對每一個菩薩都摩頂，每一位菩薩都感受到如來為他摩頂。摩頂是作什麼？也就是交付的意思，就是「付囑」啊！就好像皇帝召見某某人——譬如太子等等，摸著他的頭頂告訴他說：「你應該如何接掌這個職事，我現在把這個任務交付給你，你應該努力去作。」這就不是口頭上的吩咐，而是很懇切的付囑。

可是 如來只是一個應化身，卻使所有「從地踊出」的那一些八地、九地、五地、四地諸菩薩摩訶薩們，一一親見 如來為他摩頂而付囑他，這當然是威神之力，而且是「大神力」啊！那麼如果信心不夠就懷疑說：「啊！這個神話寫得太好了。」焉知 如來不能如此呢？我們作不到的事，不代表 如來也作不到；如果心中生疑，就是不智。就好像二十年前我們說：「如來藏是眞實存在的，第八識眞實可證的；佛性也是眞實存在，眞的可以眼見，雖然祂無形無色。」可是當時佛教界有誰相信呢？都沒有。但是他們所有大師都不相信，不代表我們不能實證啊！

打從正覺同修會弘法到現在，包括成立前，我個人的弘法，已經二十來年了，我們是一開始就說祂是可證的、是可見的，到現在依舊如此，絕無改變或演變。可是不信的人不能推翻啊！因為我們眞的證了、眞的見了。那麼諸位這樣子跟我走上來，像張老師跟著我已經二十一年了；陸老師也有二十年了，全都是「老先覺」啦！但是諸位想一想，我們這樣弘法走過來，他們也跟著這樣修證而且也跟著在弘法，到目前為止，我們沒有發現 如來有什麼開示是騙人的。這樣次第走過來而證明 如來的所說、大乘經中的所說，全都是如實的；因為我個人已經為自己證實 佛所說的法是更多的如實，所以現在作不到的不代表將來作不到，我們作不到的不代表 佛陀作不到。

所以說這個「大神力」不用懷疑，諸佛如來如果連這種小小的「大神力」都沒有，那麼所謂的十力、四無所畏等等也就成為空談，如來的十號也就別提了。可是諸位想想，如來的十八不共法等等，以及一切如來都有的十號所代表的功德，比較這個「大神力」時，顯然這個威神之力只是小事一件。所以我們依舊忠誠地信受這部經中的開示，這才是實證的教徒觀點。如果已經進入佛門落髮出家，也受了三壇大戒，結果竟然不談教徒觀點而主張學術觀點，就把大乘經典推翻而說「那都是神話」，那他們還能稱為佛教徒嗎？諸位聽了都搖頭，顯然不認可他們的妄想邪說。

由於他們堅持學術觀點，排斥教徒觀點；我就得對他們說：「你們既然排斥教徒觀點，就表示你們不是眞正的佛教徒，那你們雖然身在佛教中，其實並不是佛教徒。」所以他們的邏輯很奇怪，一直宣稱自己是佛教徒，而且還出家而堅持自己是百分百的佛教徒，卻要求大家離開教徒觀點，單單要從學術觀點來解說佛法，這不是很奇怪的邏輯嗎？所以人之無智可以至此，也眞的是末法時代才會有的現象。既然現在是末法時代，而這類事實也已經發生了，我們無可奈何就提出來說明一下，接著就應該見怪不怪，以免自尋煩惱。

回到 如來的開示說：「如是三摩諸菩薩摩訶薩頂，而作是言：『我於無量百千萬億阿僧祇劫，修習是難得阿耨多羅三藐三菩提法，今以付囑汝等。』」注意喔！這裡說到 釋迦如來修學佛道的時間不是三大阿僧祇劫完成的，而是修學了「無量百千萬億阿僧祇劫」。前面 如來告訴我們說，祂成佛以來多久呢？是「無量無邊百千萬億那由他劫」之前；「那由他劫」跟「阿僧祇劫」相差很多、很多倍，這部分，我們留到下一品再來說明，看是相差幾倍，現在先不談它，因爲那個倍數我們無法想像。

世尊成佛以來已經「無量無邊百千萬億那由他劫」，早在那時便已成佛；可是成佛之前修學佛道的時間，那是超過很多、很多、很多倍的，是無法想像的倍數，叫作「無量百千萬億阿僧祇劫」，是修行這麼久才成就佛道，而我們只要三個阿僧祇劫，比起諸佛來，顯然 世尊是在更早之前便已經開始修行了，才需要修行「無量百千萬億阿僧祇劫」然後成佛。請問諸位：「三」個阿僧祇跟「無量百千萬億」個阿僧祇，相差多少倍？阿僧祇這個單位就不談，因爲二者同樣是以阿僧祇劫爲單位；那麼「三」跟「無量百千萬億」相差多少？我們修行成佛只要「三」個單位，釋迦如來以前成佛是「無量百千萬億」個單位。

可是二萬億 威音王佛中的第一尊 威音王佛成佛前的摸索時間呢？不知道！眞的不知道。祂是摸索了多久、修行了多久時間才成佛的，眞的不知道。因此 釋迦如來說：第一尊 威音王佛成佛以來，已經是「過無量無邊不可思議阿僧祇劫」了。祂成佛以來的時間是以「不可思議」來說明，世尊成佛以來的時間是以「百千萬億」來說明；「不可思議」跟「百千萬億」眞的差很多。而且 威音王佛是以「阿僧祇劫」爲單位計算，釋迦如來的成佛是以「那由他劫」爲單位來計算。這可見二者以往成佛的前後相差很久的時間。可是 釋迦如來開示往昔 威音王佛成佛的時候，並沒有告訴我們說：第一尊 威音王佛是修行多久以後才成佛的，因爲是在不可思議的時間之前。

這表示說，在還沒有人成佛之前，大家對於成佛之道的摸索，都像是摸石頭過河一樣，隨時會跌倒而被水捲走，然後又重來。所以二萬億佛中，最初的那尊威音王佛是修行多久才成佛的？佛陀沒有說，我們更不知道。但是威音王佛成佛之後告訴大家的成佛之道是：一定要斷除二障才能成佛，沒有誰是本來成佛的。一切人都一樣要經歷具足斷除二障的過程才能成佛，既然成佛是佛佛道同，也就是說，每一尊佛成佛之道的內涵都是相同的，那麼顯然大家都必須經歷這個過程才能成佛，無一能夠避免。

可是我相信仍然會有人對於是否有最初的一尊佛——本初佛，心中不太能轉得過來，而會認爲遠古、遠古的更遠古之前，是有佛本來就成佛的；那麼這樣就會有一些想法出現，但我們也不能夠說他這個想法不對，因爲過去無始劫以來的事情眞的不可知啊！所以會有那種想法也很正常。特別是修學這部經典叫作「妙法蓮花」如來藏妙心，而且已經有了實證以後，心裡面可能會想：「這個如來藏妙法是無始本有的呀！那麼諸佛就有可能是無始本有的啊！」這個想法的產生，依人類的智慧而言，我認爲是合理的，雖然他的想法是不對的。

因爲如來藏妙心的無始本有，不代表佛地境界也可以無始本有，這是由於一切佛都同樣必須完成斷除二障的過程才能成佛。所以我們今天就有一些關於這方面的法義，要再跟大家解釋或開示，未來這個講義整理出來的時候，後世的讀者——當然包括我們大家，未來世中不會再有疑惑。所以我特地寫了一些內涵出來，請教學組把它放映出來給大家看。我既然寫好了，就先唸給大家聽，請諸位看著銀幕：

「由於法身無始而有，故眾生界無始而有，難免有人會因此認爲有一些佛是無始的；但若主張有究竟佛是無始的，就會成爲『雞與蛋何者爲先』的無解之說，但在佛法中不應該有無解之說。所以如果所有佛都必須依於前佛而修行才能成佛，推至最早之時也是如此，但無始以來早就有本來就已成佛的諸佛，那麼就會成爲：有人本來就是佛，其他人都必須依於前佛修行才能成佛，這就不是平等法。」

因爲若是最早之時已經有佛，那些佛顯然是不必修行就已經成佛的；既然所有人都必須斷除二障以後才能成佛，在無量無邊不可思議阿僧祇劫前，那時尚未有人成佛，必然是大家都還在摸索而尚未有人成佛。若是最早當時就有人是不必修行就已經成佛，那他們就是本來佛，不是一般的有情，因爲他們是不必修行就已成佛的，那就不是與眾生平等的，因爲他們都是在無始以來本已是佛，然而這必然與必須斷除二障以後才能成佛的邏輯相違背，那他當然是生來就沒有二障的究竟佛，是不必修行就已經沒有二障了。

但這個現象必然會成爲這樣的邏輯：不論如何往前推溯，在任何時候永遠都會有一種人是本已成佛，而其他有情都是必須經由修行斷盡二障才能成佛；因爲推溯到最早的時候，就有人是不必修行就已經成佛了。那麼如果二萬億 威音王佛的最初 威音王佛不是最早最初成佛的佛，釋迦如來如果也無法知道誰是最早成佛的人，那麼 釋迦如來顯然還沒有成佛，所以不知道；那麼祂所說的佛法一定尚未圓滿，導致弘化的法緣也應該還沒有圓滿；因爲釋迦如來還沒有講出誰是不必斷盡二障而最早本來是佛的人，那祂就不應該入滅。

如果 釋迦如來還不能了知是誰最早成佛、本就是佛，也表示祂的宿住隨念智力無法知道這個內容，那就證明祂的宿住隨念智力還沒有圓滿，表示祂的十力還沒有具足，當然尚未成佛。然而 釋迦如來已經成佛了，也說出

二萬億　威音王佛中最早的佛是第一尊　威音王佛，也為大家說明最初佛是在多久以前成佛，也就是在「過無量無邊不可思議阿僧祇劫」之前成佛；這就表示第一尊的　威音王佛是最初佛（當然，十方虛空無有窮盡，世界國土不可限量，有可能十方無盡世界中有其他有情與第一尊威音王佛同時成佛，或是前後相差不到一小劫成佛，或是更早之前成佛，同樣是「過無量無邊不可思議阿僧祇劫」前成佛）。而最初成佛的人，祂成佛前所需要的時間難以界定，因為摸索修行成佛的時間無法明確界定，這是由於成佛之道的內涵還沒有全部確定下來，大家都還在摸索之中，所以　釋迦如來沒有說明第一尊　威音王佛是摸索修行多久以後才成佛的。

正因為法身無始而有，所以眾生界也就無始而有；這樣才能夠依於這個法身來修行而成佛，但並不適合將這個不可推翻的理由，解釋為「**有的佛是無始本來成佛的**」。這個見解會造成一個無法解開的問題：有一些佛是無始成佛，是本來就成佛而不必經歷斷除所知障與煩惱障的過程，是本來就沒有所知障、煩惱障的佛，而其他有情是必須修行斷除二障才能成佛的不平等現象。也會成為蛋與雞何者為先的無解問題，那麼誰最早成佛的問題就會跟著永遠無解。

既然所有人都不是本來已是究竟佛，就表示所有人都一樣：都必須修行經歷斷除二障的全部過程才能成佛。這就表示最早的狀況是還沒有人修行成佛，無始以來大家都必須要經過摸索的過程去修行，最後才能夠成佛。那麼既然同樣是每一個人都必須如此具足斷與證，當然就不可能有人本來已經是佛，當然都要修行斷盡二障，一定會有最早摸索修行成就的佛。然後既然有人成佛了，如何成佛的所有內容都已經清楚了，那麼大家當然會跟著第一尊威音王佛所開示的內涵來修行，以後當然不必讓大家再自行摸索成佛的過程與內涵，當然可以依最初　威音王佛的開示而依循著去修行。

從那時才開始修行的學人，就不必修行很久，只要三大阿僧祇劫就能夠成佛。但是在最初　威音王佛成佛以前，大家共同修行時都是還在摸索的階段，那麼摸索修行成佛所需要的時間當然遠遠超過三大阿僧祇劫；而釋迦如來是那個時候已經跟著那些修行的人一起在摸索成佛之道的人，因此釋迦如來成佛修行所用的時間是〈囑累品〉中說的「無量百千萬億阿僧祇劫」，表示祂摸索成佛之道所用去的時間是「無量百千萬億阿僧祇劫」，就是剛才

經文中 世尊說的「我於無量百千萬億阿僧祇劫，修習是難得阿耨多羅三藐三菩提法」；經過這麼長的時間摸索修行，而祂成佛的時間則是距離現在「無量無邊百千萬億那由他劫」之前。

那麼祂摸索修行這麼久而不是短短的三大阿僧祇劫就成佛，是摸索修行這麼久以後，才在距今「無量無邊百千萬億那由他劫」之前成佛，不是在距今二千五百多年前成佛，也不是修行短短的三大阿僧祇劫就成佛的；顯然 釋迦如來在始修佛道的最早之時，也是像 威音王佛一樣都在摸索的。那麼大家可以想想看：「三」個阿僧祇，與「無量百千萬億」個阿僧祇，兩者的差距不能夠說是很小。難道 釋迦如來這麼笨，跟著 威音王佛修行一段時間以後竟然還得要「無量百千萬億阿僧祇劫」繼續摸索嗎？竟然不是只有三大阿僧祇劫。這還是在最後有一段時間依止於最初的 威音王佛修行才達成的，但是追隨最初 威音王佛之前，卻仍然需要摸索「無量百千萬億阿僧祇劫」。

而最初的一尊 威音王佛成佛的時間，是在「過無量無邊不可思議阿僧祇劫」之前，幾乎是等於修行無法瞭解的很久時間之後才成佛的，不是不需要修行就本來成佛。至於第一尊 威音王佛摸索修行而成佛的時間，究竟摸索了多少阿僧祇劫？釋迦如來沒有為我們說明，當然是遠遠超過釋迦如來成佛所需的時間難以計數倍。那麼以上的道理，如今在《法華經》〈囑累品〉中，只以簡單幾句話就為我們開示完了，但我們卻得要從這兩句開示中如實理解到：祂修行成佛所摸索的時間，以及摸索到最後有幸依止最初的威音王佛以後，才能快速成佛；這樣在最後階段有佛可以依止，加上以前的摸索時間修行，是經歷過「無量百千萬億阿僧祇劫」的時間才成佛。

既然所有人都不能自外於斷盡二障才能成佛的定理，那麼最早之時一定會有無人成佛的時候；因為從教理的邏輯上必定如此，從實修之理來說也必定如此。否則就會墮入「雞與蛋何者先」的問題之中，永遠就無解。如果成佛以後對這個問題依舊無解，依然不知道誰是最初佛，那麼諸佛的十力就成為虛詞，釋迦如來也就應該尚未成佛。所以我們不能支持有人不必修行而在無始以來就已成佛的見解，否則這問題可就很嚴重。

也許有人會這麼想：「如果允許第一尊威音王佛能夠無師自通而成佛，那麼必然也要允許有第二位有情、第三位有情、第四位有情有可能也有能力，在經過長劫摸索修行以後，能夠像第一尊威音王佛一樣無師自通而成佛；乃至於要承認每一位有情都是有能力經過長劫摸索修行以後，無師自通而成佛。」但是我說，這個理由，在有人成佛以後是不能成立的。因爲如果已經有人摸索清楚而成佛了，必然就會設法教導因緣成熟的人，依循於祂所整理出來的內容與次第來修行而快速成佛，大家又何必還要堅持自己繼續摸索而不依循呢？因此 釋迦如來不必像 威音王佛那樣修行不可計數的時間以後才成佛；而是摸索了「無量百千萬億阿僧祇劫」的時間以後，在後面的階段遇到了最初 威音王佛而能夠開始快速修行了，因此能在距今「無量無邊百千萬億那由他劫」之前成佛。祂摸索修行的時間是「無量百千萬億阿僧祇劫」，隨後則有一段時間跟隨 威音王佛修行，那麼祂摸索及追隨修行成佛的時間，就不是像 威音王佛一樣是不可知的時劫。

這已說明 世尊並不是只有三大阿僧祇劫的修行便成佛了，因爲祂開始修行之時，是與最初 威音王佛一樣都在摸索的；直到 威音王佛先成佛以後，釋迦如來剩下的修道內容就不必自己再摸索了，成佛的時間就很快速了。由以上的道理，所以祖師這麼說：「威音王佛成佛以後無師自通者，都是自然外道。」在 威音王佛以前，大家都是還在摸索；威音王佛成佛以後大家都不必摸索了，當然要像 釋迦如來往昔一樣開始依止 威音王佛的教導而快速修習成佛。所以 釋迦如來不是像最初 威音王佛經歷無量無邊不可知的時劫才成佛，而是經過「**無量百千萬億阿僧祇劫**」的摸索修行以後，遇到最初 威音王佛而修行之後，再經過一或幾大劫修行就成佛了。

那我們跟隨 釋迦如來學佛，就免去了 世尊或 威音王佛之前同樣摸索的時間，我們只要三大阿僧祇劫就能成佛；所以祖師說的「**威音王佛以後無師自通成佛之人，都是自然外道**」，原因正是如此，因為已經有佛可以依止了，不應該再有不依佛學而可以成佛的人。因此剛才所說可能有人會提出的問題，自然是不會存在的，也是與成佛之道的邏輯和內涵相違背的。那麼今天在這〈囑累品〉之中，把現在以及後世可能有人會產生的疑惑加以處理了，希望大家從此以後，對於本初佛的疑惑就不復存在了。好！今天就講到這裡。

上週《妙法蓮華經》〈囑累品〉第二十二，我們講完了第一行，向大家說明 釋迦如來成佛的時候是在「**無量無邊百千萬億那由他劫**」之前，這一次在地球上示現成佛，純粹是一種示現；因為實際上是在「**無量無邊百千萬億那由他劫**」之前，就已經成佛了。這是因為祂是在第一尊 威音王佛成佛時，就已經修證到很高的層次，可是祂修學菩薩道的漫長過程中，在第一尊威音王佛成佛之前是還沒有誰已經成佛的；所以祂在「無量無邊百千萬億那由他劫」前的成佛前，總共摸索了「無量百千萬億阿僧祇劫」的時間，最後才在第一尊 威音王佛座下，得以快速地完成成佛的後面階段。

所以 釋迦如來其實是經過很長的摸索時間，是「無量百千萬億阿僧祇劫」的摸索，這個數目是遠超過「無量無邊百千萬億那由他劫」前成佛算到現在的時間，是摸索了非常久的時間才成佛。不像我們現在很幸福，最多只要三大阿僧祇劫就可以成佛；所以最早成佛的人也是摸索最久的人，是最辛苦的人。瞭解了這一點，雖然我們成佛都同樣是三大阿僧祇劫，大家也就別再抱怨啦！因爲 釋迦如來在「無量無邊百千萬億那由他劫」之前成佛時，是已經摸索了「無量百千萬億阿僧祇劫」的。「那由他」與「阿僧祇」相差可不是一倍、兩倍、十倍、百倍而已，等一下我們在後面再來說明。想想看祂成佛的過程，是摸索了「無量百千萬億阿僧祇劫」，而我們只要三個阿僧祇劫，相差眞是不小啊！所以以後大家就安分守己，別再抱怨說：「成佛要三大阿僧祇劫那麼久！」又想退回阿羅漢道去，那就不是菩薩了！

阿羅漢是一世可證的，因爲慧解脫確實是一世可證的；但是成佛的智慧深妙而廣大，所要斷盡的上煩惱猶如恆河沙數那麼多，而且還更超過，當然不是那麼容易成佛的。那麼如果有人說他在這個色身上面就可以成佛，諸位就知道那是外行人在講笑話；因爲那些自稱可以或已經「即身成佛」的人，顯然我見都還具足存在，不論古人或今人都一樣。他們都是依於色陰而執著爲我，乃至依於受想行識而執著爲我。這些我見具足存在而沒有斷除的人，也都落入色陰與識陰的我所中，錯認淫樂是報身佛究竟寂滅之樂，所以他們所謂的成佛全都是笑話。這是從現代自稱可以一世成佛的那一些人所說的法義中，都可以證實的笑話；而他們根本連聲聞初果都還沒有證得，所以那都是笑話，咱們聽了笑笑就好，千萬別信以爲眞。

回到經文來，世尊說祂成佛的內涵是經由「無量百千萬億阿僧祇劫」才修習成功的，因爲這是很難修習、很難實證、很難圓滿的法，所以這個法是難得的，也是無上的正等正覺，沒有任何一種實證可以取代。「正等」是說沒有辦法推翻它，而且所證的佛法，諸佛之間全部都是平等平等而無差別；這樣的實證已經圓滿了才可以說是眞正究竟的覺悟，因爲是無上的。那我們正覺同修會的實證，可以正大光明的說我們是「正覺」，但還不能說是「無上」，因爲要到究竟成佛時才算是無上。

本來我們同修會的名稱並不是「正覺」，因爲覺得正覺這兩個字太響亮，也因爲太多人使用，所以我們當時很謙虛的取了另一個名字，叫作內明共修會。「內明」是五明之一，菩薩修學五明時，第一應修的就是內明；如果沒有內明，廣學了因明學，也全都是假的。也許有人懷疑，但是我作一個證明，諸位也就不必懷疑了：譬如我們正覺同修會開始弘法之前，密宗已經推廣很久了，而他們對因明學有非常深入的研究；但是當我們實證了內明之學，我們開始演繹各宗派的佛法義理，還把密宗的最重要法義樂空雙運無上瑜伽，出了專書辨正破斥以後，密宗等人包括達賴在內，都不敢寫一篇文章出來講話；他們只能夠作人身攻擊，從來不敢從法上來講話。他們的因明學，遇到我們正覺的內明法義就無用武之地，完全派不上用場。

就是說，如果在內明之學沒有實證以前，談論因明學時將只是想像的內涵；等於只拿到那個工具，但他們用在不該用的地方，只是亂用一場。所以密宗那個因明學面對實證者是沒有用的，因此我們當時認爲：既然要成立一個永久的共修團體，那我們就要顯示佛法以什麼爲最重要呢？當然是內明。我們就選了「內明」這個名稱。

可惜的是成立內明共修會以後，被人家把持了，我們都無法參與；所有的同修們都插不上手，那要怎麼樣一起來住持正法呢？所以大家就離開，另立一個團體叫作同修會，不再叫作共修會了。然後大家討論應該取個什麼名字好？大家都說「正覺」最好，因爲我們是眞正的覺悟啊！我聽了就說：「好吧！那就這樣。反正原來屬意的名稱被人家拿去了，我們就取名叫正覺。」而我們也當之無愧，因爲我們是眞正的覺悟。但我們也宣稱：我們不是無上正等正覺，我們只是正等正覺；因爲距離佛地仍很遙遠，這就是正覺。所以「修習這個難得的無上正等正覺法」，正是說，所學的是如何到達佛地的究竟之法。

世尊因爲是講了《妙法蓮華經》，已經把所證的正覺之法以及佛地不可思議的解脫境界爲我們演說了，所以 釋迦如來在這裡說的是：「我經歷無量百千萬億阿僧祇劫，來修學實證這個很難獲得的無上正等正覺之法，如今用這個法來吩咐、來囑託於你們大家。你們應當要專精一心，來流布這個無上正等正覺妙法。」也就是說，希望大家不要有散亂心或疑心，弘法時又在世間法上營運希求；要我們專精一心，要的是心無旁騖來流布這個無上正等正覺妙法；希望能夠在大眾之中、在三界之中，廣泛地去促使一切有緣的人天都能夠有所增益。

爲什麼要吩咐這些菩薩們，要專精一心來流布這個勝妙法？而且說要「廣令增益」啊？就是說，不揀擇什麼人，只要他有緣，就應該爲他演說這個無上正等正覺的勝妙法；若是面對無緣的人，就隨分爲他說比較淺的、但是對眾生而言卻依舊是很深的法。然而若是面對一切有緣人，都應該以此法「廣令增益」。既是要「廣令增益」，當然就會因爲眾生的緣比較深或者比較淺而有差別，除非是與《法華經》無緣的人才會有不同的說法。那麼隨後 如來還會再吩咐。

此時 釋迦如來起身，以祂的威神之力，爲那些「從地踊出」的無量無邊大菩薩們摩頂。每一位大菩薩都看見 釋迦如來爲自己摩頂，而 釋迦如來這樣三次爲諸菩薩們摩頂，這樣吩咐說：「我在往昔無量百千萬億阿僧祇劫，修學熏習這個難得的無上正等正覺之法，如今就以這個法交付囑託於你們大眾。」這樣子三次摩頂、三次吩咐，隨後又作比較詳細地吩咐說：

『汝等當受持、讀誦，廣宣此法，令一切眾生普得聞知。』」這是要求菩薩們說：「你們應當要受持、讀誦而且廣為宣揚這個無上正等正覺妙法，普令一切眾生都可以聽聞而且了知有這個法。」那麼受持、讀誦，我們前面已經講過很多了，這裡就不再重複。這裡 世尊多吩咐了一項，就是「廣宣此法」；既然說是「廣宣此法」，就不限定於這一部《法華經》的經文，因為凡是與《法華經》有關的經典眞義，都應該為大眾宣講，這才叫作「廣宣此法」。由於此法就是「此經」如來藏，所以把「此經」如來藏廣為宣說發揚起來，這是 釋迦如來最重視的事情，因為祂吩咐說要「令一切眾生普得聞知」。所以還沒有聽到的人，你得要把第八識「此經」的正義，詳細為大家說明，眾生能聽受多少你就講多少；這樣看來，這部《妙法蓮華經》講解完了以後，顯然我還不能罷講。所以凡是有關於「此經」如來藏的妙法，我都應該要一一加以演繹講解，普令大眾得知；未來佛菩提種就會不斷地有人繼承生長，這就能夠使佛菩提道在人間不斷地弘傳下去，未來萬年將會有更多的菩薩繼續出現於世間。

這就是說，只要我們繼續把佛菩提道的各類相關經典都加以演說，並且在講解以後整理成書、流布於天下，就是紹隆佛種。世尊最看重的就是誰願意、而且有能力紹隆佛種；所以能夠紹隆佛種的所有菩薩，不論位階高低，如來都一體看重。如果是聲聞種姓呢？如來就說他們是焦芽敗種，因爲他們的佛菩提芽焦了，佛菩提種毀敗啦！所以這部《法華經》講完了，我依舊不能罷講，要再選一部有關如來藏的經典來解說，那我們預定要講的是《佛藏經》。《佛藏經》的內涵一樣是很勝妙啊！雖然比不上這一部經王，但是一樣勝妙。以前曾經有法師吩咐徒眾們說：「《佛藏經》只能讀前半部，後半部不許讀。」你們說怪不怪？眞的很怪。那還能叫作佛門的法師嗎？可是就有這種人啊！既然他說不許讀，我就偏要整部經典全都講解，要讓大家瞭解：爲什麼他會禁止徒眾們讀那後半部經典。那麼這是一個預告，這裡就不繼續談。

現在回來說 世尊吩咐大菩薩們都要廣宣此法，不但是自己要受持與讀誦，還要爲人廣宣。廣宣的目的是爲了眾生，可是如果一天到晚廣宣，自己卻沒有受持、讀誦，表示他不會進步，永遠都是原地踏步；原地踏步久了以後，正好有一句成語會在他身上應驗，諸位有沒有想到是哪一句？（大眾回答：不進則退。）對啦！不進則退。因爲他一天到晚要嘴皮爲人家宣講，自己卻不肯受持、也不肯讀誦；所以他講到最後也許自己都亂了，甚至於最後都忘了自己當初是悟個什麼！這是眞正發生過的事情啊！也許他心中又懷疑了：「這個心到底對不對？我一天到晚跟人家講這個心。」那問題就出在他沒有受持跟讀誦，所以原地踏步之後不進則退，果然眞的退轉了，那就很可惜了！所以爲人廣宣此法的同時，自己也得要受持與讀誦；這樣才是爲己也爲人，自他俱利。

「『所以者何？如來有大慈悲，無諸慳悋，亦無所畏，能與衆生佛之智慧、如來智慧、自然智慧。』」至於爲什麼要這樣作？爲何要受持、讀誦，還要廣宣此法呢？世尊說：「因爲如來有大慈悲而沒有任何慳悋，也沒有任何的畏懼，能夠給與衆生諸佛所證的智慧、如來的智慧、自然的智慧。」這是說，釋迦如來之所以吩咐從娑婆世界下方而來的這無量無邊的菩薩衆要這麼作，一定有原因，這個原因要先說明。

先瞭解了原因，那麼以後再付諸於實行的時候，心中就不會有所疑慮了。譬如念佛，每個週末參加念佛會，一起持名唸佛號共修；有許多人唸久了以後，又回到世間法去了。所以佛教界有一句流傳很廣的話說：「唸佛一年佛在心田，唸佛兩年佛在眼前，唸佛三年佛在西天。」越唸佛就越遠了。第一年唸佛時好歡喜，佛住在自己心田裡面；到了第二年唸佛時，佛已經不在心田，跑出眼前去了；到第三年唸佛時，佛已經遠在西天啦！因爲他也不太想再唸佛了；第四年呢，他不唸佛了，完全回到世間法去了。

這種人多不多？多喔！我以前有一個鄰居唸佛好精進，佛光山、法鼓山、慈濟，她好用心，每週都去作義工，在家裡的時間一週大概不到三天；可是才不過三年，她既不唸佛也不拜佛，都在世間法上混了。那意思是說她不知道唸佛的目的是什麼。人家唸佛一定有一個原因，有的人是因爲求身體健康，所以跟 阿彌陀佛許願：「只要保佑我身體健康，我願意每天唸三萬句佛號。」爲了拚三萬句，他都要時時注意著，不可以忘了。也許怕萬一唸不到三萬句，怎麼辦？所以用數珠計算。要不然，現在還有計數器，或是別的方法來計算。哇！唸得好累，然而他一直都不退轉喔！因爲他身體很差，結果這樣許了願也眞的唸佛以後，身體變好了，他知道自己爲何要唸佛的原因，是因爲 阿彌陀佛可以保佑身體健康。

有的人是求別的，阿彌陀佛也眞的很靈感。有的人求死後要往生極樂世界，覺得在娑婆世界太苦了。且不說別的，單單說生病就那麼痛苦，哪能再留下來？一定要去極樂世界！他爲了要往生去極樂世界，所以每天持名唸佛，十幾年、二十幾年、三十幾年都不退轉，就是一心求生極樂世界。至於唸佛而想證悟佛菩提的人，可就幾乎不存在了，因爲現在已是末法時期，直到正覺同修會出世弘法才有了轉變。所以唸佛要有唸佛的因，他知道爲什麼要唸佛，而他所要的目的也能達到，所以他很精進努力唸佛，永不退轉。

同樣的道理，你如果學佛，學佛究竟是爲了什麼？這是一個很重要的課題，需要自己去探究。自己若是探究不出來，可得要請問善知識了。那麼如果人家說「學佛好」，然後就跟著去聽經、唱誦等等，他都不探究爲什麼要學佛；那麼這個人一定是一個沒有主見的人，隨著潮流走；當學佛的潮流過去時，他就不學了。不幸的是，我是個不跟潮流走的人。我從來不跟隨潮流，人家說要買名牌，我身上都沒有名牌；人家說學佛要掛手珠，我身上也沒手珠；人家說結婚應該戴戒指，我也沒有戒指。我只有一樣跟過潮流的，就是戴手錶；因爲那時在社會上奔走，得要注意時間，每天都在趕時間，時間若是有知，一定會被我趕得很難過；如果時間有覺知，一定會跟我抱怨，因此我就戴手錶。可是退休下來開始弘法，手錶又丟了；所以我也沒有手錶，現在什麼都沒有，不跟隨潮流。

我也教導我的孩子們不要跟隨潮流，你們也應教導孩子們不要跟隨潮流；跟隨人家去趕流行是最愚笨的人，我們家孩子小時候，我這麼教他們。我說：「**創造流行的人賺大錢，跟隨流行的人花大錢，口袋裡的錢都被人家挪走了。**」所以他們都懂，都不跟隨潮流。我們學佛也是一樣，不要跟隨潮流，當大家都說：「**學佛就是要證離念靈知。**」我們要問：「**為什麼要證離念靈知？**」一定要問清楚這一點。可是剛開始學佛的時候，你不曉得會碰到什麼法門；也許你碰到的是念佛法門，也許你碰到的是所謂的禪宗，這也都還好。如果遇到念佛的法門，那就安全多了；如果遇到密宗，那可就倒大楣了，因為走入密宗能夠全身而退的人其實不多，能夠退出來才是有福報的人。

你學佛的時候，不論你走入哪一個宗派，一定要先問自己：「**我遇到這個宗派，學習這個宗派教的法，我的目的是什麼？而學佛時所謂的佛法內涵又是什麼？**」這一定要去探討清楚！如果沒有探討清楚，只是迷迷糊糊地跟隨潮流：「人家流行這樣，咱們就跟著流行。」那你的法財都會被人家賺走，結果是你修了好多好多的法財，竟沒有一樣可以留下來；所以咱們不要跟流行，除非你確定了所跟隨的流行是了義而且究竟的佛法，譬如正覺同修會教導修證「此經」如來藏妙心。

又譬如我這一世剛學佛去歸依了，人家介紹有念佛會，每個週末晚上共修；我就每個週末晚上跟著去唸佛，唸著唸著，有一次遇到一位寺裡很資深的法師，我就問：「果□師父啊！我們這樣努力唸佛是爲了什麼？」結果他聽完了扭頭就走，好在那時候我還不懂禪。（大眾爆笑…）否則我就會認爲他是公案裡說的那兩個字：「休去。」我當時想：「奇怪！他怎麼不答我的話呢？我的疑問沒有解決啊！」然後我就開始想：「不對！我一定要弄清楚，不然我每天出門也唸佛、路上也唸佛、回家也唸佛，我是求個什麼呢？」然後我就想，我一定要去買經典來讀，不然都弄不清楚。所以去訂了一套《大正藏》。

我初學佛才半年就訂了一套《大正藏》。白馬精舍印行的，那時才三萬六千塊錢臺幣。他們是每印好一箱就送來給你，不是一次交付給你的。我就從《阿含經》開始讀了，讀到後來看見經集部等等經典，然後我看見裡面有談到念佛的經典，我就把有關念佛的那三部經典讀了，然後我知道說，念佛就是爲了求生極樂世界，因爲極樂世界太好了。喔！我終於知道了！好！我就念佛求生極樂世界。因爲以前沒聽過什麼法，那時發了願，然後每天就唸阿彌陀佛聖號。

後來我想：這裡是 釋迦如來的世界，我們能懂佛法也是 釋迦如來教導的，爲什麼不唸 釋迦如來而要唸 阿彌陀佛？我說：「**難道唸釋迦如來不能往生去極樂世界嗎？**」我就趕快把淨土三經找出來讀，知道也可以啊！所以我就改爲唸 釋迦如來聖號，但我還是要去極樂世界，於是就每個週末都去參加念佛會，那時就唸 阿彌陀佛聖號。後來聽到說每個週日都有講禪、有禪坐會，我說：「**好啊！那我去試試看。**」兩種都試試看，看我比較喜歡哪一種。週日也就真的去寺裡，結果只是學打坐，談不上什麼禪宗的禪。當時也不懂禪宗，覺得打坐也不錯啊！然後越坐越有興趣，就每天打坐，才半年就一念不生了，靜中的未到地定已經上手了！

後來人家知道了就質疑說：「**哪有可能？我們打坐十幾年了，常常都沒有辦法從一數到十呢，往往是數到五、到六，就被妄想打斷了，還要再從一**

開始數息，你怎麼可能？」我說：「怎麼不可能！我連一到十都不數，我根本就沒有數目字，我就是這樣一念不生的啊！」但他們都不信，於是我就告訴他們有什麼方便法；那時我沒聽過或讀過什麼叫作「六妙門」，但我自己就會了，半年就進入一念不生的境界了。

那個六妙門的方便善巧：如何還、如何淨，我自己都會，我也會自己施設方便善巧。可是後來我想：「我每天這樣靜坐求一念不生，又是為了什麼？」問題又來了，又有問題出現了，問來問去沒有人願意跟我講；那些法師們都好奇怪，一問到這些問題，大家扭頭就走；（大眾笑……）後來才知道他們不是天生的啞巴，大概就覺得說：「這傢伙很難纏，很囉嗦，老是問問題。」後來我就想：「算了！問不到就不問，反正只要師父有半年時間住在臺灣，每半年他都會講禪，我就聽聽看。」當年聽了也覺得好歡喜：「師父講得好！講得好！這個公案我們以前都不懂，他能夠講得這麼棒，好佩服喔！」

可是到後來我自己悟入以後呢，發覺都不是他講的那回事。甚至於我們這個無相念佛和看話頭的基本功夫，他也不懂；身為禪師的他，連看話頭功夫也不懂，我心裡面想說：「那你在教什麼禪？」至於為什麼我會去留意這件事？其實那時我也還沒有破參，只因爲我有一個姪兒住在臺中，有一天給我一本書說：「這本書很好！很好！」我說：「那我讀讀看。」拿出來一看，是《與現代人論現代禪》，他那個封面下方有一些小字，意思是說：你若是想要修學佛法得要學禪，要學禪就應該要有未到地定的定力，他好像是說「應該於未到地定得自在」。他這句話講得好，因爲我會看話頭，我知道沒有未到地定是不可能看話頭的，還能參什麼禪呢？我就很認同。

然後我想：「這個人講得不錯。」我就買了兩本帶到寺裡面去，送給兩位法師。從此以後他們的信徒名簿上，只要看到我的名字，就會看到上面有一個淺淺的記號在了——我被點了油作記號（編案：以少數人才會知道的方式註記爲黑名單）。但我想：「我這樣作並沒有錯啊！因爲咱們寺院裡面人才川流不息，老是留不住的原因就是沒有功夫可以讓他們受用嘛！那師父不能教人家證得這個功夫，人家當然學過一段時間就會走掉，因爲學不到東西！如果能夠幫大家學會看話頭的功夫，我相信接下來在某個一念之間就會開悟了。什麼時候開悟雖然不知道，但是就有機會了；如果沒有看話頭的功夫，根本沒機會嘛！」

可是人家就不聽我的呀！那我也不勉強，就安分守己，把嘴巴縫起來，我只要好好作事就好，都不講話；那時人家如果問我，就說「是」，不然就答「不是」，都不超過兩個字。所以那時也被人家誤會說：「這個人好苛喔！問他法義時，都不肯回答。」他們不知道我若是幫人家指點迷津，不久就會被禪坐會的指導師叫去洗臉。我也只好盡量少答腔，避免再被叫去洗臉。我就是那時發覺有問題了，但是我不管，我就繼續自己的學佛路子；當年自己還沒有擇法眼，以爲那寺院的堂頭和尚眞的有開悟，心想：既然學佛法就是要求開悟，不開悟就不能眞懂佛法，那我就繼續待下去，多熏習，看將來有沒有因緣再說。

到後來發覺不行，得要自己來；因爲這位老人家（平實導師指著身後的觀世音菩薩像）有吩咐了：「開悟哪有那麼簡單！心肝那麼忙！」（臺語）我只好辭掉那家寺院裡的全部職事，就自己窩在家裡參禪。當時弄清楚了爲什麼要學佛，而且已經功夫上手了，看話頭的功夫太好了，因此常常住在見山不是山的境界裡面，那時就知道：「開悟是可能的，並非不可能。」可是依照人家大法師教的那些知見參禪，始終悟不了。所以最後第十九天過堂完了

（在家裡不能講過堂，就說午齋），午齋完了上三樓佛堂，面壁而坐，一樣是根本沒辦法。到了下午差不多三點鐘時想：「憑自己吧！也許人家教的不一定正確。」所以就從「明心見性」四個字下手，一時之間把往世的種子流注出來，也就這樣解決了！然後才發覺：「欸！原來還眞的是要通過看話頭這一招，若是沒有通了這一招，你學佛都是在外門學，廣修六度萬行也都是外門行、外門修。」

所以我們才告訴大家說：「你們修學佛法得要求開悟，若是不求開悟，都只是在修集見道的資糧，談不上學道。」所以，學佛的目的是什麼？一定先要弄清楚，就是爲了成佛而學；那麼成佛的內涵是什麼，這時當然要先去瞭解；乃至成佛的過程中需要斷什麼、證什麼？學佛的過程中還需要攝受佛土等等，你都得要先瞭解。所以學佛時一定要先問：「學佛是爲了什麼？」如果學佛只是附庸風雅，過一段時間一定會膩：「唉呀！每天在寺院裡跑來跑去，也不知道在幹什麼，煩死了。」他覺得膩，然後就不想再學了。

可是如果把學佛的目的弄清楚了，訂出你想要的目標，也知道這個目標是可以企及的，不是無法碰觸的，那你一旦確定下來說：「我要去證這個智慧的境界，確定要去實證。」你知道自己學佛是爲了什麼，有了這個目標而且知道是有希望的，你就會努力去學、努力去修，就不會退轉。所以學佛弄清楚了以後，最後一定會去探究：「爲什麼世尊要這麼辛苦來人間度眾生？」這是個很重要的題目！爲什麼 世尊要這麼辛苦來人間？諸位想想看，先不說 世尊，人家持五戒行十善的人可以生到欲界天中享福，爲什麼菩薩們不求生欲界天，而要繼續在人間行菩薩道？

又如，人家證得初禪的人，都可以生到色界天去，爲什麼死後不求生色界天享福，還要繼續生在人間行菩薩道？人家證得二禪、三禪、四禪的菩薩們，可以生到色界天中，什麼負擔都沒有，爲什麼還要來人間受生老病死之苦、來行菩薩道？那麼你再想一想：那一些大阿羅漢迴心成爲菩薩，爲什麼不入涅槃而願意再來痛苦的人間受生？或者例如諸大菩薩，乃至於 釋迦如來人天至尊，是一切菩薩中尊，爲什麼願意那麼辛苦來人間受生老病死的痛苦？你想清楚了，才會知道 如來是如何的慈悲！

「如來有大慈悲，無諸慳悋，」釋迦老子來人間示現的時候，還特地選擇在人壽百歲的時候來；人壽百歲時什麼劫都有，疾疫劫、饑饉劫、刀兵劫……等，都不好過，所以這時節來人間示現成佛是最辛苦的。我們現在至少有一輛腳踏車可以踩吧？走的還是柏油路呢！然而 釋迦如來當初都是用兩腳走路，有時是泥巴路、有時是石頭路；人天至尊而肯爲了大家這麼辛苦，你們想：這個慈悲夠不夠大？所以眞的是大慈悲啦！如來眞的是大慈悲，來教導眾生學佛時，還告訴眾生說：爲什麼要學佛，而不要只學羅漢。還幫大家把聲聞、緣覺與菩薩之道解析得清清楚楚，讓大家自己來選擇要走哪一條道路，所以 如來眞的是大慈大悲！

你一定要從 如來的證量以及菩薩諸地的證量，以及緣覺阿羅漢的證量，下至於凡夫菩薩只得禪定的證量來作比較，才會知道 如來的證量有多麼高。讓菩薩們無法想像的證量，是人天至尊，竟然有這樣的 如來肯爲我們來人間受生，並且是在那麼困苦的外在環境下來利樂我們，你就知道 釋迦如來眞的有大慈悲啦！「如來有大慈悲」，意思是什麼？就是大慈與大悲啊！答案就這麼簡單，還不會！（大眾笑……）然而「大悲」是什麼？就是不忍眾生久久修行而沒有成就。因爲 如來沒有在人間示現之前，眾生都被誤導得很嚴重：沒有證阿羅漢的人都說已證得阿羅漢，沒有證得如來的人也敢說已經懂得如來法，當時眾生被誤導得非常嚴重。

所以　如來示現在人間，先讓大家瞭解怎麼樣是證阿羅漢，爲大家證明人間示現的那一些阿羅漢都不是阿羅漢，然後幫助有緣的弟子們證得阿羅漢果，分明示現阿羅漢的實證應當如是。《阿含經》中的這些記載，顯示當時所謂的阿羅漢其實都是凡夫，全都不是眞的阿羅漢；而　如來去見這些外道們，一一找回來教導實證阿羅漢果，大眾才知道以前自己所以爲的阿羅漢，全都不對。當弟子們證得阿羅漢果了，如來又幫大家證得緣覺果；最後再幫大家證得菩薩果，這都是大慈大悲的表現。

大悲就是救拔眾生在修道上被誤導而走入歧路，因此要救拔眾生出離邪道；大慈是把實際上可以實證的三乘菩提教導給大家，乃至於有的人不想證三乘菩提，只想證得世間禪定，如來也教給大家，這就是「大慈」。這就是說「如來有大慈悲」，有大慈悲當然就「無諸慳悋」，沒有種種的慳吝之心；所以天人天主來供養時，如來也不會據爲己有，只要是可以分給出家弟子們的，如來就分給那些弟子們；弟子們缺福德，需要供養　如來，如來就接受供養，然後轉施出去。如來在世間法上完全沒有慳吝，並且在佛法上面也完全沒有慳吝，只要弟子四眾能證得什麼法，祂就教導什麼法。除非是教導了依舊不能證，否則一定會依弟子的根基所能實證的內容加以教導，並且幫助弟子們實證。如來因爲三種不善早已棄捨了，心中沒有種種不善法，一心一意要把善業果、要把勝妙法送給大眾。因爲「無諸慳悋」，所以善於教導大眾善受善行，因此就能實證。

除此以外，如來教導大眾的時候，無所顧慮「亦無所畏」。有很多大法師說法時顧慮非常多，這個不許講、那個不敢講；可是 如來說法時無所顧慮，因爲沒有任何一件世間法可以拘束 如來；沒有一個世間有情可以破壞如來的身口意行，也沒有任何一個有情可以破壞 如來的法教——無人可以推翻，所以 如來於世間說法時，心中完全無所畏懼。

然而 如來這個無所畏懼，一定是有一個依憑。究竟是憑藉什麼而無所畏懼？這就要談到 如來的功德之中有一個「四無所畏」。如來有四種無所畏懼，所以說法時無所顧慮。祂觀察眾生當時的因緣，應該要聽聞什麼法，就演說什麼法，無所畏懼。這是因爲成佛之道的內涵，也就是斷盡所知障和煩惱障，全部清楚時就無所畏懼了。那麼煩惱障的斷除，現代的佛教界都已經弄不清楚了，何況是所知障呢！

也就是說，煩惱障的斷除有兩個部分：第一個部分是現行，第二個部分是習氣種子。煩惱障現行的斷除，就是指阿羅漢修證的結果，已經斷盡欲界貪、色界瞋、無色界癡，因此能夠出離於三界生死，已斷分段生死，這是煩惱障的現行已經斷除。可是煩惱障現行斷了以後只是個阿羅漢，想要成佛以前，在煩惱障的部分還得要斷盡習氣種子呀！那麼這個習氣種子就是跟三界法有關的那些微細的習性，都必須要全部斷除。如今這個部分已經沒有人知道了，直到我們在書中把它寫了出來；直到我們說法的時候把它講了出來。

以前大家都會講一個故事，說有一隻鴿子飛到俱解脫阿羅漢的身邊避免老鷹的傷害，可是牠還會發抖，怕阿羅漢一個不小心踩死了牠；然後看到 如來在旁邊，又趕快飛到 如來身邊，牠完全不抖了，牠很安祥；牠知道那老鷹傷害不了牠，如來也不會踩到牠。這原因就在於 如來早就斷盡了習氣種子，沒有煩惱障所含攝的習氣種子；所以祂不會在不經意之下傷害了那一隻鴿子。這習氣種子的斷除，我們也可以舉一個例子來說；假使阿羅漢靜坐的時候，還沒有入滅盡定，只是在初禪中；如果他是坐在曠野樹下，一條蛇爬到他的腿上、手上來，他張開眼睛一看到是蛇，就會直接反應把牠抖掉——他直覺反應就抖掉了。但 如來不必看，也不會理牠，就讓牠繼續爬過去走了，那蛇不會被驚嚇，也不會傷害 如來。

可是俱解脫阿羅漢，他直覺反應就把牠抖掉，那蛇一定很不舒服，應該都會受到驚嚇。這就很明顯表示說：即使是俱解脫阿羅漢，習氣種子都還很強烈！所以阿羅漢在佛教史上的記載，是有很多有關於習氣種子的事；而這一些習氣種子入地以後都還會繼續存在著，一直要到七地滿心才算斷除淨盡。

然而即使如此斷盡習氣種子了，這也還是沒辦法成佛，還要再進修一大阿僧祇劫。那麼後面再進修的一大阿僧祇劫，所修的就是所知障的斷除，是延續著三賢位對所知障的斷除的次第，進修到第三大阿僧祇劫開始了，還在這個部分進修啊！然後終於斷盡過恆河沙數上煩惱，最後才能成佛。那諸位想想看：成佛了以後，在煩惱障這個部分到底有哪些內容，祂都已經具足斷除、具足知道，所以如何對治這一些煩惱障的現行和習氣種子，如來已經具足了知。當人家來請問 如來說：「世尊！我要怎樣斷除我的煩惱障現行？」

也有人來問：「我要怎麼斷除我煩惱障的習氣種子？」那麼 世尊都可以為大家說明，教導大家應該如何修行就可以對治。那麼因為煩惱障上面的斷除內涵，如來已具足實證，所以不怕人家質疑說：「那你教人家斷習氣種子，你自己到底有沒有斷盡？」不怕人家質疑，這就是第一個「無所畏」。

然後人家問說：「那我要怎麼樣對治？」如來對煩惱障的現行和習氣種子的對治方法都已具足了知，全部都可以教導，所以人家來問要怎麼樣對治、怎麼樣斷除的方法與道理，如來也無所畏懼。不必像周利槃特伽應供了以後，拜託舍利弗來為他講法。煩惱障如是、所知障亦復如是，因此所知障究竟是怎麼打破的？打破之後面對過恆河沙數上煩惱時應該要如何一一斷除？如來也都經歷過，如來全部都實證了。所以假使人家來問 如來說：「世尊！您有沒有具足斷盡所知障？」世尊對這一個問題完全無所畏懼，因為已經具足斷盡了。那麼人家要來問了：「那麼請問世尊，我要怎麼打破所知障？」如來就會教導，應該先聽聞修習般若波羅蜜；聽聞修習之後應該要怎麼樣去實證，如來也都會教導。

弟子終於打破所知障了，知道開悟就是打破所知障；因為破所知障時所破的內涵，是對於實相法界無所知；所以你只要開悟明心了，對於實相法界就知道了，那你就打破所知障，也就是打破無始無明了。阿羅漢所不能打破的，你已經打破了，接著你又要問：「我要如何才能夠通達呢？」那時如來就會教導：「你應該修集廣大福德，作為進入通達位的資糧；第二個部分，你必須要永伏性障如阿羅漢，否則你無法通達所知障的見道智慧；第三，必須要努力繼續進修實相般若，去具足證得後得無分別智，然後你才能夠通達。」

世尊又會繼續開示說：「可是這三個條件具足以後，還不算是眞正的通達，你必須是個菩薩才可以通達。」「那麼請問世尊，我要怎麼樣成為眞正的菩薩？」「你要發起十無盡願，不能害怕未來世無量無邊的生死痛苦。」要發這個大願心啊！並不是成佛以後就不在人間接受生老病死苦，而是成佛以後還要繼續到人間來受生老病死苦，並且是一個星球又一個星球不斷地去示現成佛的八相成道，要永遠受苦不斷。那麼有的人會問：「那我受這個痛苦，要受到什麼時候？」我告訴你，很簡單：「受持到眾生度盡。」可是我還要告訴你：「眾生度不盡的。」那你得要敢發十無盡願，才是眞正的菩薩，才能具備入地的條件。這時你有了永伏性障如阿羅漢的功德，有了通達般若實相的功德，也已經在三賢位中修集了無量無邊廣大的福德，那麼你只要發了十無盡願，你就是入地的菩薩了！這時就說你是「生如來家、住如來家、成如來子」，就是眞正的「佛子」了。

好！終於弄清楚了，等一會兒又有入地的菩薩請問 如來說：「世尊！我要怎麼樣可以快速完成入地後的道業？」因爲入地後雖然知道十地的每一地要修什麼，可是怎麼樣快速去完成呢？問題又來了，所以有無量無邊所知障上的問題存在，大家都會來請問 如來。「因爲您宣稱您成佛了！那我們不問您，還去問誰？」大家都會來問，乃至於進入十地了也會來問法啊！但是 如來都能夠說明每一個人應該怎麼樣各自去對治、怎麼樣各自去取證。所以不管誰來問所知障上面的問題，如來全都無所畏懼。

已經於所知障上面具足實證而無所畏懼，於所知障對治法上面也已經具足了知而無所畏懼，因此在所知障上面就有這兩個無所畏。這兩個無所畏跟煩惱障上面同樣有具足實證，也具足了知對治上面的智慧，這四個無所畏合起來就叫作「四無所畏」。由於 如來有這個四無所畏，所以 如來可以給眾生「佛之智慧、如來智慧、自然智慧」，如果不是有這四個無所畏，就沒有辦法圓滿具足給眾生這三種智慧。

那什麼是「佛之智慧」？佛之智慧就是「一切種妙智」，也就是說一切種子的智慧，簡稱為一切種智；是三乘菩提中最勝妙、最究竟的智慧，這個就是佛之智慧。十方三世一切諸佛成佛的憑藉，就是一切種子的智慧；換句話說，如來藏中所含藏的一切種子的智慧，已經具足圓滿證知了，這時就會發起四智圓明的功德，就是一切種智。那什麼是如來藏中一切種子的智慧？這可要先探究種子了。以前南部有一個法師很喜歡講唯識，他就在綠板上（他的黑板是綠色的）畫一個大圓圈說：「這譬如阿賴耶識，阿賴耶識裡面有很多種子。」他手裡拿了白粉筆，就在圓圈裡一直點，點了好多的白點說：「這些就是如來藏阿賴耶識中的種子。」完了！大家都弄不懂什麼叫作種子。

有的人就會想：「種子、種子，種子種到地裡就會出生，那應該是阿賴耶識能出生什麼啊！既然阿賴耶識能夠出生，種子很多就會出生很多東西，那麼到底是會出生什麼？」可是始終沒有人想到說，就是能夠出生諸法。既然是種子，種子就是能生，當然就是應該會出生諸法。然而什麼叫作「法」？

五蘊是法，十八界是法，心所法是法，三界六道十個法界也都是法，一切三界中各種你所知道的，全都叫作法；你所不知道的也叫作法，叫作實相法界的法。好啊！這如來藏中含藏了一切種子，這些種子既然能生諸法，那麼每一個種子出生的法各不相同，就表示這些種子的功能差別不一樣！所有的種子各有不同的功能，所以種子另一個名稱就叫「功能差別」；又名爲「界」，因爲不同的功能差別的緣故就會有界限。

如來藏所含藏的一切種子，等於什麼？等於如來藏含藏的一切功能差別。這樣，「種子」的意思就懂了，只要你有智慧，可以去思索：「種子是能生，但是能生什麼？」如來藏總不會出生稻穀吧？一定不會是出生稻穀蘋果，那祂含藏了各類種子而能出生什麼？能生諸法。等你統統弄清楚，知道原來是如來藏能生諸法以後，你終於知道：「欸！一定是共業有情的如來藏，憑藉共業而共同出生了山河大地，地水火風都具足。」那你最後就會說：「唉呀！原來我以前認爲錯誤的答案，結果竟然是正確的；如來藏還眞的能出生稻穀，還眞的能出生蘋果。」對啊！是由有情的如來藏共同感生蘋果的呀！但不是你自己一個人的如來藏能生，這是要共業有情如來藏共同來變生。

諸位有沒有想過：「那蘋果爲什麼會開花，是誰叫它開花？」有人想：「是自然的嘛！」原來是「自然外道」。事出必有因，無風不起浪，它開了花以後爲什麼就會結果？結了果爲什麼又會長大？長大又爲什麼會成熟？然後爲什麼會爛壞？不可能是無因無緣！那麼原因是什麼呢？是因爲眾生有種種食。特別是人，有欲界中的「段食」，一定要以爛壞作爲常相。如果人間的食、欲界天的食，不以爛壞爲相，就不能成就飲食的法相。

這樣講也許還有人意會不過來，那我反問一下，如果你吃下去的食物都完整的排出來，那你還能活命嗎？就是要從它的變壞變爛過程之中，吸收了其中需要的成分，再把不需要的排掉。換句話說，就是要有這種變爛變壞的過程，你才能夠得到身體所需要的那一些養分。所以欲界的有情只要是需要吃團食，就一定要以爛壞作爲食相。因此說，食物會生長、開花、結子、結果、成熟、爛壞，這些都不是自然的，而是因爲眾生在人間或者欲界天生存時，都必須要飲食；而這一些眾生的飲食，同樣都必須藉爛壞的過程來成就。如果飲食都不爛不壞，你喝下去的清水排出來還是清水，那你將不能成就飲水的食相；如果你吃下的飯菜還是完整的香味撲鼻排出來，（大眾笑⋯）那你就沒有成就飲食的法相，一定不可能生存在人間。

所以蘋果爲什麼會開花、結果、長大、成熟、轉爛？「爛」就是先變軟了然後開始壞掉。爲什麼會這樣？都是因爲眾生需要。那麼眾生需要的時候，是誰去使它完成這個過程的？是共業眾生的如來藏。所以人間的人們如果都往生到欲界天去時，以前所有人類所需要的食物就消失了，因爲如來藏不在這裡變生人類的食物了。那時將只剩下什麼呢？只剩下旁生類的動物所需要的食物，還會繼續變生。

人間剛開始時並沒有稻米，人類從光音天中逐次往下墮，漸漸下墮來到人間；剛開始人間並沒有稻穀、沒有水果，那時只有地蜜；然後下來人間的有情越來越多了，這一些人的如來藏就共同變生出比較能夠持久的食物，叫作「地肥」；然後人類越來越多，福德越來越薄，地肥消失後又變生出粳米；粳米入口即化，比我們現在的米好多了，現在的米還得要咬嚼。就這樣不斷地變生出來，人越多時米就變生得越多，質地也跟著越來越差，所以這也是如來藏含藏的種子之一。眾生的如來藏有這些功能，但如來藏裡面含藏的功能非常、非常之多，因此不同的種子就有不同的差別；所以如來藏所含藏的種子，就是如來藏含藏的各類功能差別。

當你懂得這個道理的時候，畫了一個圈圈說：「比如這個圓圈叫作如來藏，裡面有很多的種子。」你就不會再去圓圈裡點了，因為你發覺那樣點的說明意涵是不對的。當你去點了以後，等一下你要說明出來的時候，人家會覺得你在那邊點是不倫不類。所以你就說：「這裡面含藏了很多的功能差別。」這樣大家就能聽懂，就不必點了老半天，手眞的好瘦呢！好！言歸正傳，這是什麼智慧？就是一切種子的智慧，簡稱爲「一切種智」。

自從我們把一切種智最簡單扼要的道理說明了以後，那一些六識論的法師們，他們的道場共修完了都不再迴向一切種智了；因爲他們如果繼續迴向說：「願以此功德證得一切種智。」糟了！人家要問說：「欸！那一切種子是如來藏含藏的，我們要瞭解那個種子是不是要先證得如來藏？那我們爲何還在反對如來藏妙法呢？」那時他們怎麼對信眾、對徒弟們交代？所以從那時候開始，他們都不迴向一切種智了。

然而我說他們眞是愚癡啊！反而應該改爲說：「我們要趕快弄清楚，到底佛法是不是眞的要證如來藏？一切種智是不是如來藏含藏的一切種子的智慧？」那就應該要趕快去弄清楚，弄清楚了就趕快改弦更張，就立刻回歸正道了！將來也可以有因緣實證一切種智。難道他們將來都不想證得一切種智？（眾笑…）就不必在那邊作垂死的掙扎。所以我說，末法時代法師之無智，以至於斯！看來很聰明的人，竟然專幹這種傻事；我們這種笨笨的人，卻是走聰明的路。唉呀！眞的是感嘆！

現在瞭解了「佛之智慧」，就是一切種子的智慧；三世一切諸佛，包括諸位未來佛，將來之所以能夠成佛，憑藉的最主要部分就是具足證知如來藏中所含一切種子的智慧；當你圓滿具足如來藏中所含藏一切種子的智慧了，表示你對於如來藏中所有的功能差別都可以隨意運用了；當你可以隨意運用的時候，表示什麼呢？表示你有圓滿「妙觀察智」與「平等性智」了，也表示你有「大圓鏡智」跟「成所作智」了！這時你要如何運作威神之力、運作你的廣大智慧與神通，全都沒問題，這就是諸位未來成佛時最重要的一個憑藉。

接著說「如來智慧」，主要是講如來乘的智慧。「如來智慧」是從一個過程來說的，剛才講的佛之智慧是一切種智，而一切種智是從究竟地的層次來說的。可是「如來智慧」包括你從因地修學一直到成佛的過程所得的智慧，因爲一切如來都必須要經歷這樣的過程，這個過程最主要的智慧就是講「道種智」，也就是從初地心到十地滿心成爲受職菩薩爲止，這過程中所修證的一切智慧。這一些智慧是成道之所必須的智慧，所以稱道種智；也因爲還沒有圓滿一切種智，所以稱爲成佛之道所應該證的種智——道種智。這就是從初地心到十地滿心所應該修學的這些智慧。

那麼初地心應該修什麼？要證什麼？二地心應該修什麼？要證什麼？每一地各有所斷，也各有所證，那麼這個內涵其實講的就是成佛之道的過程中，所應該斷除與修證的智慧；這個智慧是一切菩薩都必須要具足去實證的，不可以跳躍，不能躐等。若沒有這一些過程的內涵，然後宣稱他成佛了，或是自稱爲法王，就像半夜裡關起門來，戴起皇冠、穿起龍袍，吹熄了燈而自稱是皇帝一樣；如果他膽敢白天穿出來走上街，我才會考慮要不要相信他。世尊在《楞嚴經》說這種人叫作「自取誅滅」，死後是要下墮阿鼻或無間地獄的。猶如古時有人家裡偷偷藏著皇冠、龍袍，被查到了就是死路一條，這是最輕的，往往還會誅連九族。如果他膽敢白天穿出來遊街，背後一定是一個集團正式反叛皇帝了，大概是要誅連九族的，那當然要叫作自取誅滅。所以一定要有成佛的過程與內涵，才能自稱成佛；譬如近來有一貫道人士去大陸時，自稱是四地菩薩，印證徒弟是初地菩薩，可是探究他的內涵時，其實一無所有。這樣自稱是四地菩薩的時候，竟然還會去禮拜凡夫位的聲聞僧作他的歸依師，你能想像佛教中會有那樣的四地菩薩嗎？且不說四地的菩薩，單說你們明心以後就不可能再去禮拜一個凡夫僧作你的師父了，而他四地的大菩薩竟然還去禮拜凡夫僧作師父；那你說，他那個四地是不是眞的四地？（大眾答：不是。）果然是口說的四地啊！就只是口說的而已！所以說，成佛者一定要有那個實質，除了要有「佛之智慧」一切種智，還要有「如來智慧」；「如來智慧」就是如來乘的智慧，如來乘的智慧主要是指修道位中的所有智慧，就是從初地一直到十地爲止的修道過程中證得的智慧，才叫作如來乘的智慧，也就是道種智。

至於排在最後面的，也就是層次最低的，就叫作「自然智慧」。爲什麼叫作「自然智慧」？此時我們又得要講一點當代學禪者的毛病。當代學禪者的毛病，其實是古時就一直都存在的，只是到了末法時代的現在，變得比較嚴重或者特別嚴重；他們所要的開悟智慧，全都是後來才有的，不是本有之法。後來才有的，是說不是本有的。意思代表什麼呢？就是這一世出生才有的東西，是有生之法；有生則必有滅，這是指什麼？正是五蘊十八界。

都還住在五蘊十八界的生滅法裡面，這一些誤會了的凡夫自稱開悟的聖人，他們最看重的就是覺知心，還不單單是意識喔！六識全部合起來叫作覺知心，正是識陰六識。他們看重的是這個有生的、此世才有的覺知心，他們堅定地認爲離念的覺知心是無生的，是從前世往生過來的，是永遠不會毀壞的。於是想要把這個此世才有的覺知心修行成爲離念，轉變成常住不壞的無生之心，然後想要用這一個離念的覺知心去住在無餘涅槃裡面而解脫生死。他們從來都不知道這個覺知心不能在三界外存在，他們竟然沒有一個人知道。而他們不知道，是因爲他們不懂「世界悉檀」。世尊藉著世界悉檀已經教導了他們，可是他們把經中這類教導讀讀就算了，弟子們也是聽聽就算了，都覺得那不重要；所以他們都不知道覺知心修除了語言文字妄想以後，仍然是覺知心、仍然是識陰、仍然在三界內，他們都不知道，誤以爲一念不生時就是在三界外，就是涅槃的境界。

這表示說，他們是想要把有生之法、後來才有的識陰之法，轉變成本來存在的無生法。這是古時候就有的毛病，一直到現在還是繼續存在著。然而我們出來弘法時宣示說，要用這一個有覺有知、有生滅的覺知心，去證得無覺無知、離覺觀而本來存在的第八識。但我們始終都沒有同道，我們出來弘法至今，也只有我們這樣講，沒有別人跟著這樣講；也沒有哪個大山頭願意承認我們講得對，因爲他們都要把生滅的覺知心變成不生不滅的心，當然不會支持我們啊！所以他們那樣修行，後來生起定力成爲一念不生以後便自以爲悟了，然後有一些與淺淺的定境相應的小小智慧出現，就從那個智慧來說佛法，因此便開始誤導眾生。

問題是那個不是「自然智慧」，那是依有生之識陰而修得的智慧。因爲他們所修得的境界、所悟的所謂本來面目，正是這一世才有的覺知心呀！不是自然已經存在的。那麼我們所證的第八識如來藏「妙法蓮華經」，卻是本來就已經存在；不必你去修行，祂本來就存在；也不必你去修除語言文字，祂本來就離語言文字；不必你去修定，祂本來就住在大龍之定中，永遠不離定，這才是自然之法。

那我們證得這個自然之法，才能說是「自然智慧」，而十方三世諸佛所證，也都是這樣的「自然智慧」。由這個「自然智慧」開始進發，然後有「如來智慧」，然後有「佛之智慧」。好了，現在也許有人心中有個很大的問號：「那這樣的自然智慧，跟自然外道有什麼不同？」有呀！當然有很大的不同。就好像常見外道之於佛法一樣，常見外道所謂的「常」，不是眞正的「常」；自然外道所謂「自然之法」，也不是自然之法。常見外道是把生滅心認作是常，所以我們說他是常見外道；同樣的道理，自然外道是把有生滅而非自然之法，設定爲自然存在之法，所以我們說他叫作「自然外道」。

所以，其實世間人所最崇尙的那一些名稱，都是咱們佛門中才有資格稱呼的；例如自然外道說：「我們證得『自然之法』。」但自然之法只有佛門才有資格說，我們證得常而不壞的法，是自然已在而不曾有生，才能永遠無滅，才能稱之爲常，所以自然外道這個說法，只有佛門才有資格說。有人自稱：「我們證的是金剛之法，所以我們叫作金剛乘。」對不起！他們眞的沒資格叫作金剛乘，只有眞正實證金剛不壞心如來藏的佛門，才有資格叫作「金剛乘」。但我們不屑於自稱金剛乘，因爲金剛乘這個名詞已經被他們搞壞了；

同樣的，我們也不屑於使用「眞常」這個宗教名稱，因爲眞常之法已被常見外道搞壞了；我們也不自稱是自然之法，因爲已經被自然外道搞壞了。

所以說，「無上瑜伽」其實只有了義究竟的佛門中才有，但我們現在都不用，因爲早已被密宗搞壞了！無上瑜伽是什麼意思？是無上的相應。然而至高無上的相應之法，就是佛地的境界。可是已經被附佛法外道密宗搞壞搞爛了，我們就不用。就好像我們前些時候講的「阿里不達」本初佛，本來是講第一尊　威音王佛，是最最尊貴之佛，也被他們搞壞了，所以我們再也不講本初佛。即使他們密宗宣稱永遠不再使用「阿里不達」這個名稱，要還給我們用，我們也不想再使用；但是那個道理，我們還是要講清楚。

也就是說，所有人修學成佛之道時，成就佛果一定是有一個過程的：首先要得「自然智慧」，然後是「如來智慧」，然後「佛之智慧」。「佛之智慧」最勝妙，所以佛的智慧有時候又叫作如來「一切種妙智」；因爲函蓋了成所作智等四種智慧，而且這時的妙觀察智、平等性智都是上品，都是具足圓滿的。如果所證的法不是自然本有的，而是出生後以及修行得來才有的，那就不是「自然智慧」。要打坐以後才能變成一念不生，成爲離念靈知，這是不是自然而有的？當然不是！

當我們說：「即使你證得初禪乃至證得非非想定的那個定心，那定境中的離念靈知，都還是修來的，不是自然的，不是本有的，所以就不是眞的證悟。」於是有個所謂的「心中心法」，他們後來就改了說法：「前念已過，後念未起的中間，這不是修來的吧？所以就是自然的，是本有的，當然是沒有生滅的心，禪宗開悟就是要證得這個離念靈知啊。」我說：「那好極了，那你是比人家沒有修定、比人家證得欲界定的人更差了。」對啊！至少人家還有欲界定，他們是連修行都沒有。他們都沒有想到說：前念已過、後念未起中間很短暫一刹那的離念靈知，究竟是此生才有？或者是從過去無量劫延續下來的？他們都不先想這個問題。

後來我們提出了問難，並且說：「如果你這樣短暫的離念靈知，是恆時存在而不滅的，是從往世一直延續下來的，那麼你一出生的時候先要作一件事情，就是先跟媽媽說：『媽媽！對不起！讓妳辛苦了。』然而你有嗎？你認得那是你媽媽嗎？都沒有啊！全都不認得，什麼都不懂。」那表示剛出生的離念靈知心什麼都不懂，所以有時把屎放到他嘴裡，他也吃得津津有味；

把他拉的屎拿給他吃，他也照吃不誤，何曾有智慧？所以那都不是自然之智！因此說，一定是證得自然本有之法，證得以後就能通達三乘經典，這樣所得到的這個智慧才能夠說是「自然智慧」。

而這個「自然智慧」是大悲所成。爲什麼又扯上大悲所成？因爲這是由於 如來的大悲心，才會降生來人間傳授給我們；否則大家都要繼續摸索，就像第一尊 威音王佛一樣，到底摸索多久才成佛？沒有人知道，無法瞭解，連成佛了都不可能知道；這是因爲無法定義說，是從人天善法的受持五戒開始算起呢？或是要從修習十善業開始起算？或是要從禪定的實證開始算起？眞要說起來，可眞是莫衷一是。

所以說，這個「自然智慧」是唯有 如來才能傳授；自從有第一尊 威音王佛之後，就這樣子不斷地傳授下來，所以這個智慧又叫「大悲之智」。這個智慧也稱爲「無師智」，因爲一切菩薩再來人間時，遲早都會證悟這個法；乃至末法時代的菩薩，出現於沒有證悟者存在的時節中，無師教導或被誤導了，也能自參自悟。諸佛如來於人間示現也都會自己參究出這個法，不是要等到人家教導的。所以這個「自然智慧」才是眞正的無師智。因爲這個自然之法，不是修行以後才出現的，而是你本來就有的法，只要有人指導，你就可以證得；證得之後，你這個「自然智慧」就是實相般若，就是自然本有之法的智慧。好！今天就講到這裡。

《妙法蓮華經》上週講到一百七十七頁第六行的中間，今天接著要從中間開始：「如來是一切眾生之大施主，汝等亦應隨學如來之法，勿生慳恪。」這幾句話是告訴我們，如來由於自己本身有大慈悲，無諸慳吝，是大施主，而且具有四無所畏，因此可以教導給眾生「佛之智慧、如來智慧、自然智慧」；因此說 如來是三界中最大的施主。因爲一切施之中，無有超過於法布施者，而 如來這個法布施又是最究竟而且具足圓滿的法布施。所以 世尊說祂是一切眾生中的最大施主，就勉勵所有菩薩們說：「你們這一些被釋迦如來無量劫以來所教導的、證量很高而從娑婆世界下方虛空中前來的大菩薩們，也應當要隨著釋迦牟尼佛來修學如來所得的一切法；並且對所有的眾生不應該有所慳吝。」

這就是說，所謂的施主，一般而言是從世間相來說；在世間相中，佛門三寶不從事於世間財物的生產，所以四事從缺；也就是食衣住與藥物四種事情全部都缺乏，都要由眾生來供養，因此說護持三寶的眾生就是施主。然而這只是從表相上來看，實際上，佛教三寶卻是從世間法不能夠相提並論的層次來作布施，布施給眾生的既是解脫道，也是世出世間無上乘法的佛菩提道，是法上的施主；而 佛陀是一切三寶之所歸命，法從 佛陀而來，因此 佛陀也被稱爲「大施主」。又因爲這個法布施，令眾生世世得利，乃至最後成就無上勝妙的世出世間法，最終可以成就無上第一義諦而究竟成佛，當然是「大施主」。

這樣的布施不像世間法，只能擁有一時或者只能擁有一世，所以在世間法上來看，即使用布滿三千大千世界的七寶來布施，也只是生滅無常之物，所得到的福德終究也會有用盡的一天，被布施者所獲得的受用，死後可就全都滅失了，所以這種法布施才是世間最大的布施。從究竟與了義以及極長遠的時劫來看，財物布施並不是大布施，而佛法的布施可以使人從因地一直到究竟佛地，乃至成佛之後盡未來際繼續受用而無間斷，並且進而可以把法布施給有緣人，這樣才是眞正的大布施。佛教三寶對眾生有這樣的大布施，而三寶之中以佛爲尊、以佛爲主，所以 世尊說「如來是一切眾生之大施主」，這眞是誠實語。

因此，世尊以這樣的開示，勉勵「從地踊出」的無量無邊菩薩摩訶薩們，應該要隨學 如來之法。隨學之後，對眾生不該生起慳吝之心；也就是說，隨學 如來之法的目的，不是爲了自己，而是爲了眾生。世尊告訴這一些菩薩摩訶薩們的意旨是說：「你們大家隨我修學無上勝妙之法，不是爲你們自己，而是爲了廣大無邊的眾生。」所以說「勿生慳悋」。

世尊接著告訴他們未來該怎麼作：「於未來世，若有善男子、善女人信如來智慧者，當爲演說此《法華經》，使得聞知，爲令其人得佛慧故。」這是說：「諸位菩薩摩訶薩們，隨學如來之法而後有所成就，在如來示現滅度之後的未來世中，假使有善男子、善女人信受如來智慧的話，就應當爲他們演說這部《妙法蓮華經》。」也就是如來藏的妙義。

這意思是什麼呢？這裡帶出來兩個意涵：第一、對方必須是善男子、善女人，假使對方不是善男子、善女人，你就不應該爲他講述這個《妙法蓮華經》。那麼請問諸位了：請大家判斷一下「非善男子、非善女人」是哪一類人？喔！這就舉之不盡，眞的很多喔！所以若以負面表列來舉例，講起來可眞是絡絡長了！得要像王大媽的裹腳布一樣長，還眞是又臭又長。有一些講起來還眞是臭，例如那一些喇嘛們，那眞的不是善男子、善女人。所以這個如來藏該怎麼實證，《妙法蓮華經》該如何瞭解，這是不應該講給他們聽的；所以喇嘛們假使想要參訪正覺祖師堂，我們也不給他們參訪。連參訪都不願意，更別說要教他們實證《妙法蓮華經》，因爲他們不是善男子。現在也有女喇嘛，所以她們就不是善女人，這是第一個負面表列。

接著來講世俗人，因爲喇嘛的層次是最低的，他們不如世俗人，所以列在最底層。世俗人假使殺人放火，未來世的層次都比他們高，因爲死後下地獄時也許這個半劫或者幾萬年就上來了，喇嘛們可不是！他們是破壞三乘菩提最嚴重的惡人，所以他們的層次最低。接著來談世俗人，世俗人若是一天到晚喜歡吃喝嫖賭、無惡不作，沒有菩提種，因爲往昔都還沒有熏習過，當然也不是善男子、善女人，當然也不該爲他們演講《妙法蓮華經》。接下來好一點的就是一般的世俗人，奉公守法不幹惡事，然而是個無神論者，不信受有三界法界，也不信受六道世間的法界，那他更不信有四聖法界，顯然也不是善男子、善女人，不該爲他演說這部《妙法蓮華經》。

如果好一點的人類，已經在學佛了，並且他也在弘法，或許現出家相，或許現在家相；可是他主張的佛法是六識論，凡是有誰說到有第七識、第八識，他都毀謗說：「那也是意識，叫作第七意識、第八意識，實際上沒有第七、八這二識。」又否定說：「大乘經典是後人所創造的，只是為了對佛陀的永恆懷念。」那麼這是從三乘菩提的根本加以否定的人，這種人是跟證第八識沒有因緣的，那你要跟他談如來藏是沒有用處的，因為他會直接扣給你一頂帽子——外道神我，就指責你是外道神我的信徒。那麼這一類人，你雖然看他受了菩薩戒，或者甚至於受了三壇大戒，身現出家僧寶之外相，其實也都不是善男子、善女人，那你就不應該為他演說《妙法蓮華經》了。

那麼這樣子剩下的善男子、善女人，是哪一種人？究竟是哪一種人？你們應該這樣拍胸膛說：「就是我啊！」就是我們嘛！所以只有像諸位這樣的人，才適合為你們講《妙法蓮華經》的眞實義。如果是六識論者，他們熏習六識論的邪見很久了，有一天突然進到正覺講堂聽我這樣講《法華經》，一忍、再忍、三忍之後，他忍不住就站起身來走了，他不能接受。既然眞正的《法華經》不能接受，顯然他就不是《法華經》講的善男子、善女人了。當然我們不必反過來就扣他帽子說是惡男子、惡女人，但已知道他不是善男子、善女人。

因此說，什麼樣的人才是善男子、善女人呢？佛陀有指示說：「信如來智慧者。」如來於佛菩提道諸經中所說的深奧難解的法義，他有如實信受，所以他對如來的智慧是完全信受的；雖然他還沒有實證，但心中的信是圓滿具足而生起信力了，這樣的人才是 世尊這句聖教中說的「善男子、善女人」。所以你們聽到這裡要檢討一下：「我自從聽聞《法華經》以來，有沒有懷疑過？」（大眾回答：沒有！）這麼厲害啊？眞正了義的《法華經》，如果給那些六識論者聽聞，他們一定會生起煩惱，沒辦法接受，更無法相信。

因爲他們認爲如來的智慧與阿羅漢的智慧是一樣的，所以主張阿羅漢就是佛，佛就是阿羅漢，沒有差別。因此他們不信阿羅漢之上還有如來的智慧，所以那些人就不是「善男子、善女人」了！那麼由此定義出來了，就是說：「所謂的善女人、善男子，就是信受如來智慧的人。」假使他堅持如來只是阿羅漢，沒有一切種智的智慧，所以阿羅漢就是佛；那麼他就不是信受「如來智慧」的人，因爲他的邏輯是錯誤的。

譬如說，大學生可以主張說：「我也有小學生的身分，所以小學生的身分沒有什麼稀奇。我也有中學生的身分，因爲小學中學的內涵我都具有實質了。」但是小學生聽到大學生說也是小學生，卻不可以自稱本質是小學生的自己也是大學生，因爲大學生有小學生的本質，也有中學生的本質，還有大學生的本質，但小學生並沒有大學生的本質。所以大學教授可以說「我也是小學生」，那小學生卻不能夠說：「喔！所以你是教授，我也可以是教授。」這樣的譬喻，大家就容易瞭解了。

所以阿羅漢那麼粗淺的證量，諸佛當然都有啊！因爲好多好多的菩薩們都有阿羅漢們的證量，可是不迴心的阿羅漢們完全沒有菩薩的證量；而菩薩們又沒有佛的證量，所以菩薩們也不可以自稱成佛。那麼 佛陀稱自己也是阿羅漢，並不是說自己只是阿羅漢而已，還有佛地的證量，因此那一些六識論者就不該說阿羅漢也是佛，所以他們邏輯都是很奇怪的。因此說，只有信受「菩薩的智慧非阿羅漢所知、諸佛的智慧非菩薩所知」的人，才能夠說他是適合聽受了義《妙法蓮華經》的善男子與善女人。將來這些被 釋迦如來教導的一切菩薩摩訶薩們，受學提升了自己所證的如來智慧以後，遇到了這些善男子、善女人們，就應當爲他們演說這部《妙法蓮華經》了。

至於爲什麼要爲他們演說？因爲可以使他們聽聞而且如實的理解意思，是爲了讓他們可以得到佛的智慧的緣故，這也就是我們常常說的：諸佛來人間示現或者建立某些淨土而示現成佛，不會只教導較差的解脫智慧，一定會把如來的智慧全部加以演述，讓大家聽聞理解而懂得如何實證，之後能夠繼續邁向佛地。因爲我們常常宣示說，諸佛如來都不是吝法之人；既然不吝於法，就不會把成佛之道隱藏起來，只教導二乘菩提的解脫道；所以諸佛在世間出現的目的，都是爲了讓大家於「佛之智慧」可以聞知乃至實證，並且繼續演繹整個成佛之道，想要讓眾生成爲實證的菩薩摩訶薩以後，繼續往上進修得到「如來智慧」，最後可以得到「佛之智慧」。所以 世尊說：「使得聞知，爲令其人得佛慧故。」

接著又開示說：「若有眾生不信受者，當於如來餘深法中示教利喜。汝等若能如是，則爲已報諸佛之恩。」好！現在 世尊有這麼交代：「你們這些大菩薩們未來世利樂眾生的時候，如果眾生之中有人對《妙法蓮華經》不信受，對於如來智慧不信受，就應當在如來所教導的其餘深妙法中，開示利益他們、教導他們，讓他們心中歡喜。若能這樣子作，就是已經回報了諸佛的無比深恩了。」諸位不要只看這段經文中的表面意思，世尊的意思是說，假使有的眾生於佛菩提智不信受，你如果同樣用這勝妙的《法華經》如來藏妙義爲他示教利喜，就是沒有回報諸佛之深恩。聽出世尊的意思了嗎？

換句話說，如果你不能讓他把六識論邪見捨棄，改信如來八識論的智慧，就不應該繼續爲他演說這勝妙的《妙法蓮華經》如來藏妙義；因爲那些人並不是善男子、善女人，他們最多只是一般世俗法中的善人而已。也就是說，他不相信「如來智慧」道種智所證的無生法忍——不相信十度波羅蜜多所修的十地內涵，他只相信說：『如來智慧』只是跟阿羅漢一樣，而阿羅漢的智慧只知道有六個識，不信受如來有說八個識。」那麼諸位想一想，這樣的觀念和論點，是不是把二乘菩提——眞正而非誤會的二乘菩提——也給否定了？

以前從來沒有人敢這麼說，而我們把它說了出來：凡是六識論者都已經在實質上否定了眞正的二乘菩提。因爲二乘菩提如果不是以八識論的法教來建立、來弘傳，就不是眞正的二乘菩提，只是凡夫所知的二乘菩提，本質不異於斷見外道。可是百年來的佛教界竟然沒有人知道，眞的好奇怪！也許有少數知道的人，也沒有因緣出來說明，因爲那個時代兵荒馬亂，不同於這個時代，不適合出來講。例如民國初年時戰亂連連，一直到二戰結束，根本不可能弘法，要怎麼樣出來演述這個道理呢？

我們大家運氣好，逮著了這個民主化、多元化的時代，可以盡情演繹眞實的道理出來；因此我們把《阿含經》所說的二乘菩提如實演述出來，說明二乘菩提的解脫道，也是依於八識論才能成立、才能實證，證明這才是 世尊所說的眞正二乘菩提正道。但是那些身披大乘法衣的六識論者，依舊在掙扎而不肯接受；他們的腦筋是有問題的，因爲《阿含經》中 世尊明明告訴我們「**意、法因緣生意識**」，既然是由意根與法塵作爲因緣而生起了意識，顯然意識和意根必然是同時存在的，而且意根是在意識出現之前就先存在了，顯然是有第七識意根先已存在，並不是只有識陰六個識存在啊！

而且 世尊也怕大眾誤會不解，特地建立了十八界和五陰；既然建立了十八界而說每一個人都具足十八界，也說十八界是同時存在的，那麼意根顯然是與識陰六識同時存在的，那就是有七個識了。然後 世尊又說，阿羅漢入無餘涅槃滅盡了五陰十八界，還有無餘涅槃中的「**本際**」，說阿羅漢所證的涅槃是「**常住不變**」而非斷滅空，所以才說眾生是無明所遮障，因此「**生死流轉，不去**（不能到達）**本際**」，世尊說的那個涅槃「**本際**」難道會是他們說的斷滅空或虛空嗎？而且，本際會是物質嗎？顯然不可能！那一定是心，滅了十八界而沒有六識與第七識意根以後，還有個本際這個心獨存，不是斷滅空，因此說阿羅漢所證的無餘涅槃不同於斷見外道。

這個「**本際**」又稱爲「**諸法本母**」，說蘊處界等諸法從祂而生；這就證明十八界中的七個識以外，還有另一個識不是十八界所函蓋的，因爲滅了十八界以後祂還繼續存在，成爲解脫後的無餘涅槃中的「**本際**」。這已經告訴我們一個眞理：解脫道無餘涅槃的取證，必須依止於八識論來修行才可能成就，否則就難逃斷滅空的窘境，將會成爲連我見都斷不了的外道法。因此他們主張的「**解脫道就是佛菩提道，解脫道說的是六識論的法**」，根本就錯會了，因爲他們是基於錯誤的六識論前提而那樣主張的。也就是說，他們所知的解脫道是錯誤的解脫道，是凡夫所想像的二乘解脫道，並不是 世尊所說的眞正解脫道。

那麼他們連佛菩提所含攝的最粗淺的聲聞解脫道尚且誤會了，如何能夠瞭解「如來智慧」？無怪乎他們不信「如來智慧」、十度波羅蜜。那麼這個道理諸位瞭解之後，就曉得那些人並不是《法華經》中、也不是大乘經中所說的善男子與善女人；最多只能說是世間法中的善男子、善女人，但卻是佛菩提中破壞勝妙三乘菩提的人，當然談不上是善男子、善女人了。因此，假使有人學佛了，不信「如來智慧」的道種智內涵，就不是 佛在這裡所說的「善男子、善女人」，就不應當爲他演說此《法華經》，也就是「此經」——如來藏的妙義。

既然不應該爲他演說，當然更不應該幫助他實證，因爲實證後讓他知道密意了，將來反而會在心中生疑而成爲否定正法的破法者，那麼告訴他密意的人將會和他一樣，共同成就虧損法事、虧損如來的最大惡業，違犯了法毗奈耶。所以 世尊交代說，如果有眾生是不信受如來智慧的人，應當在如來所說的其餘深法中，爲他「示教利喜」。那什麼是如來其餘的深法？大家應該要先瞭解的是如來之法中，最深、最勝妙的就是佛地的智慧；如果不談佛地而說三乘菩提的智慧，那就是圓教和別教的智慧最勝妙；而圓教正是佛地智慧的概略顯示，也就是《法華經》所說函蓋三世諸佛，以及十方諸佛法界的智慧。

而佛菩提智是三乘菩提中最勝妙的，也就是「別教」的智慧。爲什麼稱之爲「別」？因爲它不共於二乘聖人，爲二乘聖者所不能知，所以稱爲「別」，表示大乘法教實證的智慧有別於二乘聖人。如果是「通教」呢，譬如通教菩薩的所證，其實也是二乘菩提；雖然他證得阿羅漢果、辟支佛果以後，由於四宏誓願所執持的緣故，終究不入無餘涅槃，世世常在三界之中行道利樂眾生，所以說他是菩薩；但他的所證只是解脫三界生死，通於二乘聖者而沒有差別，因此稱爲通教的菩薩。

然而這樣的通教菩薩證得阿羅漢與緣覺果之後，繼續在世間行道的無止盡過程中，終究會有一天遇到菩薩或者遇到某一尊佛，由於他的菩薩性使然，就會信受「如來智慧」與「自然智慧」，他必然會走上六度波羅蜜乃至十度波羅蜜的行道過程；因此他是信「如來智慧」者，雖然他目前只是通教菩薩。但因爲他很清楚知道，即使是通教的究竟果，成爲阿羅漢菩薩或者緣覺菩薩，而這個法的實證依舊是依止於八識論來成就的，所以他絕對不會否定八識論的正法。如果有人主張六識論的所謂解脫道、所謂成佛之道的佛法，這位通教菩薩立刻會知道那是想像之法；因爲他已經瞭解、已經親自證實，二乘菩提的實證也是要依八識論才能成就的。

如果有人不信受「如來智慧、自然智慧」，你就應該爲他演說其餘的深法，也就是依八識論而爲他演說眞正的二乘菩提。但這個二乘菩提深法，爲什麼要叫作「如來餘深法」？因爲是凡夫僧俗所不能知，故名深法；也因爲不能爲他解說「佛之智慧、如來智慧、自然智慧」，例如你爲他演說「自然智慧」或「如來智慧」時，他們都不能信受，他們願意信受的只是解脫於三界輪迴之苦的法，所以你只能夠爲他演說二乘菩提；但是二乘菩提也是如來所說的深法，不是凡夫僧俗所能知之，因此就說是「如來餘深法」。

二乘菩提深法在正覺同修會中，只是粗淺之法，可是對於那些凡夫大師們，以及他們座下的很多信眾們來說，都得要叫作「深法」；我想諸位對這一點不會再懷疑了，因爲我們以《阿含正義》七輯，告訴佛教界說：二乘菩提的實證，不能外於第七識、第八識的大前提。然而這百年來有誰講過？即使臺灣佛教看來似乎很興盛，可是也沒有人講過，大法師們至今都還斷不了我見、證不得初果呢！這就表示說，二乘菩提的解脫道也是深法。

當初那些反對正覺同修會的大法師們，私底下常常說：「正覺是不懂阿含解脫道的，他們只懂禪，最多懂個唯識，阿含的內容是不懂的。」他們總以爲自己眞的懂，那我們寫了《阿含正義》讓他們去讀了以後，他們才知道原來有好多法義，以前自己全都誤會了，到現在才終於知道原來阿含所說的解脫道是如此，不能脫離八識論的大前提。由此可見四部阿含所說的二乘解脫道，對他們而言仍然是深法，一點都不淺。他們現在讀了《阿含正義》以後，才終於瞭解一些解脫道；所以解脫道對他們而言，依舊是「深法」。

解脫道也是 如來所說的法，但不是「如來智慧、自然智慧」所證之標的，只是「如來智慧」中的一個小小副產品；可是對眾生而言，對於已經進入佛門學法而不信「如來智慧」的六識論凡夫僧而言，那都仍然是「深法」。所以，對那一些六識論的僧人，不應該一開始就爲他們解說《法華經》如來藏的妙義，而應該先從解脫道爲他們說起，以免他們生起煩惱。假使諸位有一天當了法主，遇到這一些人——特別是他們剛好是你的親戚朋友，那你不應該一開始就講解第八識的妙理，應該很權巧地告訴他們五陰和十八界的道理，讓他們具足瞭解五陰，也具足瞭解十八界，那他們就不會再主張「意識常住不滅」。

我請諸位這麼作，是因爲既然他們號稱學佛，既然他們想要修學解脫道，就一定不會認同斷見外道論，那你就告訴他們：「五陰是虛妄的、十八界是虛妄的，阿羅漢入無餘涅槃時要滅掉五陰十八界，不受後有。」那他心裡馬上會生起一個念頭；當他們瞭解十八界與五陰的具足內涵時，他們會怎麼想呢：「那麼阿羅漢的無餘涅槃是不是斷滅空？」一定會這樣想，但一時之間也不敢問。你當然知道他們會這樣想，所以你慢慢地爲他們下個註腳：「你們不要認爲這樣滅掉蘊處界以後是斷滅空，因爲滅掉十八界跟五陰以後還有本際獨存——你還有一個本際仍然存在不滅，但已不再跟五陰十八界繼續作伴侶了，這叫作遺世獨存。」也就是第八識「妙法蓮華」離開三界世間而獨自存在，就是無餘涅槃的本際。

那他們聽了心中就有一點接受說：「喔？原來如此！無餘涅槃不是斷滅空。」那麼你就告訴他：「雖然聽了應該實證的解脫道深法，但你們要怎麼實證呢？要自己去思惟。我已經告訴你們這麼多了，你們得要自己好好思惟，把五陰十八界全部都找出來，一一弄清楚了，一一現觀五陰十八界的緣生緣滅，把自我全部否定，也就是要否定你們自己。」就這樣告訴他們：「你們眞的否定了自我全部，也信受說，你們將來成爲阿羅漢以後滅盡了五陰十八界，還有涅槃的本際獨存，所以無餘涅槃中不是斷滅空。那時繼續進修而斷除了我執，願意在捨壽以後不再受生，就是入無餘涅槃，就是解脫三界生死。」

先不要告訴他們「八識論」三個字，你就把這個道理告訴他，更不要指責說：「你們原來主張的六識論是不對的。」先不要指責他們，只要把這個道理告訴他們，他們就會自己思惟，因爲想要實證啊！初果是很迷人的，因爲初果是聖人欸！他們在凡夫位時都會覺得很迷人而想要實證啊！那他們就會去思惟。思惟出來以後，果然得到法眼淨，明天再來找你時，你再教他檢查：「你們的我見還在不在啊？你們的疑見還在不在啊？你們的戒禁取見還在不在啊？初果人的實證是不是走路時得要離地三寸才算數呢？」你就告訴他們這一點。然後他們會想：「對啊！解脫果不是那樣修的，是從智慧上把自我全部否定了，但不是斷滅空。」這時他們終於斷了身見而斷盡三縛結，得到法眼淨了。

但這只是二乘菩提的法眼淨，不是大乘菩提的法眼淨，然後你才可以告訴他們說：「那咱們再來檢討一下你們的五陰十八界。咱們先不談五陰，這十八界裡面是不是已有六根、有六識呢？那六根裡面的意根，能了別法塵的變動，想要如實了別法塵的細相，所以才能出生意識嘛！那麼能了別法塵的意根，是不是物質呢？是不是腦神經呢？」他們就會開始思惟了。剛開始，也許會隨順以前釋印順的邪說而亂想：「也許是腦神經。」那你就提示說：「意根是貫通三世的，但你們前世死後要來今生投胎時，有帶著腦神經來此世投胎嗎？」他們想：「喔？應該不是物質的腦神經，一定是心。」那他們就知道已有識陰六個識，又有意根這個心，就是第七識；然後聽到《阿含經》中有說涅槃本際，原來無餘涅槃裡面還有一個本際，就想：那個本際一定也是心，不是虛空也不是物質。那你就告訴他們：「那你們再來算一算，自己總共有幾個心？」這樣一來，他們就自然而然了知有八個識同在，你就這樣順水推舟，讓他去順理成章接受八識論。

然後你告訴他們說：「你們看，二乘菩提深不深啊？」他們一定說：「深啊！我們以前怎麼樣都弄不懂，學了二十幾年解脫道，還是不懂。你這麼指點我們，如今才真的懂了！」可是你這時要告訴他們：「但這個只是『如來餘深法』中的法而已。」「啊？這只是『如來餘深法』？那麼真正的深法究竟是什麼？」你就說：「《妙法蓮華經》！」他們可能會問：「啊？那是什麼？」你說：「這部經，你們就沒那麼容易懂了。我在佛教界混了三十幾年來到正覺才懂，你們哪有可能一聽就懂。你們先只要記住我說的五個字『妙法蓮華經』就夠了，如果想要實證，就跟我來正覺。」

這樣不就把那幾個人從「非善男子、非善女人」，轉變成「善男子、善女人」了嗎？那他們將來就是你的佛土中的一部分了，因為他們進入佛菩提的因緣是由你而來的。所以你要怎麼樣施設方便善巧，這件事情就很重要了，可不要想說：「唉呀！學什麼方便善巧？那是七地菩薩的事。」但我告訴你：「七地菩薩的方便善巧，是從三賢位就一直累積上來的。」應當要這樣子瞭解。如來有很多地方都在教導我們各種方便善巧，所以 世尊開示說：「若有眾生不信受者，當於如來餘深法中示教利喜。」也就是說，他們一時之間既不能信受「如來智慧、自然智慧」，那你最多只能為他們講到解脫道，而且是要有方便善巧來解說的。

如果有人連世界悉檀所說的三界境界都不信，連因果律都不相信，那你就不該對他演說這個「如來餘深法」，還得要再往下降到更低的層次，先以世界悉檀爲他開示，先以爲人悉檀施設方便讓他信受，暫時別談二乘菩提，因爲這時二乘菩提對他而言還是太深奧。所以你得要再降低層次，那就要先從次法上面來教導他；也就是說，次法中的施論、戒論、生天之論，先不要具足告訴他；只要先把生天之論的一部分拿出來講就好，不必講到全部的生天之論；不必一開始就說明：「要如何才往生到欲界天？要持五戒要行十善。」他聽了就煩。

這時你只需先告訴他生天之論裡面的一個小部分，我們把它叫作三界悉檀，也就是「世界悉檀」。你就告訴他說：「你如果想要修學解脫道，想要實證解脱果，至少要先知道三界的境界，否則你努力實修以後，怎麼能夠確定自己的所證已經超越了三界呢？那你怎麼能夠有把握說，自己捨報以後一定可以出三界？如果還不知道三界的層次，就不可能知道自己現在的所證，是在三界中的哪一個層次，又如何能確定自己眞的能出三界？一不小心就會犯了大妄語業，那可眞的麻煩了。」

你這個說法是很有說服力的，他一定會信。那你就告訴他欲界是什麼層次，色界是什麼層次，無色界又是什麼層次，這三界世間的內涵大致如何。那他就會想：「到達色界時沒有鼻識也沒有舌識，可是我現在每天打坐入定時一心不亂，我這時前五識都還具足，而人家色界定中的前五識，只剩下眼、耳、身三個識。」那他就馬上知道自己的定境都還在欲界中。當然，你無妨幫他點出來，因爲你知道他的層次就只是離念靈知。這時你就告訴他：「咱們每天打坐一念不生，是不是還知道有光影？是不是還知道有聲音？是不是還知道有嗅到香塵？是不是還能了知舌根的味塵？也還有觸塵啊？」他當然要說「有」啊！

假使他硬要跟你扯說：「我打坐的時候沒有香塵也沒有味塵啊！」你就說：「好啊！沒關係！看你什麼時候有空，咱們來試驗一下。我們可以約了日子，等你打坐大概多久以後可以坐到沒有香塵、沒有味塵的境界。」他說：「我入定大概需要二十分鐘。」因爲他要數息，要數到所謂的數而不數，因此他得要很奮鬥、很努力；那你就等候他，你說：「沒關係！你說要二十分鐘，我等你三十分鐘才來試驗。」你就拿一本《阿含正義》在旁邊讀，排遣時間；等三十分鐘到了，你去房外把上好的蜜沉拿出來，偷偷點了帶進房裡來；這時他閉著眼睛打坐，你就拿著沉香在他眼前晃啊、晃啊；我告訴你，他撐不了三分鐘，因爲他沒聞過那麼香的沉香；眞正的蜜沉點起來是很誘人的香味，他一定忍不住想要瞭解。可是他一定會警覺到：「唉呀！我聞到香塵了。不行！我要繼續坐，坐到沒有聞到。」可是不管怎麼樣，他一定會聞到，因爲他根本沒有證得初禪。

而且他會很好奇：「是什麼香？竟然這麼香。」因爲上好的蜜沉很少有，最後終於有些忍不住了，但他會繼續撐到一倍時間才張眼。其實他只是撐到六分鐘以後，就會誤以爲已經撐過二十分鐘了，然後睜開眼睛問你：「你到底點了什麼香？」你說：「我爲了供養你，特地找來這個蜜沉。」這當然不是巴結，只是方便想要讓他有歡喜心，於是他想：「唉呀！這某甲對我還眞有心！」然後你問他說：「我整整等候你三十分鐘，才點了這個蜜沉，結果你有聞到香味啊！所以你只是誤以爲離開了香塵與味塵了。當你還有鼻識的時候，就表示你的舌識是同時存在的。」你這樣子作了方便善巧給他，他就知道說：「原來我這樣每天打坐進入離念靈知境界，只不過是欲界的境界。」他自己就懂了。

然後你再告訴他：超過欲界的色界境界，是離開香塵與味塵的，那至少是會發起初禪等至位功德的，而初禪的境界是什麼……等。這時你才開始演說生天之論，他才會聽進心裡面去。你若是一開始就鋪陳出來，他會嫌煩說：「你跟我講這個幹嘛？」他會覺得自己都已經懂了，不耐煩聽。所以你要有一些方便善巧來指導他，那麼他終於聽進心裡去了，就說：「唉呀！原來色界是這個樣子。」那你就問他說：「那你現在超過欲界了沒有？」「沒有！」「若是連欲界都還沒有超越，怎麼可以說是超越三界了呢？因此你不可以說自己是阿羅漢，這樣很危險的喔！」他這時一定會說：「喔！聽你這麼講，我腳底都涼了！」你告訴他：「現在涼，死的時候腳底可就燙了，因爲捨壽時要從頭部先捨，最後會合在腳底板出去了。」管保他嚇出一身冷汗。

然後你告訴他，無色界是什麼境界，最後告訴他：「必須要超過欲界、色界、無色界，才算是出三界了。但我告訴你這一些，終究只是三界境界，還只是世界悉檀的範圍。」那他接著一定會問你：「那麼請問，我還應該學什麼？」你可以告訴他：「你還應該學更多的次法，就是施論、戒論、生天之論。」「喔？要學這麼多？」「對啊！等你把施論、戒論、生天之論學完了，我可以再進一步告訴你：欲為不淨，上漏為患，出要為上。」「啊？這到底是什麼？我都沒聽過。」你就說：「就是告訴你，要出離三界。」「喔！原來解脫道還要學這麼多。」你說：「對啊！不然你在解脫道中就學不好。」這就是一個方便善巧。

你不能夠用自己的想法平鋪直敘一直講去，他沒那個耐心聽你說的；所以要有一些方便善巧，有時候這麼說，有時候那樣說，讓他引起好多好多的好奇心。這是因為你所講的都跟他有切身的利害關係，跟他息息相關，他很有興趣就想要聽下去。你如果平鋪直敘來講，他會覺得與他沒有直接關係而聽不進去，他會想：「這些我都懂了。」所以你就針對與他有切身利害關係的法義點了出來，然後再帶進來說更進一步有利害關係的法，慢慢再點出來或帶進來說明，這樣他終於瞭解：原來學解脫道還得要建立第七識、第八識的正理；得要具足瞭解五陰的內涵，也要知道意識不過是識陰中的一個生滅心；還要知道十八界全部都應該滅除，也是可以經由實修而全部滅除的，才能出離三界生死苦。

那麼他這樣子瞭解了以後，就會信受：「原來不論二乘菩提或者大乘菩提，都應該依於八識心王的正理來修。」那麼這時就可以把他帶入大乘法中來說明了，你就恭喜他：「你現在是眞正的善男子、善女人了。」他會覺得奇怪，就會問你：「欸！爲什麼師兄你今天這麼說我？」你說：「對啊！因爲你以前都還不是善男子、善女人。」他嚇一跳說：「欸！你爲何這麼講我？」你就告訴他：「《法華經》這一段經文的道理，世尊就是這麼說的啊！」「你對《法華經》瞭解這麼多，爲什麼這麼兩三句話你可以講這麼多法？」「對啊！因爲世尊講的正是這個道理。可是我如果不講這麼詳細，你一定聽不進去，也無法信受，就與最深妙法無緣了。」

當你這樣子告訴他，他就會很歡喜，問你說：「欸！那我是眞正的善男子、善女人了，我接著該學什麼？」你說：「你接著該學菩薩道了。」那他就有佛菩提種生起、發芽，從此以後，你只要跟著慢慢爲他澆一點水就夠了，他自己就會開始生長。就怕他沒有佛菩提種，一旦有種子了，你只要每天給他幾滴水就夠了，不必太殷勤，他自己就會生長發芽。可是要爲他種下那佛菩提種，卻是不很容易啊！所以，什麼樣的人可以成為眞正的善男子、善女人，就是要等他佛菩提種生起，信受「如來智慧」了。

如果不是這樣的人，你就得「於如來餘深法中示教利喜」，也就是說，你只能為他演說二乘菩提。甚至於有的人連二乘菩提都還不能夠為他演說，這時二乘菩提這個解脫果，只能拿來作為綁在馬前的蘿蔔，讓牠看著蘿蔔一直往前走過去咬，等牠走到足夠的時候才讓牠吃到。所以二乘菩提的實證可以讓他作為一個目標，那他想要去獲得那個目標時，就得好好修學，你就可以一步一步地告訴他，引導他成就二乘菩提實證前應有的正知正見，他自然會瞭解：「原來大乘經中都在講的那個第八識如來藏，才是正確的佛法。原來那些大乘經並不是後人創造的，眞是如來所說。」

因為二乘菩提都已經是如此了，何況在大乘菩提中是要去實證那個人家稱之為後人創造的、虛無飄渺而不存在的第八識如來藏，那他這時就會懂了。這時他就夠格稱為這句經文中的「善男子、善女人」，因此說這個時候可以開始為他講解「如來餘深法」中最深的部分，也就是六住位之內，三賢位的初住位到第六住為止的六度波羅蜜多。這時可以為他宣講了，這個初住到第六住位的六度萬行，也叫作「如來餘深法」，因爲這時還沒有牽涉到實證，但卻已是很深妙的法。

於是在這個「如來餘深法」中，你就漸漸告訴他：這識陰六識是什麼自性，意根是什麼自性，如來藏又是什麼樣的自性，讓他從知見上去建立大乘菩提的概念；然後佛菩提道中的次法也要告訴他，說明這「次法」一樣要好好修。至於那佛菩提道的次法是什麼？就是前五度啊！前五度都修好了，才算是有福德的人；也就是說先要完成布施這一度，布施完了得要受戒，讓心地清淨無有私心，願意爲眾生去付出；然後告訴他：「還要進修忍辱行，否則你沒辦法行菩薩道。」然後告訴他說：「光是這樣還不足以實證大乘菩提，你得要精進才行，懈怠者是沒有辦法實證的，一定要勤苦修行。」再告訴他：「你應該要怎麼樣懂得靜慮的道理，但是在你想要懂得靜慮的道理之前，還要先有一些基本的定力，才有辦法修學般若。當你修學般若完成了，才能實證眞如，才能進入第七住位常住不退。」這一些也是「如來餘深法」，但卻是「如來餘深法」中最深的法了。

當他把前六度都修習完成了，才能夠實證「此經」妙法蓮花，才能夠爲他如實演繹「此經」妙法蓮花等法；那麼他這時自然會懂得說：「啊！原來諸法都從『此經』生。如果沒有妙法蓮花如來藏心，就沒有三界世間，也沒有一切有情，更不可能有三乘菩提了。」這就是說，「如來餘深法」對不同的人有不同的定義，因爲不是每一個人都適合每一個層次的「餘深法」。因此我們攝受有情的時候，應該去判斷、去瞭解有情眾生，看他們現在適合哪個層次的「如來餘深法」。

有些人是修學佛菩提已經很多劫了，那你就知道他不必再修學「如來餘深法」，可以直接告訴他「此經」妙法蓮花是什麼樣的道理，直接讓他進入大乘法中去修學，去學習參禪應有的功夫與知見。如果是面對「善男子、善女人」，我們要先判斷對方是不是眞正的「善男子、善女人」。如果是眞的「善男子、善女人」，也就是說他眞的信受「如來智慧、自然智慧」，他也知道阿羅漢不等於如來，知道如來具足阿羅漢功德而不只是阿羅漢，那麼他就是眞正的「善男子、善女人」了；那你就應該爲他演說「此經」妙法蓮花，讓他熏習「此經」如來藏的妙義，使他去修集足夠的福德與正知正見，然後未來可以實證。因爲對這樣的人，你是應該幫助他在將來可以實證諸佛智慧。

若是對於非善男子、非善女人呢？也就是說，他們不信受「如來智慧、自然智慧」，就應該「於如來餘深法中示教利喜」，不應該勉強爲他演述「此經」妙法蓮花；因爲「此經」第八識妙法蓮花，是三世諸佛最重要的密意，所以都不明說。一切菩薩的論以《瑜伽師地論》爲根本，所以《瑜伽師地論》也稱爲根本論，而這部根本論之中也提到這個問題；說這個阿賴耶識如來藏既然這麼重要，爲什麼佛在經中不直接告訴眾生呢？彌勒菩薩說明：「因爲這是諸佛的甚深密意，是故不說。」

也就是說，不信「如來智慧、自然智慧」的人，還不是大乘法中說的「善男子、善女人」，那就該遵照 世尊的指示：「當於如來餘深法中示教利喜。」不要再爲他講解「此經」妙法蓮花第八識的法義，只爲他講解二乘菩提；或者等而下之，只爲他講「欲爲不淨、上漏爲患」等等；如果再等而下之，就只能告訴他「施論、戒論、生天之論」，他若能夠實修人天善法，也就很不錯了。

「汝等若能如是，則爲已報諸佛之恩。」如果能夠針對這兩大類人而作不同的說法，這樣就是「已報諸佛之恩」了。所以，如果對方是堅持六識論，是向來否定大乘法的人，你去跟他宣導，已經把經文中的證據拿給他看，也把論典都拿出來證明而且解說了，他還是不信，還是要否定你所講的「妙法蓮華」第八識如來藏，那你就不應該為他演述大乘法，否則你就不是「報諸佛之恩」。

反過來說，如果他是個「善男子、善女人」，你只是去為他講二乘菩提，都是只講「如來餘深法」而不講如來深法，這樣也不是報佛恩。雖然你把二乘菩提傳了給他，仍然不是「報諸佛之恩」，因為他本來是個菩薩，你何苦教他去走二乘菩提的小路？他也會走得不很情願啊！如果對方是個二乘人，是定性聲聞，永遠都不可能走佛菩提道，你偏不告訴他二乘菩提，偏要告訴他、偏要勉強他強修「此經」第八識「妙法蓮華」深法，那你也不是報佛恩。

也就是說，菩薩們都不應當違背　如來這兩個層面的教導；如果能夠這樣子來作，就是「已報諸佛之恩」。世尊說的是「已報諸佛之恩」喔！不是單單說是「已報我釋迦如來的恩」，強調這是「報諸佛之恩」，是廣大而不是狹小的報恩。換句話說，你弘法的時候、接引人的時候，必須要如法，不應

該違背 如來的告誡。如來訓勉我們應當要如何爲眾生說法，應當要觀察眾生的根器，那我們就依照 如來的教導而行，不要違背。如果能夠不違背，當你在弘法的時候，就是「已報諸佛之恩」，這樣如實而行的人，才能符合 世尊在這一品中對上行菩薩的開示，也就眞的成爲上行菩薩；從此以後一切修行都是上行，再也不會原地踏步了，未來漸漸會與「從地踊出」的上行菩薩一樣具有八、九地等大功德。接下來請看下一段經文：

經文：【時，諸菩薩摩訶薩聞佛作是說已，皆大歡喜遍滿其身，益加恭敬，曲躬低頭，合掌向佛俱發聲言：「如世尊勅，當具奉行。唯然，世尊！願不有慮。」諸菩薩摩訶薩眾，如是三反，俱發聲言：「如世尊勅，當具奉行。唯然，世尊！願不有慮。」

爾時釋迦牟尼佛令十方來諸分身佛各還本土，而作是言：「諸佛各隨所安，多寶佛塔還可如故。」說是語時，十方無量分身諸佛坐寶樹下師子座上者及多寶佛，并上行等無邊阿僧祇菩薩大眾，舍利弗等聲聞四眾，及一切世間天、人、阿修羅等，聞佛所說，皆大歡喜。】

語譯：【這時，從下方來的無數菩薩摩訶薩聽聞釋迦牟尼佛這麼吩咐以後，所有人都大歡喜，而且是遍身的歡喜，一切大眾比以前更加恭敬，都彎了腰、低下頭來合掌而向佛陀同時發出聲音說：「猶如世尊的教敕一般，我們都會具足奉行；我們就這樣子確定了，世尊！祈願您不必再有所顧慮了。」所有的菩薩摩訶薩們，就像是這樣子重複講了三次，同時發出聲音說：「猶如世尊的教敕一樣，我們將會具足奉行；就是這個樣子確定不變，世尊！祈願您不必再對這件事情有所顧慮。」

這時，釋迦牟尼佛又命令從十方回來的諸分身佛，都各自返回原來攝受眾生的國度，這樣子吩咐說：「諸佛可以各自隨著自己所應當回去的處所而安住，多寶佛塔也可以回復到原來的模樣了。」說完了這些話，釋迦牟尼佛在十方無量分身回來娑婆世界而坐在寶樹下師子座上的化身諸佛以及多寶佛，以及上行菩薩等無邊無量的菩薩大眾，和現場的舍利弗等菩薩與聲聞四眾，和一切世間的天、人、阿修羅等，聽聞到釋迦牟尼佛的所說，都非常歡喜。】

講義：這時大家終於想起來 多寶佛還在，你們看 釋迦牟尼佛演述《妙法蓮華經》這麼久，多寶佛一直都沒有離開。為什麼如此？因為尊重《妙法蓮華經》的緣故。也許諸位不覺得說：「堂堂已滅度的多寶如來，為什麼要這樣敬重『此經』妙法蓮花？」但是後面諸位都還會再看到，多寶如來一直陪著 世尊繼續不斷地教導大眾尊重「此經」妙法蓮花，這是因為一切諸法都由「此經」妙法蓮花之所出生啊！如果沒有「此經」妙法蓮花如來藏，根本就不可能有任何的菩薩存在，也不會有成佛之道，更不會有諸佛的成佛示現，當然也不會有三乘菩提之可以實證。所以 多寶如來一直繼續留下來聽聞《妙法蓮華經》，而且是歷經一尊佛又一尊佛，不斷反覆地示現前來聽聞到最後，這就是要告訴大家：「此經」妙法蓮花如何的重要。因為這是三界世間和出世間一切法的根本，所以到現在都還在跟大家一起聽聞《妙法蓮華經》。

那麼這個〈囑累品〉，世尊如同前面這樣子教導過了，大家當然都很歡喜；因為前面這一些教導，具足顯示了 釋迦如來的大慈大悲，也具足顯示了 釋迦如來視一切菩薩如獨子的心態，大家聽到這裡，當然比以前對 釋迦如來有更深刻的理解。是什麼理解呢：「釋迦如來就是我出離輪轉無盡生死中的老爸呀！」就是這個感覺啊！也因爲祂是這樣子殷殷地付囑諸菩薩們，所以禪師開示時常常說「釋迦老子」、「釋迦老子」，有沒有？老子就是老爸的意思。爲什麼禪師們常常會這樣說？因爲假使有人證悟後還不懂得要把祂認作老爸，可就眞的夠笨了。祂一心要把所有的法財送給你，你竟然還不懂認祂作老爸，那祂要怎麼送給你？諸位想想，是不是如此？所以眞悟、深悟的禪師們各個都是這麼想的。

世尊前一段開示完了，大家都能體會到 世尊的心情了；也就是說，世尊是把每一個菩薩都當作獨生子一樣看待，才需要這般殷殷付囑；並且生怕遺漏了某一些孩子而大家沒有去幫助到他，所以特地吩咐說：「如果在末法的時候，也就是如來捨壽之後，只要有善男子、善女人，就應該這樣子幫他、教導他，讓他未來可以實證。」世尊可不是只單獨對少數人這麼說，而是針對所有的「善男子、善女人」這麼說。

那麼這一些從下方世界來的菩薩摩訶薩們，第一個感受就是：「對於還沒有辦法實證的善男子、善女人，如來都這麼吩咐了；對於我們這一些已經跟隨如來很多劫修學的菩薩摩訶薩們，如來當然更會把我們當作獨生子一樣看待，並且把這個重要任務交代給我們；也交代我們說，如果不是眞正的善男子、善女人，就只能給他其餘的深法，不給『此經』妙法蓮花深法。而我們今天不但實證了，都已經入地，證量都這麼高了，這樣想起來，就知道如來對自己有何等的深恩。」

所以這時當然「皆大歡喜遍滿其身」，因此心中「益加恭敬」；比以前更恭敬的時候，當然是「曲躬低頭」；不會仰身抬頭這樣子說：「如來！您放心。」對不對？這時是更加恭敬，因爲感受到 如來的慈愛，所以這時當然是「曲躬低頭」，大眾同共一心要向 如來承諾。因爲 如來把這麼多法財交給大家了，當然大家應該要承擔起來，所以就向 世尊作了承諾：「如世尊敕，當具奉行。唯然，世尊！願不有慮。」還怕 世尊擔心那一些還沒有實證的孩子們，所以前後講了三遍來宣示一定會遵行 如來的付囑。

那麼這時 世尊是不是應該放心了？是不是應該放心了？是啊！可是還不是欸！因爲 如來捨壽時，曾經爲了末法時代的眾生流下兩行清淚啊！那眞的是清淚，因爲祂已經完全沒有煩惱了；但是已經知道天魔波旬會在末法時期，派了魔子魔女進入佛門中來搗蛋；然而這是不可改變的，因爲末法時代這一些有情的業，會導致這個局勢不可逆轉，所以一定會有魔子魔民混入佛門中「住如來家、吃如來食、穿如來衣、說如來法破如來法」。

諸位看看現在的密宗四大派不就是這樣子嗎？所以藏傳的佛教已經沒有佛教的實質，因爲只剩下覺囊巴是眞正的藏傳佛教，其餘格魯巴等四大教派都不是藏傳的佛教，從裡到外全都是喇嘛教外道，眞正的藏傳佛教是廣傳如來藏妙義的古時覺囊巴，已經被他們消滅了。那諸位想想看，這個狀況在今天的西藏依舊一直都還存在著，古天竺「密教興而佛教亡」的故事，來到中國西藏又繼續重新上演成功了；如今也還在中國佛教中重新上演著，那我們要如何預防「密教興而佛教亡」的故事，重新在中國佛教中再成功一遍？這就是我們的任務！

所以我們要好好地努力，把那些魔子魔民想要達成的「轉變佛教爲外道法」的目標打破！我們這樣作而不曾爲自己有所求，看來好像吃力不討好，也好像是吃虧了，其實不然；譬如說，假使此時遍地都是黃金，那麼你拿了金塊去送人家，人家會說：「這沒什麼，你如果要，我也可以送給你。」所以這時你送黃金就沒什麼稀奇了。可是如果遍地都是土石，大家都錯把那一些石頭當作黃金的時候，你去找到眞正的黃金，人家也不信你找到另一個跟他們不一樣的物品是眞的黃金；但是你把它拿出來送給人家的時候，要教他們把那一些石頭拿出來比對，告訴他說：「你這個是石頭，不是黃金，別再執迷不悟說那是黃金。我這個才是眞黃金，我比對給你看，試驗給你看。」就把黃金的不被腐蝕性、延展性，當場試驗給他們看。那麼你這樣一個一個去送黃金，教導他們如何分辨假金與眞金，別人都作不到。那些作不到的人還會集體嘲笑你，而你作到了，這才叫作難能可貴啊！

如果大家都能的，也就不可貴，唯有難能而你作到了，才是眞可貴。所以能夠這樣子作的時候，你的福德才眞大呀！淨土經典裡面不也告訴我們說，在極樂世界努力修行一百年，不如在這個娑婆世界持八關齋戒精進修行一天；極樂世界的一天等於我們這裡一個大劫，在那裡修行一百年，還不如在這裡精進修行一天。爲什麼呢？因爲難能，所以可貴啊！同樣的道理，消滅密宗外道法而復興中國佛教，這個任務很難作，但我們去作了，不管將來是不是成功，或者仍然像在天竺、在西藏一樣，最後歸於失敗，但這個努力復興正教功德還是存在的。

所以我們要體會到 世尊想的是什麼，祂想的是：「如何讓了義的、究竟的、眞正的正法，不摻雜外道法的正法，能夠繼續不被外道法摻雜，很純粹地流傳下去，讓末法時代很多的佛弟子們都可以一一實證。」這才是慈悲的世尊心之所念、心之所想；那我們如果能夠體會到 世尊這個心情，我們就應該發願也能夠努力去作，因爲 世尊看待每一位佛弟子，都猶如獨生子一樣啊！而我們如果努力去作了以後，如來終究不辜負我們，一定會時時照顧著我們。

不要以爲我這個說法是妄說，因爲我個人的體驗就是這樣的；所以當我該接受指示時，如來就會有指示；而我的道業與弘法進程，也都一直處於 如來的關照之下持續進行著。因此我們應當像這一些菩薩摩訶薩一樣，個個都要向 如來「曲躬低頭，合掌發聲」，都應該向 如來宣誓說：「如世尊敕，當具奉行。唯然，世尊！願不有慮。」就是期望說：「世尊不必再記掛著，不須不斷地記掛著娑婆世界這個小小的地球所有佛弟子們，因爲我們願意把這個擔子承擔起來。」能夠承擔起這個擔子，就表示你會越來越像這些從下方世界來的菩薩摩訶薩們。

這樣子發願去實行，當然是辛苦，但是辛苦以後的結果就是成爲菩薩摩訶薩。那你是想要常常被人家稱爲「小菩薩」、還是「大菩薩」呢？就自己衡量一下吧！例如法會中常常有一些小朋友來了，大家就稱呼及讚歎說：「小菩薩！你好乖喔！好好聽法哦！不要亂講話喔。」「小菩薩」三個字代表什麼？正是什麼都不懂。那你來正法中實證了，人家就不會再稱你爲小菩薩了，因爲如果他依舊故意稱你爲小菩薩，就是表示輕蔑。所以，假使人家知道你證悟了，那你不管去到哪裡，人家都不敢輕蔑於你，誰也不敢稱你是小菩薩。如果能像這一些菩薩摩訶薩們這樣在 佛陀前面發願，不久之後你也將會是菩薩摩訶薩了；當然，要像他們那樣的證量，未來還有得拚，但一定是可以期待的，至少證悟後就是菩薩摩訶薩了。

那麼從下方來的諸大菩薩們，這樣三次發願完了之後，目的就是說：娑婆世界這一些有緣的眾生，未證者可以依靠他們而在將來得證，已證者也可以依靠他們而在將來道業突飛猛進。諸位不要懷疑這一點，因爲我們這裡是短劫，而長劫的淨土世界中的菩薩們，例如極樂世界中的菩薩們，修行非常緩慢；而我們看來好像沒什麼偉大的進步，可是我們一世又一世努力修行累積下來的成果，卻是他們所無法想像的；我們一世又一世努力修行累積下來的福德，也是他們無法想像的。

你在這裡努力修行一天，極樂世界的菩薩們努力修行一百年，但他們在那裡精進修行一百年的功德還不如你，而那裡的一天等於我們這裡的一大劫。那麼可想而知，這一些菩薩摩訶薩們三度這樣發願，向 世尊作了承諾，顯然是一件不得了的大事，所以我們也在冥冥之中被他們所加持著；因此正法在娑婆世界地球上的末法時期，終究還可以繼續存在，終究還可以繼續流傳；雖然外在的環境、外在抵制正法的勢力，仍然像以前一樣，但我們終究還是可以屹立不搖；而我們期待的是還可以救護更多的佛弟子，乃至轉變密宗信徒們，最後都同樣可以改往修來，捨棄外道法而進入「此經」妙法蓮花的勝妙法義之中。

那麼從下方來的所有菩薩摩訶薩們，這樣子「益加恭敬，曲躬低頭」而三度出聲發願以後，如來認爲末法時代的眾生們有所依靠了，而祂所說的《法華經》也應該在某一個層面有所結束，因此這時就敕令從十方世界而來的千百億的化身 釋迦牟尼佛，各自回到原來利樂有情的世界去，就這樣子說：「諸佛都可以各隨所安，多寶佛塔也可以像以前一樣閉門，完整地回復而繼續安靜地存在。」

世尊這樣子吩咐完了以後，從十方來的無量分身 釋迦牟尼佛，就從寶樹下師子座上各回本土，多寶如來以及佛塔也就還歸爲原來閉門的模樣；而下方來的無量無數上行菩薩眾們，當然也都非常歡喜；因爲 如來這樣子囑累，意思是說，正法在未來是可以有人繼續住持的，不會坐令正法在末法時代輕易地滅沒。所以這些上行的無邊阿僧祇菩薩大眾，以及舍利弗等示現聲聞相的四眾菩薩們，和一切世間的無數天、人、阿修羅等，聽到 如來這麼吩咐，當然知道末法時代還是會繼續有菩薩在人間利樂眾生的，因此大家心中皆大歡喜。好！今天講到這裡。

《法華經》上週講完〈囑累品〉第二十二，今天要從〈藥王菩薩本事品〉第二十三開始講了：

《妙法蓮華經》

〈藥王菩薩本事品〉第二十三

經文：【爾時宿王華菩薩白佛言：「世尊！藥王菩薩云何遊於娑婆世界？世尊！是藥王菩薩有若千百千萬億那由他難行苦行？善哉，世尊！願少解說。諸天、龍、神、夜叉、乾闥婆、阿修羅、迦樓羅、緊那羅、摩睺羅伽、人非人等，又他國土諸來菩薩，及此聲聞眾，聞皆歡喜。」

爾時佛告宿王華菩薩：「乃往過去無量恒河沙劫，有佛號日月淨明德如來，應供、正遍知、明行足、善逝、世間解、無上士、調御丈夫、天人師、佛、世尊。其佛有八十億大菩薩摩訶薩，七十二恒河沙大聲聞眾。佛壽四萬二千劫，菩薩壽命亦等。彼國無有女人、地獄、餓鬼、畜生、阿修羅等，及以諸難；地平如掌，琉璃所成；寶樹莊嚴，寶帳覆上，垂寶華幡，寶瓶香爐周遍國界；七寶為臺，一樹一臺，其樹去臺盡一箭道。此諸寶樹，皆有菩薩、聲聞而坐其下。諸寶臺上，各有百億諸天作天伎樂，歌歎於佛，以為供養。爾時彼佛為一切眾生喜見菩薩，及眾菩薩、諸聲聞眾，說《法華經》。」】

講義：這一品是〈藥王菩薩本事品〉，是第二十三品，講的是藥王菩薩為何被稱為藥王菩薩的由來。「本事」就是往昔發生過的本來事情。我們先來語譯一遍，讓大家先從字面上瞭解這一段經文中的大意。

語譯：【當這一些菩薩眾們，以及聞法之後很歡喜的十方來的釋迦佛的分身諸佛，也都各回自己化度的國土去了，這時宿王華菩薩向世尊稟白說：「世尊！藥王菩薩是為什麼而遊於娑婆世界中？世尊！這位藥王菩薩他究竟在往昔行過多少的百千萬億那由他難行的苦行啊？善哉，世尊啊！願您為我們稍微解說一下。那麼諸天、龍、神、夜叉、乾闥婆、阿修羅、迦樓羅、緊那羅、摩睺羅伽、人和非人等等，而且從他方國土來的所有菩薩們，以及本地示現聲聞相的僧俗四眾，聽了以後都會非常地歡喜。」

這時佛陀告訴宿王華菩薩：「從現在往過去追溯到無量恆河沙劫以前，那時有一尊佛，名號為日月淨明德如來，十號具足：應供、正遍知、明行足、善逝、世間解、無上士、調御丈夫、天人師、佛、世尊。這位日月淨明德如來有八十億大菩薩摩訶薩，以及七十二恆河沙數大聲聞眾。這位日月淨明德如來壽命有四萬二千劫，而祂座下的菩薩們，壽命同樣是這麼長。在那個國度之中沒有女人、地獄、餓鬼、畜生與阿修羅等，也沒有種種的災難；那個國度大地平正猶如手掌一般的平順，整個大地是琉璃所成就的；在那個國度中有許多高大的寶樹來莊嚴，這一些寶樹都各有寶帳，懸在上空而遮覆著；這些寶帳都各各懸掛著寶花作成的幡，並且有寶瓶和香爐周遍於整個國界。在這個淨土國度中有很多七寶製造的高臺，這些七寶臺是每一棵樹下各有一個，而每一個七寶臺距離寶樹的樹幹，各有一箭之遠。在這一些寶樹下，都各有菩薩或聲聞坐著。而每一個七寶臺上，都有百億諸天以天樂和歌舞來讚歎於佛，以這個來供養日月淨明德佛。那時日月淨明德佛為一切眾生喜見菩薩，以及眾菩薩、諸聲聞眾等演說《法華經》。」

講義：這一段經文是宿王華菩薩因為看見十方分身諸佛，已經都回到原有的國土去了；這時應該由他來請問藥王菩薩的事了。因為上行菩薩已經問過悟後修行等事情了，現在他應該為大眾請問這位藥王菩薩的本生因緣。藥王菩薩這個名號是不能隨便使用的。大約二十年前，我隨聖嚴法師去印度朝禮聖地時，隨行者因爲有人家裡開西藥房，他就帶著一些平常會用到的藥物去；在整個朝聖的過程中，大家都叫他「藥王菩薩」或「藥上菩薩」，當然他還算聰明，懂得推辭說：「我算不上、算不上！別再叫我了。」不過大家依然從頭叫到尾。那我們現在來瞭解看看，爲什麼不能夠隨便讓人家稱呼爲藥王菩薩，因爲得要有那個內涵存在才當得起！

宿王華菩薩看見上行菩薩問過法了，關於《法華經》的未來流傳，世尊也囑累過了，所以他現在應該要出來請問藥王菩薩的本生因緣；這是製造因緣讓 世尊可以作一個功德上的較量。當然，後面還會有人請問 觀世音菩薩的本生因緣，和 普賢菩薩的本生因緣。這些都是很重要的事，都跟《法華經》息息相關。此時他看見該是他發問的時候了，否則《法華經》就不能圓滿。因此他就發問，向 世尊稟白說：「世尊！藥王菩薩是一位大菩薩，他爲什麼會遊行於這個娑婆世界中？」這就是說，藥王菩薩會來這個娑婆世界利益有緣的眾生，一定有它背後的因緣，當然應該要爲大眾請問。

他當然知道藥王菩薩的因緣，但是必須要爲眾生請問，所以他特地提出來說：「世尊！這位藥王菩薩要有多少百千萬億那由他的難行苦行，才能成就今天這樣的證量？」然後讚歎 世尊說：「善哉！世尊！願您為大眾稍微解說一下。」當然是稍微解說，如果要廣說，那就要把他往昔無量劫來，所有每一件難行苦行都加以解說，那可就沒完沒了，因此說「願少解說」。並且附帶了一段話：「如果世尊為大眾稍微解說以後，天龍八部、人、非人等，以及從他方國土來的菩薩們，和這裡的聲聞四眾，」也就是顯現聲聞相的僧眾而其實已經迴心大乘的聲聞菩薩們，包含在家的二眾，「大家聽了都會很歡喜。」

那麼他說完了，世尊當然得要開示。為什麼說會「聞皆歡喜」？宿王華菩薩當然早就知道了，所以特地要提出來問。世尊當然也知道他會這麼問，所以就向宿王華菩薩說：「從現在往前追溯，在過去無量恆河沙劫之前，有一尊佛的名號是日月淨明德如來，同樣十號具足，所謂應供、正遍知、明行足、善逝、世間解、無上士、調御丈夫、天人師、佛、世尊。」諸位也許沒注意到，但我很早就注意到，世尊每次凡是第一次提到某一尊佛的時候，一定會把十號全部都講一遍，不曾有過一尊佛第一次被提到的時候而沒有講十號；至於爲什麼要每一尊佛都特地講出這十號？

有人讀經的時候，往往不耐煩每提到一尊佛就具足講出十號：「十號，我早就知道了！爲什麼每一尊都要講？」是有一點不耐煩。但這是有原因的，也就是說，許多學佛人自稱爲學佛，其實沒有眞的在學佛；因爲都落在自我裡面，我見猶存，更別說是斷我執了；當一念無明都還具足存在時，迷理無明可就更圓滿、更具足地存在著，絲毫都沒有斷除，但往往卻自稱已經成佛了。爲了提示成佛時應該具有的功德，以免四眾弟子大妄語，所以世尊提到每一尊佛的時候，一定不厭其煩重複講一遍諸佛的十號。也就是說，既然有誰宣稱成佛了，那他有沒有這十種功德呢？如果沒有這十種功德，就不要自稱是佛，因爲那是大妄語業，死後可得受報，所以每提到任何一尊佛一定都要把這十號具足宣說。

接著 世尊又說：「日月淨明德佛，他的座下有八十億大菩薩摩訶薩。」請注意這個遣詞用字，不是單說菩薩摩訶薩，而是「大菩薩摩訶薩」；菩薩摩訶薩的定義是明心了，這已經算是菩薩摩訶薩了；眼見佛性以後也是菩薩摩訶薩，入地以後也是菩薩摩訶薩；可是如果被 世尊稱爲「大菩薩摩訶薩」，那至少得要八地；就算解釋得再怎麼寬鬆，也得要入地才算數。但是以我的認知而言，不是只有入地而已，應該是已經進入第三大阿僧祇劫，也就是從八地開始才算數。那麼我爲何這麼說？我們再看後面的經文，就會知道果然是如此。

這尊佛座下不但有八十億「大菩薩摩訶薩」，還有七十二恆河沙數「大聲聞眾」，都是「大」而沒有普通的聲聞眾。既然是大聲聞眾，就是說這些聲聞眾至少要有像 釋迦如來座下那五百大聲聞各有第一，要這樣才能稱爲「大聲聞」。譬如 世尊座下的十大聲聞大家都知道，有智慧第一、說法第一、神通第一、解經第一、密行第一……等。有很多種的第一，至少要有那個功德，否則就不足以稱之爲「大聲聞」；如果要作最狹隘的定義，「大聲聞」就得要有三明六通。

世尊接著說：「日月淨明德佛的壽命有四萬二千劫，菩薩眾們的壽命一樣有四萬二千劫。」諸位想想看，這是不是一種淨土世界？也許有人突然想到說：「這比較像欲界天吧？」可是你如果要說是欲界天，但欲界天的壽命沒有人可以超過一個大劫；但是他們的壽命有四萬二千劫，顯然這不是欲界天的壽命。這個佛世界看起來應該是色界天的世界，可是壽命又超過色界天，跟色界天的世界又不一樣；所以淨土世界不同於諸天，是什麼樣的世界都可能會有。這是因爲諸佛有各個不同的別願，各由不同的別願來成就的淨土世界，以及所度的眾生與祂相應時，就與欲界天、色界天都不一樣。

例如在極樂世界的下品生人，也有飲食等等，他們也需要喝水；可是那個地方以黃金爲地，那他們的飲食要從哪裡來？總不可能是黃金地上種出來的吧？但那個淨土世界就是那樣。所有往生到極樂世界去的人，壽命有多久？跟 阿彌陀佛一樣無量壽，只要你不想離開，永遠都不必捨報啊！所以淨土的世界不能用三界的世間來衡量，雖然說它仍然有三界中的十八界或者十二界等等法，但畢竟不等於三界中的流轉境界，這一點還是要有所瞭解。那麼這個世界有點像欲界天的世界，但是又有點像色界天的世界，可是又不像色界天；因爲色界天人壽命最長是多久呢？無想天人壽命最久，是活五百大劫；然而日月淨明德如來的淨土世界菩薩們，都是跟佛的壽命一樣有四萬二千劫，所以這是淨土世界，不屬於三界流轉的世間。

接著說：「在那個佛國中沒有女人、地獄、餓鬼、畜生、阿修羅等，及以諸難。」沒有女人的意思其實是說，那裡也沒有男人，因爲全都是中性的人。既沒有女人，他們怎麼繁衍、怎麼出生的？其實就像是色界天的中性身；可是又有家庭親屬關係，所以這個淨土世界蠻奇特的。但是也有其他的淨土世界也是很奇特的，我們打個比方，就說極樂世界好了，大家最熟知了；極樂世界有沒有女人？（眾答：沒有。）那代表什麼意思？代表說是一樣的中性身；意思就是說，極樂世界也沒有男人。

所以不要讀到這一句經文就瞧不起女人，不要這樣想。因爲這只是一個說法，但這個說法，當你懂了就知道沒有歧視的意味，因爲沒有女人就代表沒有男人。世尊說那個國度沒有女人，那你反照一下其他的佛世界就不奇怪了，因爲極樂世界也沒有女人啊！但極樂世界有男人嗎？也沒有男人，因爲全都是中性身，就是蓮花化生的，意謂大家的煩惱都少很多。凡是蓮花化生的，就不算是住在欲界的境界中；可是下品生人仍然得要飲食，就不得不住在那個蓮苞裡面受用飲食；正因爲他的層次只到那裡，所以蓮花就不能開敷，就繼續住在蓮苞裡面享受；如果他可以不必受用飲食，發起色界境界時，蓮花就開敷了，才可以見佛聞法，否則就是下品生人，每天受用飲食而難以實證佛法。

那麼極樂世界如此，日月淨明德如來的這個世界亦復如此。既沒有女人，當然就更不可能有地獄、餓鬼、畜生了；這三惡道眾生是娑婆世界這種不淨世間才有，那一種淨土世界是不會有的。例如去到極樂世界時，極樂世界有三惡道嗎？有人馬上打一個很大的問號：**「有啊！那些往生過去的人住在蓮苞裡面，聽聞八功德水流上流下，演說佛法。那邊也有命命鳥、迦陵頻伽鳥，會唱出一些佛法的音聲，那不就是旁生道嗎？」**其實不是，那是阿彌陀佛化現的。就好像我們製造了錄音機、製造CD，不斷地放給他們聽，讓他們去熏習，否則他們住在蓮苞裡就永遠不能成熟聞法的因緣啊！

同樣的道理，日月淨明德佛的世界沒有三惡道，也沒有阿修羅。阿修羅，例如娑婆世界的毘摩質多阿修羅，他是不是常常跟釋提桓因打仗呢？爲什麼要打仗？因爲他的女兒被釋提桓因娶去當老婆了，後來他不願意，就想要搶回來。所以阿修羅道跟忉利天之間，也會互爭女人，也會有戰爭。若沒有阿修羅，就表示那裡的天界不會有戰爭，所以說也沒有「諸難」。這是第一難，其他的諸難呢？諸位想一想就知道了；例如八難中最常看見的世間難處，就是難以生存、飲食不濟，生活上所需要的資糧不具備。如果層次拉高一點就是沒有善友，或者自己一個人獨住覺得好寂寞，也算是「難」，沒有善友是比較高的層次。

要修學更高層次的天道，或者想要修學解脫之道等等，若沒有善知識當他的善友，這也是難啊！所以「難」有很多種，可是日月淨明德佛的世界無有諸難，這表示這是一個淨土世界，因此是「地平如掌，琉璃所成」；這樣看起來，這個淨土比極樂世界高級，因為是琉璃所成而不是黃金為地。淨土世界有很多種，而極樂世界的一天等於我們這裡一個大劫，可是極樂世界一個大劫也才等於另一種佛土世界的一天而已；所以淨土有很多種，不要覺得奇怪。你如果有讀過《華嚴經》就會瞭解這一點，有的淨土的一天，等於我們這裡是很多、很多劫，我記得在《禪淨圓融》中有稍微講過一點了，想要瞭解的人可以直接請閱。

淨土世界依於諸佛的別願差別，就會有許多種的不同。而這一個淨土世界「地平如掌」，都是「琉璃所成」；又說：「寶樹莊嚴，寶帳覆上，垂寶華幡，寶瓶香爐周遍國界；」這一個世界如果是琉璃所成，但卻一無所有，那就沒有莊嚴可說了，但這個世界有很多的寶樹作爲莊嚴。諸位可以想一想琉璃，琉璃是透明的青綠色，很雅緻；像這樣的地上有很多的寶樹，是以寶物成就的大樹，而這種大樹很多；琉璃地上以寶樹來莊嚴，而這一些寶樹上方都有寶帳遮覆著，也就是說，所有的寶樹上方都有一個很大的寶帳。帳是遮覆之物，例如蚊帳是遮覆床鋪之物。這些寶帳，原則上應該是個圓形的；但是寶帳很大，所以在寶帳下方廣垂寶華幡，華幡就是以很多珍寶花朵製成一面又一面的垂飾。

我們講堂都沒有掛上佛幡，其實我們最早有掛著幡，但是後來又拿下來了。佛教的道場習慣上都會掛上佛號的幡，我們本來有一對寫著「南無本師釋迦牟尼佛」的幡，剛開始是掛在佛龕裡面的兩側；可是掛上去以後，怎麼看怎麼不對，就是與佛龕的格調不太搭調，所以最後還是取下來。因爲我們這個佛龕是我自己畫的設計圖，從來沒有人這樣設計的。這是以我家的那座佛龕放大來製作的，包括經櫥。以前士林區中正路那一家承製佛龕的傢俱店，交貨時老闆說：「你能不能來幫我們設計櫥櫃？」我說：「我沒空，很抱歉。」後來交貨時因爲太大而無法放入店中，就先放在人行道上，準備直接交貨給我，當時好多人走過去時就停下來看：「喔！這佛龕好大！」其實我家那座不大，但若是放在一般人的住家裡，確實是很大，一般家庭沒有那麼大的房間可以安置。講堂的佛龕就是照我家那座再放大來製作的。

當年因爲佛龕是這樣的格調，放上那一對佛號的幡以後看來總是怪怪地，怎麼看都不對，感覺無法莊嚴佛菩薩，反而覺得原來的格調被拉低了，所以又把它取了下來收藏著。如今不曉得放到哪裡去了，這要問行政組了。那幡就是一個長條形的，世尊說的這個是「寶華幡」，就是用珍寶做成的花，一朵一朵串成一面長方形的花幡。這是說，在寶帳下方垂掛了很多的花幡，這樣子作莊嚴。這些寶帳就在每一棵寶樹的上方懸著，而每一棵寶樹上面都有「寶華幡」從寶帳垂下。諸位可以觀想一下，如果你會觀想，就知道那有多麼莊嚴。

世尊接著說，還有寶瓶與香爐周遍於國界，也就是到處有寶瓶，也都有香爐。有寶瓶就表示有淨水可用，有香爐就表示到處有上品的沉香，或者奇特的香來供養一切大眾，這些寶瓶與香爐是周遍於國界的；除此以外，每一棵大樹下方都有一個七寶臺，是用七寶製作成的一個很高廣的平臺。例如學校或者軍校，都有一個升旗臺。那七寶臺做得很大、很高，是以「七寶為臺」，而且是「一樹一臺」。這是在每一棵寶樹旁邊，不是緊靠樹幹，而是在樹葉所遮覆的稍遠處的下方，都有一個七寶臺；寶樹與七寶臺相隔有多遠呢？「其樹去臺盡一箭道」；一箭的路程，就是拿來最長、最強的弓來射一箭，看能夠射多遠，也就是那麼遠的距離。

在寶樹與七寶臺中間的寬廣處所，都有菩薩與聲聞坐在那邊；而所有的寶臺上面都有百億諸天，在那上面演奏天樂，用天上的音樂來演唱讚歎　日月淨明德如來的歌曲，或者舞伎，來歌詠讚歎於　日月淨明德佛，以這個來供養　日月淨明德佛。當他們歌詠完了，日月淨明德佛就為一切眾生喜見菩薩，以及所有的菩薩、聲聞眾們演說《法華經》。諸位想想，這是多麼廣大的場面？我們在人間是不可能這樣的。

諸佛諸大菩薩說法時，不必像我們這樣用擴音機。古時沒有擴音機，說法時很多人來聽，坐得很遠可就聽不見了，那要怎麼辦？要有傳語者，而且常常會傳錯；所以說法者音聲必須要放大，然後大家在善知識的前後左右四個方面都坐，盡量接近音聲所能到達的邊際，得要是剛好可以聽得清楚的地方；當善知識說完一段時，他們就重複再講一遍給坐在遠處的人聽，就好像傳譯一樣，因爲古時沒有現代的擴音機。

今天如果沒有擴音機，我們那時剛搬來九樓的時候，應該就沒辦法應付了；因爲那時我們才剛剛有第一個講堂，講《大乘起信論》時，講堂裡面大家坐著是膝蓋碰膝蓋，後面的人膝蓋幾乎要碰到前面人的臀部；而且每一個辦公室所有角落，包括兩邊的蒲團櫃子上面也坐滿了人，知客處那邊也坐滿，樓梯間也坐滿了；坐滿了還不夠，還繞著電梯間而坐到後面的樓梯階級去，只好再拉喇叭出去給他們聽。那時鞋子算一算，是現在一個講堂的一倍人數，等於我們現在九樓講堂裡的一倍人，可是也擠進來了。

當時假使沒有喇叭可以拉出去，沒有擴音器放大聲音，要我喊著講兩個鐘頭，眞是會累翻了；那可得要先練功，要練成金嗓功才行。古時究竟有誰是眞正的善知識，你只要看這個狀況就好了；這善知識說法時竟然可以坐了滿坑滿谷的人，坐得遠的人都聽不見，得要有人重新再複述一遍，那一定是善知識。然而諸佛、八地以上的諸大菩薩們，他們的功德力可不需像我們一定要用擴音機。武俠小說裡往往說某人武功高強，可以傳音入密，所以他講話單單要給很遠的某一個人聽，別人可就聽不見，說那功夫眞不得了。可是他那個距離也太短了吧？而且只給一個人聽。然而諸佛、諸大菩薩說法就不必如此，根本用不著擴音機，也可以使所有人全都聽清楚。

我們好在現代有這個科技，可以隨即傳送到四個講堂；以後還會傳送到地下室第五、第六講堂去。因爲現在還在申請執照、申請變更，所以沒辦法動工，因爲一切都要合法。所以現在的科技是讓我們很方便來傳法，但是在淨土世界，諸佛、諸大菩薩以他們的威德力和功德，不需要像我們在人間用這種擴音機；所以諸位想想看，像這樣說法，凡是應該聽得到的人，都可以聽到日月淨明德佛所說的佛法。而這一尊佛說的佛法是什麼呢？依舊是《法華經》。

世尊告訴我們說，日月淨明德佛演說的也是《法華經》，表示《法華經》所函蓋的意涵非常之廣；所以《法華經》的意涵並不是單單指這一部經典的經文內涵，意涵是很廣的，是函蓋全部佛法的。想想看，文殊菩薩在下方世界爲那一些大菩薩摩訶薩眾，講了很久、很久，我們都不知道他講了多久，還是講這一部《法華經》，這表示《法華經》是函蓋一切佛法的，那我們電視弘法時就把它作一個定位——三乘菩提，因此就成爲三乘菩提之某某單元、三乘菩提之某某單元，就這樣成爲一個系列。

所以你如果上去 YouTube 搜尋三乘菩提，出來的影片百分之九十是我們的，因爲沒有人敢講三乘菩提。既然講了三乘菩提，就表示三乘妙法都有所實證，是聲聞、緣覺、佛菩提都得要知道了，你才敢講啊！所以我們選了這個題目，沒有人敢跟我們競爭。這意思就是說，我們用三乘菩提函蓋所有的佛法；其實說白一點，三乘菩提還是歸《法華經》所函蓋；因爲三乘菩提講來講去都不離第八識「**妙法蓮花**」呀！都不離這個能生萬法的第八識如來藏。所以才說，一切萬法皆由「**此經**」出。

這就是說，《法華經》的意思是說，日月淨明德佛座下雖然也有非常多的大聲聞眾，但是這些大聲聞眾也同樣在熏習《法華經》；只是因爲他們壽命太長了，所以繼續顯現出聲聞相而已，所以就叫他作「**大聲聞眾**」。就好像經中說到 文殊等大菩薩以後，又講到舍利弗等大聲聞；那麼舍利弗等大聲聞難道是聲聞嗎？不是嘛！只是現聲聞相，所以暫時這麼說，其實全都是菩薩；因爲很多劫以來就跟著 釋迦如來行菩薩道，否則往世早就入無餘涅槃去了。所以這裡所講的「爾時彼佛為一切眾生喜見菩薩，及眾菩薩、諸聲聞眾，說《法華經》」，這裡講的諸聲聞眾也是同樣在熏習佛菩提道的，並不是說他們仍然是聲聞人。

想想看，如果已經成為大聲聞了，又聽聞 日月淨明德佛演說《法華經》那麼久了，早就轉易其心成為菩薩了，怎麼可能還是聲聞人呢？但是盡其形壽不會改易他們的身形，所以表相上看來他們仍然是聲聞眾；這就像舍利弗、須菩提、目犍連、迦旃延他們一樣，終其一生都顯現聲聞相，一直都沒有改變，但身心的本質還是菩薩。可是有些經中還是會說他們是聲聞眾，那只是從身相上面來說明；這也是因為敘述那個《法華》盛會的現場中，有文殊菩薩等大菩薩眾，也有舍利弗等聲聞眾，只是作個敘述而已，但舍利弗等人的本質還是菩薩眾。因為那麼長的時間都為他們演述《法華經》，也都已經被授記了，而他們聽了那麼久以後，也不可能還是聲聞眾。

所以從這裡就可以瞭解，讀經時千萬別依文解義，這時只是說明一個緣起。也就是說，在那麼莊嚴、那麼廣大的世界，大家的證量是那麼高的狀況，日月淨明德佛為大家所說的是《法華經》；那麼多的菩薩眾與聲聞眾之中，以誰爲首呢？是一切眾生喜見菩薩。這就是這一段經文兩個重要的關鍵所在，先點了出來，然後 世尊就繼續開示：

經文：【「是一切眾生喜見菩薩，樂習苦行，於日月淨明德佛法中，精進經行，一心求佛；滿萬二千歲已，得現一切色身三昧。得此三昧已，心大歡喜，即作念言：『我得現一切色身三昧，皆是得聞《法華經》力，我今當供養日月淨明德佛及《法華經》。』即時入是三昧，於虛空中雨曼陀羅華、摩訶曼陀羅華、細末堅黑栴檀，滿虛空中如雲而下。又雨海此岸栴檀之香，此香六銖，價直娑婆世界，以供養佛。作是供養已，從三昧起，而自念言：『我雖以神力供養於佛，不如以身供養。』即服諸香：栴檀、薰陸、兜樓婆、畢力迦、沈水、膠香，又飲瞻蔔諸華香油，滿千二百歲已，香油塗身，於日月淨明德佛前，以天寶衣而自纏身，灌諸香油，以神通力願而自然身，光明遍照八十億恒河沙世界。其中諸佛同時讚言：『善哉！善哉！善男子！是眞精進，是名眞法供養如來。若以華、香、瓔珞、燒香、末香、塗香、天繒、幡蓋及海此岸栴檀之香，如是等種種諸物供養，所不能及；假使國城、妻子布施，亦所不及。善男子！是名第一之施，於諸施中最尊最上，以法供養諸如來故。』作是語已而各默然。其身火燃千二百歲，過是已後，其身乃盡。」】

語譯：【世尊又開示說：「這位一切眾生喜見菩薩，很愛樂修習苦行，在日月淨明德佛的法中，以苦行來精進不斷地經行，一心求於佛道；滿足一萬二千歲以後，他證得現一切色身三昧。得到了這個三昧以後，心中大大歡喜，就這樣子想：『我已經證得現一切色身三昧，這都是由於能夠聽聞《法華經》而產生的力量，我如今應當要供養日月淨明德佛及《法華經》。』然後就立刻進入三昧中，從虛空中猶如下雨一般降下白色的美麗花朵，以及大而美麗的白色花朵，並且同時伴隨著由很堅硬的黑栴檀磨成細末的黑栴檀香粉，遍滿整個空中猶如雲在下雨一般從上而下。不但如此，又用海此岸栴檀之香來供養日月淨明德佛，這種香六銖的重量，就已經價值一個娑婆世界，用這六銖無上之香來供養日月淨明德佛。他作完了這樣的供養以後，就從三昧中出來，心中又這樣想著：『雖然以我的威神力來供養於日月淨明德佛，還是不如用我自己的身體來供養。』於是就開始服用種種的香，也就是栴檀香、薰陸香、兜樓婆香、畢力迦香、沉水香、膠香，然後又喝了瞻蔔諸華製成的香油，這樣子吃到滿足一千二百年以後，接著用香油來塗遍全身，就在日月淨明德佛的前面，用天寶衣把自己纏住，在衣服裡面灌入種種的香油，然後用他自己的神通力、憑著供佛的意願而自然地從身中開始燃燒起來，他燒身的光明遍照於八十億恒河沙數的佛世界。這一些被光明所照耀的佛世界諸佛，看見了就同時讚歎說：『太好了！太好了！善男子！這是眞正的精進，這也叫作眞正的法供養於如來。如果以花、香、瓔珞、燒香、末香、塗香、天繒、幡蓋以及海此岸栴檀之香，像這樣的種種珍貴諸物來供養，都及不上這個色身的供養；假使有人以他的國土、城池、妻子、子女來布施，也是比不上他這樣的布施。善男子！這個就叫作無上第一的布施，於所有的布施中，這是最尊貴、最無上的，因爲他是以法來供養諸如來的緣故。』八十億恒河沙世界諸佛，這樣子說完以後就默然不語。而一切眾生喜見菩薩以身燃火供養於佛，他這個身火燃燒了一千二百歲，這一千二百歲過去了，他這個身體才算燒完了。」

講義：還是要重複一下這個大前提：這是一個淨土世界，不是我們這種人間，也不是欲界天的境界；人間這個身體燒起來能燒多久？就算你的神通力非常好，絕對燒不了一個月，但他燒了一千二百年之久。還有另一個前提諸位要注意，因爲這會跟後面世尊的開示有關聯：這位一切眾生喜見菩薩樂習苦行。所以他是苦行者，你可別貿然說那我也來以身供養，老實說，你焚身供養以後也還是得不到這個三昧，所以這兩個前提要記住。他是「樂習苦行」，他這個樂習苦行不是一世兩世、一劫兩劫的事，已經很久了，是因爲他的心性就是樂於這樣子。

這兩個前提記住了，接著再來解說，因爲後面幾段也跟這個有關聯：一切眾生喜見菩薩，由於樂習苦行的緣故，所以他在日月淨明德佛所教導的法中，精進地經行；往往人家睡覺了，他還不睡覺，繼續「精進經行」，所以他眞正是苦行，並且「一心求佛」。修苦行當然也很好，可是在我們這個人間，假使你的色身不好，硬要跟人家一樣修苦行；並且有的人還不只是苦行，他跟著人家每個晚上不倒單以外，每日白天還要跟著人家一樣的工作，還要特地持午，於是他的苦行經過半年就撐不住了，因爲胃潰瘍了，然後肝功能也異常了，腸子也有萎縮的現象，又產生胃下垂，因爲他過午不食，所以中午那一餐要稍微多吃一點，胃下垂也就產生了。很多的毛病開始出現了，晚上睡覺時已經不是不倒單，而是「抱肚單」，因爲肚子很痛。結果撐不下去，因爲身體弄壞了。

如果年紀大了，他也要跟人家修苦行；因此有一天來個小中風，因爲他的血壓太高，受不了，偏又要堅持他的苦行。所以他是每天睡不到四個鐘頭，白天又得繼續跟著大家工作，所以得了小中風。若是嚴重的話，可能就會半身不遂，最嚴重的可能就只能往生去西方了，這是修苦行的人常見的現象。所以說，到底什麼樣的苦行才是大家需要修的，這是一個重要的題目，大家都要去瞭解。那我們正覺弘法以來，一向不主張身苦行，我們主張的是「心苦行」，就是「心不放逸、念念於法」。

一般而言，身苦行易修，心苦行難修；身苦行是大家看了很感動、很佩服，可是眞要探究起來，他心裡面卻是妄想一大堆，都不能制心一處，那樣修的身苦行有什麼意義啊？所以有很多人終其一生不倒單，可是你晚上偷偷溜進去看一下，他其實是坐在椅子上打呼；這眞的是不倒單嗎？還是倒了！只是他倒在椅子上而已，因爲都已經打呼了，而他自己都不知道打呼。那我們希望大家修心苦行，也就是時時制心一處，保持著憶佛的念，雜念一旦生起就把它丟了；每天努力作無相念佛或看話頭的功夫，然後要保持著一個法上的作意，不斷在菩薩道中努力，這個才是最難的苦行！那一些修習身苦行的人，可就作不到了，這才是我們所要的。

因爲正法的鞏固要依靠諸位一起來作，如果諸位都修身苦行，悟了不久就跟我 Say goodbye，那我度你們幹什麼呢？我度你們就白搭了！我可不想這樣。所以有的人悟了以後，過個五、六年，七、八年後捨壽走了，我心裡面都覺得說：「唉呀！又失去一個好伴侶。」總是有那麼一分哀愁！因爲好不容易把他拉拔上來，結果他走人了，那只能寬慰自己說：「希望他二十五年後立刻就回來正法中。」就是要求他來世結婚以後就要馬上回來，不可以在外面繼續晃，只能這樣期待了。

所以說，苦行是要有選擇，因爲我們需要諸位來一起鞏固正法，才能使正法久遠流傳。那麼只要正法存在，大家可以繼續在正法中自利利他；不但幫助正法流傳於人間，讓大家不會走入密宗等邪道之中，對於自己也有好處！因爲自己始終都住在正法之中，那麼實證以及證後的提升，都是必然的事，只是各有遲一些、快一些的一點點差異而已。所以我們希望諸位可要健健康康的，最好可以凍齡，就是你們要永遠保持著那年輕的模樣，以及年輕的體力，這一世可以爲正法多作一些事，那福德增長了，你們此世及未來世的道業增長也跟著快起來。雖然說歲月不饒人，但我還是這麼期待著。

前兩天家裡整理雜物，看見剛開始弘法時辦的一些活動相片；翻來翻去，剛好翻到其中一張，裡面有我、也有張老師，還有高正國老師，看起來他們都那麼年輕欸！可是今天晚上一看，已經不年輕了，眞的不年輕了；但是我希望，外表雖然看起來有一點老，那沒關係，但是心得要年輕，要繼續爲眾生去努力。這意思就是說，我不希望諸位修身苦行，要求諸位修的是心苦行；也就是制心一處，專精在法上去努力，然後可以利樂很多的有情，也可以鞏固正法和自己的道業，可以繼續快速的提升，這才是我所期待於諸位的。但是 世尊說到一切眾生喜見菩薩時，也特地告訴我們：他是樂習苦行的。這個前提一開始就先告訴我們了，但別誤會 世尊是教我們要效法他修苦行。別誤會 世尊的意思，因爲 世尊後面還有開示，隨著後面的開示，諸位漸漸會瞭解的。

這個苦行的前提說了，接著說「一切眾生喜見菩薩」爲什麼是這個名字？

諸位想一想，如果你不管見了哪一位出家眾，他們手上都掛著勞力士，戴著兩百萬元的蜜蠟念珠，手上又拿著一個十幾萬塊錢的手機，開著一千萬元的跑車；而他們進出什麼地方呢？是好吃的餐廳；有時也不小心，會聽到朋友說曾在卡拉ＯＫ撞見他們。如果是這樣的話，你對他會喜見嗎？你一定說：「這個人叫作一切眾生惡見菩薩。」對不對？因爲大家看了都討厭說：「佛教正法的弘傳會被你弄壞呀！」如果大家都很精進修行，你看了就說：「唉呀！佛教有希望了，你看我們佛門所有出家眾都精進修行呢。」你一定喜歡看見所有的僧眾都這樣子。

那麼因爲他「樂習苦行」，所以大家看見都很佩服他，一見了他都很歡喜，心想：「佛法有賴，可以仰賴於他，繼續弘傳而不會有問題。」所以大家看到他都很喜歡，因此他的名號就叫「一切眾生喜見菩薩」。很多菩薩的名號，都是大家給的，然後他的本名後來就被大家忘了。在禪宗裡面也常常有這樣的祖師，因爲他有某一種特立獨行的風格，大家就那樣稱呼他，時間久了以後，大家都忘了他叫什麼本名。結果有時要敘述他的時候，提到他的本名竟然沒有人認識，提到他的外號大家可都認識，所以「一切眾生喜見菩薩」這個名號，跟他的「樂習苦行」是有關聯的。如果一切眾生喜見菩薩一天到晚開口閉口說：「我寺裡面沒有錢了，你們趕快送錢來。」遇見了人就說：「你不是有在修布施行嗎？明天送兩百萬元來。」那麼請問，大家見了他會不會歡喜？「這個出家人這麼貪財，寺廟都蓋那麼大了，一天到晚還在喊缺錢。」保不定大家背後就會叫他作「非一切眾生喜見菩薩」；假使不客氣一點的，就說他叫作「一切眾生惡見菩薩」。

因為一切眾生喜見菩薩在日月淨明德佛的法中，是很精進地經行；經行有個好處就是不會打瞌睡，如果經行也打瞌睡，他就沒辦法經行，一定會趺坐在地，又會清醒過來繼續經行，那他就可以繼續維持精進。他就這樣「精進經行，一心求佛」，就是一心想要求證佛菩提道。他這樣子「精進經行，一心求佛」滿足一萬二千歲以後，終於「得現一切色身三昧」。

這個「現一切色身三昧」，我記得別的經中還有另一個名稱，叫作「普現色身三昧」；普現色身三昧是說，他可以普遍示現色身，只要眾生有需要，他就感應而化現出來。這個三昧當然也可以從理上來說，例如我有查過《大集經》，裡面有開示說：觀察自己的色身，觀察眾生的色身，觀察諸佛的色身，全部都在自己身中顯現。那後面附帶四個字——反之亦然，意思就是說同樣的可以觀察一切眾生身在佛身中顯現，觀察佛身、己身在眾生身中顯現，這是從理上來說的。

有的人一定會覺得好奇怪：「爲什麼會這樣？是不是兩個身體、五個身體合併爲一個？」其實不是這樣，因爲這是從理上來說的。理上講的就是實際理地，例如說無明，無明有「迷事無明」、「迷理無明」；「迷事無明」就是說不懂二乘菩提，因爲二乘菩提所觀行的對象都是事相上的法，就是五蘊十八界十二處六入的無常、苦、空、無我，這都是事相上的法；對蘊處界等法不瞭解緣起，也不瞭解生滅無住，就是迷事無明，就無法斷我見也無法斷我執。理就是所知障的部分，是於眞實理，也就是對眞如之理有所迷昧；對於眞實而如如之理有所迷昧時，就無法瞭解眞實理是什麼，就叫作「迷理無明」；因爲這個觀行的對象不屬於現象界中的法，與現象界中的各種事相是無關的，所觀行的對象是眞如，是超越於現象界的各種事相，因此屬於理的部分。所以如果打破了這個迷理無明，就說你打破了「無始無明」，因爲這個迷理是無始而有的。

那麼這就是說，這是從理上來說的：觀己身含容一切有情之身，觀佛身含容自己與一切有情之身，這是從理上來說；因為你不可能觀察到諸佛之身和一切眾生之身都在自己身中，你再怎麼觀想也知道不可能；也因為不可能觀想完全，連十方虛空有多少眾生你都不知道，怎麼可能觀想完成？所以這裡說的是理上的觀行。也就是說，觀察自己的色身是以什麼為身？是以如來藏為身。假使不是如來藏，也就沒有此身，因此一切有情都不能一須臾離開如來藏。那麼這樣來看己身的時候，再來看諸佛色身是不是也跟自己一樣？再來看一切眾生，不管是天界、三惡道的一切有情，也都是一樣啊！

既然同樣都是在如來藏中，同樣由如來藏所生，就等於一切眾生身同於自己此身，就是觀諸佛色身、觀一切眾生身都在己身。這是從理上來觀，所以你再反過來觀也可以：諸佛如來之身也是這個如來藏法身，我也是這個如來藏法身，一切眾生身也是這個如來藏法身，所以都同樣在諸佛身中。那麼再以眾生身的立場來觀的時候，也是同樣的道理，這就是從理上來觀察在一切眾生身中普現色身，這就是普現色身三昧，這也就是理上的現一切色身三昧。

那麼你再來看，例如從現象上面，先由外來看，一切眾生往世無量劫前，曾經當過天主，然後降格爲天人，然後次第下生到人間，後來造了惡業，墮落三惡道，墜入地獄中受苦，再從地獄次第回來以後，如今終於不必再當餓鬼，牠當了螞蟻；那麼請問，這一個有情，只是一個人、一隻螞蟻而已嗎？從天人當到人類而下墮，再從地獄回來當餓鬼，再當到螞蟻，這前後都只是一位有情，而他的如來藏是不是普現色身？對啊！可以顯現他是天主，顯現他是天人，顯現他是人類，顯現他是地獄、餓鬼、畜生，因爲現在當螞蟻啊！然後，未來可能非常非常久的不可知劫數以後，他又回來當人類，他的如來藏眞要叫作「現一切色身」了。

那你這樣去觀察的時候，也可以再從自己行菩薩道的過程中來看：往昔跟隨釋迦如來不斷在學佛，學到這個世代以後，釋迦如來又去別方度化，我們留下來還繼續在努力修學而當菩薩；但是過往很多劫之前，在當菩薩以前幹過什麼？你可以這樣去思惟看看。可不能說：「我又沒有宿命通，看不見，我怎麼知道？」你雖然看不見而不知道，但你可以比量而知。

每一個人的過去都有無量世，不可計數，都是無始的；既然是無始的，就表示往昔曾經流轉生死也是無始的；既然是無始的，就表示不可計數啊！那你往昔一定當過天主、天人、轉輪聖王，就不必提什麼人間的國王、皇帝，那已經太渺小了；比起轉輪聖王來，皇帝已經不算什麼了；但是你再去比量推究看看，難道往昔都沒有幹過惡事、墮落過三惡道嗎？有啊！一定曾經有的。每一個有情都是如此，諸佛在開始學佛以前也都是如此的。因爲都曾經處在因地凡夫位，在沒有學過佛之前的階段都曾經混過！這是一切有情都必然曾經的事。

所以，今世生而爲人，也許走過有特色的街道時，看見了那些公關女郎或者午夜牛郎，嘴角可別撇著，反而要反省說：「**我在無量世以前應該也曾經幹過這個。**」要這樣想。若是看見很可憐的乞丐，食不飽足、衣不得暖，眞的好可憐，不知不覺往口袋裡去掏錢，可是也要想一想：「**自己無始以前也曾經這樣，不但這樣，而且有可能比他現在還要低賤。**」因爲連三惡道都去過了，難道不比他低賤嗎？所以這樣來看的時候，也可以從事相上面得到一個平等心。但不論怎樣，這些也全部都是由如來藏變生的色身來受苦。

那你接著再從如來藏的現觀來看，他是如此，自己也是如此；不論怎麼樣，到現在這一世終於成爲菩薩，乃至實證菩提了，也都一樣是由這個如來藏來普現一切色身的呀！因爲你親證以後，發覺若沒有如來藏，根本就不可能有任何的名色，所以這一切都是如來藏的普門示現；上一輩子也許生在欲界天，這輩子生在這個家庭，下一輩子也許又轉生在另一個家庭中，幾乎是挨家挨戶、三界六道中四處去受生，那麼每一世就會有一個色身，這豈不也是普門示現嗎？現觀而證實這個決定性的道理時，不就是在理上「得現一切色身三昧」？

然後假使將來你有一天證悟之後，也許佛菩薩幫你安排下一輩子生到哪裡去，另一輩子又生到哪裡去，一世一世都幫你安排好；而你到那時並沒有主張說：「我要去極樂世界享福了。」你是有悲願而說：「娑婆世界的眾生太苦了，想要求個正法都那麼難得，我要留下來。」所以你願意繼續留在娑婆世界，然後也許這一世姓張，下一世姓蕭，再下下一世姓陳，也許再來姓王、姓李，百家姓你可能早都輪過了；甚至於很少看見的姓，你也曾經受生而接受過那個姓氏，這不也是普門示現嗎？也就是理上的普現色身三昧。

所以這樣看來，其實不論是三界或者十法界，或者六道，色身雖然各各差異不同，其實都是同一身，都叫作如來藏身。你若是能夠這樣子觀察，有這個智慧而決定不疑時，這就是一個三昧啊！三昧就是定，你有這一個看見如來藏普現一切色身的現觀，而且心得決定的時候，那你就是先在理上證得「現一切色身三昧」。這是經由開悟明心而在理上現觀，再來放諸於現象界，你在行菩薩道的過程之中，就可以這樣子觀察出來。這也就是說，隨著個人的根基不同，世世可以在人間而有不同色身的示現；而這個示現是一世又一世不斷延續下去的，眞的是普門示現，也可以稱爲普現色身三昧啊！那麼只要你能夠這樣子現觀，也可以叫作「得現一切色身三昧」。

不過，這只是在理上的現觀，但一切眾生喜見菩薩當時是什麼樣的境界？他是因爲身根清淨，所以他的一切功能差別可以在事上運作；也就是說，他將來可以具足成就十法界的示現；因爲三界六道再加上四聖法界，整個十法界的身根種子他都看得清楚了，都可以自己隨意去運作了，所以他可以從自己的如來藏當中看見十方法界一切有情的身根種子，就可以在自己身中顯現；那麼顯現時看見不好的種子就滅除掉，但是他的功能差別依舊在；所以他將來也可以去地獄中示現，變現一個化身或是來一個應身，去地獄示現而救拔眾生，就像 地藏王菩薩那樣。

因此他這個時候可以看見一切有情，不論哪一個法界，他都可以去度化，這就是依於身根清淨而獲得的功德；所以他看見十法界的一切依報、正報，都是在自己的如來藏身中具足顯現出來；而他的所見猶如明鏡現諸色相，不論有什麼樣的色相，只要明鏡一照之下就同時顯現出來，沒有什麼困難。一切眾生喜見菩薩，他得到的「現一切色身三昧」，就是這個樣子，是可以隨意變化示現的。而現在我們無法想像這樣的功德，但是不必發愁，只要你修到八地以後就會看得見，那時自然可以於相於土都得自在、隨意變化，因爲那時不是單有四地心的定果色，而是已經可以隨意變化身相了。那麼他得到這個三昧以後「心大歡喜」，想一想看，假使你哪一天也得到這個三昧了；應該不能說是哪一天，而是將來哪一劫中也得到這個三昧了，一定是心大歡喜啊！一切眾生喜見菩薩得到這個三昧，是因爲修苦行，日夜不斷地經行，然後又有 日月淨明德佛親自教導，一萬二千歲精進經行才得到這個三昧。而他一萬二千歲的修學過程，是他住的那個淨土世界的歲月，不是我們人間這個歲月。諸位想想看，這樣苦修好不容易才得到，當然

「心大歡喜」。

這在告訴我們什麼道理？也就是說，像這樣子，在那個淨土世界的一萬二千歲苦行，才能夠得到這個「現一切色身三昧」；如果我們回歸到這個娑婆世間來看，如果你修苦行一萬二千歲，同樣是日夜不斷地經行，這樣來修行一萬二千歲，而可以證得理上的現一切色身三昧，值不值得歡喜？值得！那你要不要作？要！眞的要作。一萬二千歲不休不眠而「精進經行」，你都活不了那麼久；給你一世活一百二十歲好了，就像老趙州那樣老，連續一千世這樣日夜精進經行而修苦行一萬二千歲，才終於開悟明心而獲得理上的「現一切色身三昧」，依舊值得。

還眞的值得！諸位想想看有多少人在流轉生死中努力修行，一世又一世、一劫又一劫都在外道法中轉來轉去，始終進不了佛門，人數可多著呢！大多數人單單修行十信位也要一萬大劫才能完成，就不要說是開悟明心而證得理上的「現一切色身三昧」了。所以繞回來說，你如果可以擁有一萬二千歲的壽命，日夜不斷辛勞的修苦行，苦心經行去參究，若是可以參得出來，也還是划得來，因爲事實上眞的是這樣。

那麼這裡 世尊言外之意在告訴我們什麼道理？只要你能夠明心，一切都值了！以前我也講過啊：假使一個是明心的功德，一個是一千萬美元，要選哪一個？我一定選明心，才不要那一千萬美元。錢財花不完，留給孩子也是亂花而已；可是這個明心的功德，只要你曾經悟了一回，未來世這個種子都會在，將來遇到正法重新悟入以後，保證你不會退轉，然後還會快速再往上進步，所以當然要選這個法。

世尊在《佛藏經》中說過，往昔無量世當轉輪聖王，當到後來不想當了，爲的就是佛菩提道；後來終於悟了，才被 錠光佛授記將來成佛。那麼大家想一想，一萬二千歲精進修行而得到一個明心的功德，雖然很辛苦，得要不休不眠日夜經行去參究，最後可以明心也還是值了，世尊言外之意就在告訴我們這個道理。

但是世尊要告訴我們的，還沒有說完喔！世尊又說：「一切眾生喜見菩薩，心裡面這樣想：『我得到了現一切色身三昧，都是因爲我可以聽聞《法華經》而產生的功德力；那麼我如今當然應該要供養日月淨明德佛，以及供養我所聞受的《法華經》。』」這也是我們必須要牢記在心的事。當你明心了，雖然沒有像一切眾生喜見菩薩一樣，不但具足了理上的現一切色身三昧——內心現觀的現一切色身三昧，還獲得現象界上所能夠化現的一切色身的三昧，可是你至少從理上也可以藉著內觀，而可以有理上的現一切色身三昧啊！那麼既然如此，當然也應該隨分供養 釋迦牟尼佛，以及供養《法華經》啊！所以每天香、花、淨水或者水果，或者飲食供養；而乃至你買了衣服回來也先把它洗好，然後摺好了上供都行。

你們可能沒有供養衣服的習慣哦？沒有。我往世喜歡在佛像前供上僧服，人家供養了好的僧服來，我總是先整理好了供佛。這要養成習慣，供了佛之後就送去供養和尚，反正一個人穿不了那麼多；大家見我的機會多，那我收得多，就供養和尚去。至於 克勤和尚穿不穿，那是他的事，他要賜給誰也是他的事。如果我的僧服不夠，他也會留給我的，因爲那也是我供養他的！對不對？當然不會忘了我啊！所以我這個習慣是很好的。因爲只要你供上了衣服，未來世也有穿不完的衣服，這有什麼不好？

如果都不供僧服，未來世單是一大堆的飲食滿坑滿谷，可就是沒衣服換，那福德也是有缺而不圓滿的。所以要記得，買了新衣服就送洗衣店先洗好，取回家時就先供佛。不管什麼衣服都可以上供，也許妳說：「我買的是裙子。」裙子也沒關係，有的菩薩可以穿裙子；你看那些大菩薩摩訶薩們，不都是天衣飄飄嗎？都還穿紗龍呢！所以只要是衣服或布料，你都可以上供的，先洗清潔整理好了就上供。至於香、花、飲食的供養，這些都是很平常的東西；譬如飲食，你也不必特地去準備什麼，因爲你每天三餐自己總是要吃的！既然中午飯菜準備好了，就先用碗盤裝了先上供。上供完撤下來，也還是你自己吃，佛也沒有把它弄走，也不蝕了你的本。那麼這個供養的習慣要養成，因爲供佛形像如同供養佛的應身一般，功德與福德無二無別；這是世尊早就開示過的，這個福德依然是存在的，所以要養成這個習慣。

那你得到了「現一切色身三昧」的時候，雖然這還只是理上的，但這智慧已經夠你受用了，當然應該要每天供佛。供佛同時要有一個作意——供養「妙法蓮華經」。「妙法蓮華經」在哪裡？在自己身上；要有這個作意：同時供養自己的「妙法蓮華經」如來藏心。這樣子供完了，香過了以後撤下來，再來供養自己這個五臟廟，這時也是供養「妙法蓮華」如來藏心，因爲悟了，你就知道這究竟是怎麼供養的。還沒有悟以前，老覺得很難；其實不難，只要悟了就懂得自己這一朵能生五蘊的「妙法蓮華」，是應該這樣供養的。

那麼一切眾生喜見菩薩，他當然知道這個道理，因爲他理上、事上的三昧都有啊！所以得這個三昧的時候，當然知道自己「得現一切色身三昧」的緣由，全都是由於聽聞《妙法蓮華經》的功德力所致。諸位想一想：如果不是聽聞「此經」如來藏「妙法蓮華」，你根本悟不了啊！那你悟了以後能夠作這樣的現觀，當然應該作這個供養——首先要供養自己的「此經」如來藏，這樣就是供養《妙法蓮華經》。但是再推尋一下，自己之所以能證得「此經」妙法蓮華的原因，是從於 佛陀聞法所得，當然更要供佛。

所以有人悟後不供佛，那眞的好奇怪；因爲這法界實相的智慧，佛並不傳給定性聲聞阿羅漢；但是今天你以凡夫身得到而成爲實義菩薩了，怎麼可以不供佛？這恩德何等廣大！因爲你所有的智慧都從這裡來，你在理上可以現觀自己的如來藏能現起一切色身，你在理上得到了「現一切色身三昧」，當然應該感恩戴德而每天供佛啊！

那麼一切眾生喜見菩薩當時也是如此，看見了自己有這個功德力的原因，是從證悟「妙法蓮華」如來藏心而來；但他能夠證悟「妙法蓮華」如來藏心，卻是因爲聽聞 日月淨明德佛演述《妙法蓮華經》，所以他才能得到；因爲他聽聞之後努力修行，後來終於實證了，所以他當然要發願說：「我如今應當要供養日月淨明德佛以及《法華經》。」那麼這個供養就叫作「法供養」。因爲他是依於能生蘊處界的妙法蓮華如來藏心而作的供養，供養時現見三輪體空而有實相般若；如果不是依於法而作供養，那只是世間供養；世間供養的福德與功德，遠遠不如法供養，所以法供養才是最重要的。諸佛也都不看重世間法上的供養，最看重的是法供養；所以一切眾生喜見菩薩當時自然是比我們更瞭解這個道理，才要作這個法供養。好！今天講到這裡。

一週以來可以說是又濕又冷，因爲差不多整整一週溼度計都在七十一到七十三之間；冷是沒關係，就怕濕，濕的時候冷就會覺得更冷。所以外面眞要下雪的時候，出去反而不會很冷，因爲空氣乾燥。我說這幾句話的時間，小參室裡已經把麥克風的音量大概調整好了；那麼《妙法蓮華經》上週講到一百七十九頁第二段第三行，今天要從最後一句開始：「即時入是三昧，於虛空中雨曼陀羅華、摩訶曼陀羅華、細末堅黑栴檀，滿虛空中如雲而下。又雨海此岸栴檀之香，此香六銖，價直娑婆世界，以供養佛。」

這是說，一切眾生喜見菩薩完全不畏懼苦行，所以當他爲報佛恩而作供養，起了一個法供養的念頭之後，就進入了「現一切色身三昧」中，以這個三昧的功德，在虛空中降下了如雨一樣綿延不斷的供養物，這些供養物就是白色的寶蓮花，以及很大的白色寶蓮花，還包括磨成細末一樣的、很堅實的黑色梅檀香，遍滿整個虛空中，猶如雲密布於虛空一樣降下來。「細末堅黑梅檀」，爲什麼不說是細末梅檀？加上「堅黑」兩個字，就表示這是最高等級的梅檀香。因爲最香的部分是最堅硬的部分，所以叫作「堅」，那個部分的梅檀香油脂最多；由於油脂很多，質地就很細密堅固，所以看起來就是黑色的，好像油黑的沉香一樣。

整個一支沉香木，有的地方顏色比較淺，有的地方顏色比較深，有的地方幾乎是呈現黑色；那黑色的部分是最堅硬的，也就是沉香油最多的地方，點起來最香，但也最不容易點燃，得要有一些方便來配合，才容易點得燃，「細末堅黑梅檀」的意思也是一樣。一切眾生喜見菩薩以三昧力，把最好的梅檀香如雨一般從空中降下來供養 日月淨明德佛；這一些細末都是堅黑的梅檀磨成的，這樣子「滿虛空中如雲而下」以作供養；供養過了，又從虛空中如雨一般降下更寶貴的香，叫作「雨海此岸栴檀之香」。

「海此岸」是說遍四大海此岸才能找到稀有之香，這香很難尋覓到，所以非常珍貴，說這種香才只有六銖，就可以價值一個娑婆世界。六銖到底是多少？一兩有二十四銖，六銖等於一兩的四分之一；才這麼一點點，就已經價值一個娑婆世界。一切眾生喜見菩薩全部都供養完了，把這個壓箱的寶貝、最後的寶貝也拿出來供養了；這一定是已經珍藏很久的，這時也拿出來供養日月淨明德如來。

傳說中，這個香有百寶之色；說這種香不是像沉香黑黑的，或者是淡淡的紅黑色，它有百寶之色，就像是百種寶物聚在一起的光輝，而且它是天下唯一最香的，不可取代，沒有別的香可以與它相提並論，因爲太難找到，而且香味最殊勝。現在人間連沉香都已經有人在種了，所以也不算少，市面上都還可以買得到；乳香聽說也已經快絕種了，是產在中東的沙漠裡面，聽說生長很緩慢，所以在市面上的香品市場，據說乳香也是越來越少了。現在乳香大多是拿來入藥，在中藥裡面有時用得著，但不如沉香那麼多，也沒有沈香那麼香。但不管怎麼樣，在這個地球上人間依舊都還可以找得到，不管貴不貴，你都還能輕易買到。

但是「海此岸栴檀之香」，可就不是你能夠買得到的，而是要有因緣才能得到，所以珍貴到僅僅六銖就「價直娑婆世界」；而一切眾生喜見菩薩就這樣用來供養 日月淨明德佛。他這樣供養了以後並不以為足，這跟人間一般菩薩們的認知是相差很大的。如果咱們人間有誰得了這種香，拿來供了佛以後一定想：「我這一供養，功德福德可不得了，再也沒有人比得上我了！」可是一切眾生喜見菩薩並不以為足，所以他又這麼想：「我雖然以神力供養於佛，遠不如以自己的色身來供養日月淨明德佛。」

當他從三昧中起來以後，這樣子想了就開始服用各種不同的香，他開始吃栴檀香、薰陸香、兜樓婆香、畢力迦香、沈水香、膠香，這一些都是固體類的香。栴檀大家都知道，接著說薰陸香，這是有點類似乳香一樣的香品，是屬於一種樹上分泌出來的樹汁，跟乳香的生產很類似。乳香也是樹上分泌出來的樹汁，採乳香的人會去樹幹割出一道傷口，然後用容器圍住，讓它的樹汁流到容器中，凝固了就稱之為乳香，就好像採集橡膠一樣。那麼薰陸也是這一類的香品。

兜樓婆就是香茅草，印度現在還有很多人種香茅草作成香支在賣；你們看密宗的文物店，他們賣那個香都是粗粗的，差不多像我手上這根吸管一樣粗，大概有這麼長；他們用紅線綁成一束束，再用長長的四方形紙盒子裝起來，裡面大概只有十根到十二根，賣起來可不便宜。可是那種香在印度其實很便宜，如果你懂得買，哪天有機會去印度找到店家，他們都是賣你一大捆的；臺灣的密宗商人就是這樣一捆又一捆買回來後，才用小的四方形長盒子裝起來，裡面大概十根左右來賣，其實那只是用香茅草製作的。

在印度，這種香是很普遍的，因爲印度天氣熱，常常要用香，例如用在房間或是遊覽車中。二十幾年前我們去印度朝禮聖地時，那遊覽車中都會有一點霉味，因爲夏天雨季連續三個月下雨，人們在車上進進出出，車中的地毯會沾濕，久了就有一點霉味；他們的司機一定會先點香，但是那種香是加上人工香料製成的，短短的一截點了以後，就在遊覽車裡面晃來晃去，想要沖淡霉味。所以印度是用香很多的一個國度，也是因爲他們那裡天氣熱，不得不如此。有時你去住旅館，也許舊旅館是以前某一個小國的皇宮改建成的，那些房間可能很潮，就有霉味，旅館服務員就先幫你點香，把味道沖淡一點，讓你覺得還可以接受，那種香通常都是普通的香，不可能點沈香。

那麼薰陸是乳香一類，也可以吃；那兜樓婆香茅草，也許有人想說：「這能吃嗎？」其實也是可以吃的，只要把它磨得夠細就可以吃；古時佛世的大阿羅漢們，如果中午托缽時空缽而回，肚子餓得撐不下去時，怎麼辦？就吃新鮮的牛糞，沒有沾到沙就可以吃。現在你們覺得說：「那麼髒的牛糞也吃？」但古人不認爲牛糞很髒，因爲沒有摻雜其他的東西，純粹是青草化成的，也不怎麼臭。我小時候，除了在市鎮街道上的房子以外，農家的房子都用竹篾編成的牆壁，裝好竹片編成的牆壁以後就是糊上牛糞。牛糞很不錯，不太怕潮溼，也不臭。所以有時密宗作壇場時，也還是用牛糞鋪地，才不會塵土飛揚，那時是這樣子用牛糞的。那麼古時阿羅漢迴心的菩薩們，若是托空缽而回，是可以咀嚼香茅草一類的東西止饑。但一切眾生喜見菩薩用的這個兜樓婆，可能是欲界天產的兜樓婆，不是人間的兜樓婆，當然是可以吃的。

畢力迦就是丁香，這在食品業也有人使用，好像在中藥裡也有人使用，也是香料的一種。沉水香，諸位都知道，就不用解釋。膠香就是松香，松香在弦樂器中，特別是大胡、二胡那一類的樂器，就得要使用松香；如果沒有松香，不管你是大胡、二胡的專家，拉出來的聲音是不好聽的，一定要用松香。那個東西好像蜜蠟那種顏色，中藥店有賣松香。這些多屬於固態類的物質，但菩薩使用的多是欲界天的香，不屬於人間出產的。因爲人間有的香，欲界天也有，但是比較細緻。可是這一些香都是固態的，就應該有一些流質的香品來配合飲用，所以菩薩「又飲瞻蔔諸華香油」。也是天界才有的瞻蔔華製成的油，但不是只有一種，而是有很多種，但其中最好的是瞻蔔華，用瞻蔔華作代表，也就是用很多種天上的香花集合起來製成的油；像這樣子不斷地用這類的香品作爲食物，飲食滿足一千二百歲，要使身體也變成是香的。

這個一千二百歲是他所住的淨土世界一千二百歲，不是我們這種人間的一千二百歲；可別誤會，否則就質疑說：「人類哪有活一千二百歲的？」其實人類若以人間的年歲來說，未來 彌勒佛成佛時的人壽是八萬四千歲，也可以很長壽的。但這裡說的「滿千二百歲已」，是指這個淨土中的一千二百歲，也有可能類似兜率陀天一樣的境界。這樣子以香品作飲食這麼久以後，接著用香油來塗身，然後去到 日月淨明德佛面前，再用天界的寶衣把自己的身體纏裹起來，纏裹厚厚的天寶衣以後，又用很多種的香油，把身上的天寶衣都灌足了；然後以他的神通力，憑著他想要對　日月淨明德佛作法供養的大願，自動在身上開始燃燒起來，他燒身以後的光明，普遍照耀八十億恆河沙的諸佛世界。

當這個光明普遍照耀十方之後，八十億恆河沙世界的所有諸佛，立刻知道是一切眾生喜見菩薩，以他的色身焚燒而對　日月淨明德佛作法供養，所以諸佛同時讚歎說：「善哉！善哉！善男子！這才是眞正的精進啊！這叫作眞正的法供養於如來。如果有人以華、香、瓔珞、燒香、末香、塗香、天繒、幡蓋，以及海此岸栴檀之香，像這樣以種種寶物來供養如來，都及不上他這樣的供養；假使以國家城池、以妻妾及孩子來布施，也是及不上這個功德。」這是告訴我們什麼道理呢？八十億恆河沙世界的諸佛都這麼讚歎，是告訴我們說，像這樣的苦行，是眞正的精進。

一般的苦行都只是表相，但一切喜見菩薩這個苦行並不是作樣子的，而是從深心之中去如實履踐；所以任何人以各種寶物來供養如來時，那些功德都是比不上焚身供養這個功德；假使以外物來供養，有人覺得那畢竟只是身外之物。例如把一個人在世間最大的資財，譬如國家以及城池，甚至於他最親的眷屬，就是他的妻子和子女用來布施，也都比不上這個身供養的功德。因此諸佛最後讚歎說：「善男子！這就稱爲第一無上的布施，是所有布施之中最爲尊貴、最爲無上的，因爲這是以法而供養諸如來的緣故。」

諸如來這麼說，八十億恒河沙世界諸佛都這麼說，目的在哪裡？大家可能會想到說：就是藉這個機會對座下的菩薩大眾們教導。可是諸位也許沒想到另一個目的，就是藉此讚歎來增長一切眾生喜見菩薩的法供養功德。也就是說，八十億恒河沙佛世界的諸佛，看見了一切眾生喜見菩薩這樣作了法供養，想要幫助他增長這個法供養的功德，因此而向座下的所有菩薩們作這個開示。當大家聽聞這個開示而對一切眾生喜見菩薩，有了更加恭敬之心而且歡喜讚歎的時候，那一些菩薩們的心量就會更加廣大，對於佛法的信心也就更加圓滿，一切眾生喜見菩薩這個法供養的功德，自然也就隨著更加增長廣大，這就是諸佛同時來利樂一切眾生喜見菩薩，因此這樣子讚歎以後就默然無語。

那麼一切眾生喜見菩薩燃身之火就繼續燃燒著，伴隨著這火的燃燒，於是日月淨明德如來的佛土充滿了各種的香味；這樣子整整燃燒了一千二百歲之後，一切眾生喜見菩薩的色身才算是全部燒盡。那麼這一段經文中世尊這樣子開示，是否鼓勵大家要修這種苦行？如果你沒有繼續讀下去，可能就會這樣誤會。這個問題現在暫時就不說它，我們先來看這段經文中所說的一切眾生喜見菩薩，他的心性是直心、是感恩的，這是個大前提，不能夠忽略這個大前提。換句話說，如果你不是樂修苦行，而是樂修不苦不樂行，就用不著效法他。

那麼他因爲樂修苦行，也由於苦行而在法上有了勝妙的實證，所以心中無量的感恩，因此想要供佛，於是供佛時就把自己的福德全部實現，是把無量劫來修得的福德全部實現而用來供佛；所以入於三昧之中，從虛空中如同下雨一般降下各種供養物。這也表示他的證量不低，因爲即使是在欲界天中有神通，也辦不到他這樣的供養，而他這樣的供養都是一己之力，而且是如雲如雨一般而下。不但如此，還能夠把「海此岸栴檀之香」，六銖就可以價值娑婆世界的香，也用來供養 日月淨明德佛。

這是入三昧中而把他所有的福德全部實現用來供佛，諸位有沒有想過划不划得來？爲什麼只有一、兩個人小小聲說「划得來」？把所有的福德實現而用來供佛，諸位讀過《優婆塞戒經講記》了，就知道一切眾生喜見菩薩證量那麼高，他這個布施就是施主勝；而他所供養的對象是 日月淨明德如來，這是福田勝，而且這福田的功德比他自己還要殊勝；然後他的供物——也就是施物，又是最殊勝的；那你想，他這樣作了法供養，以前所有的福德都實現出來像這樣作了大供養之後，他未來世能得到的福德是更大還是更小？（大眾回答：更大！）而且是大到無數倍，因爲施者、受者、施物三者都很殊勝，所以這是無量報啊！

這麼大的福德全部實現，用來供養比他的證量更高的功德田，轉生到下一世時所得到的是無量報，沒有辦法說明是幾倍的福報；那麼到底這樣供養，把所有福德實現來供佛，值不值得？（大眾回答：值得！）喔！現在大家都答得很大聲了，諸位應該要瞭解這個道理。可是有的人還是無法具足信受，這就是信根或信力不足的問題。只要應身佛在人間，眞的機不可失，遇到了就得要好好把握，所以他就這樣子作。

他本身樂修苦行，而他對於這一種布施的因果早就具足了知了，所以罄其所有福德來供養 日月淨明德佛。可是他這樣子供養了以後還是不以爲足，還要用色身焚燒來作法供養。說到這裡，已經是三個內涵了：第一是修苦行，第二是以一切福德用來供養，第三是最後的法供養，是自己的色身。色身總是要壞掉的，差別只是早一點兒壞、晚一點兒壞而已，那麼不如乾脆用這個色身也拿來供養，因爲這個供養遠比前面的諸物供養更加殊勝，所以他就吃了很多的香與香油，總不能用臭臭的身體供養吧？所以他這樣子吃香，然後「又飲瞻蔔諸華香油」一千二百年。這種類似欲界天—應該類似兜率陀天—一類的欲界天；他在這種淨土中以身供養，已經使至高無上的法供養都完成了，再也沒有更高的供養可以比得上了；他懂得這個道理，就這樣子去作。

也許有人想：「這應該不難吧？我如果八十歲會死，那我在七十歲開始吃種種香、喝種種香花之油，然後我捨報前一、兩個月去佛前燃身供養。」也許有人如此突發奇想，還沒有決定，但是我告訴你：「你作不到。」因爲你發了這個大願以後吃這一些香，一個月也許讓你撐過去，兩個月後在心中開始打退堂鼓，第三個月實行還不到一半，已經吃不下去了，就說：「算了！我作不到。」也就放棄了。所以這是要在欲界天中，而且證量已經夠高了，才能夠這樣子作。那麼不論要作什麼，一切菩薩都要在實行之前，必須先衡量自己的能力；如果證量還不到那裡，就不要打妄想；應該安分地精進，不應該妄想天馬行空式的突發奇想，就去作所謂「精進」的行為。

那麼把這一段經文告訴我們的道理總結起來，就是一切眾生喜見菩薩是修苦行的菩薩，他的證量很高，而他用所有的福德實現來供養所追隨的世尊，最後還以自己的身根作無上供養。但是這個供養有一個前提，純粹是為了報恩，不是為了想要獲得什麼而去作這樣的供養，才能說是法供養。如同這段經文剛開始說的，因為他「精進經行，一心求佛；滿萬二千歲已，得現一切色身三昧」。由於他不但理上得現一切色身三昧，而且於內於外都有事上、實證上的證得現一切色身三昧，所以他能夠於三昧中發起如來藏中火大的力量而自燃身。這段經文我把它總結起來，有這幾個要點，供養給諸位參考。接著來看下一段經文中，一切眾生喜見菩薩後面又是怎麼樣的發展。

經文：【「一切眾生喜見菩薩作如是法供養已，命終之後，復生日月淨明德佛國中，於淨德王家結加趺坐，忽然化生。即為其父而說偈言：『

大王今當知，我經行彼處，即時得一切，現諸身三昧。
懃行大精進，捨所愛之身，供養於世尊，為求無上慧。
說是偈已，而白父言：『日月淨明德佛，今故現在。我先供養佛已，得解一切眾生語言陀羅尼，復聞是《法華經》八百千萬億那由他甄迦羅、頻婆羅、阿閦婆等偈。大王！我今當還供養此佛。』白已，即坐七寶之臺，上昇虛空，高七多羅樹，往到佛所，頭面禮足，合十指爪，以偈讚佛：
容顏甚奇妙，光明照十方；我適曾供養，今復還親覲。」】

語譯：【世尊又為我們開示說：「一切眾生喜見菩薩作了這樣的法供養以後，命終之後，又同樣出生於日月淨明德佛的國度中，他在淨德王家中忽然化生，一出生時就是「結加趺坐」，盤坐而生。隨即為他的父王說了一首偈：

『大王啊！您如今應當要知道，我經行於那個地方，後來就得到了一切佛法而獲得現一切色身三昧。

我因此懃行於大精進之法，捨棄了我最寶愛的身體，供養於日月淨明德世尊，我沒有其他的所求，只是為了求無上的智慧。』

一切眾生喜見菩薩講完了這首偈，就向他的父王稟白：『日月淨明德佛，如今依舊還在。我先前供養了佛以後，得到瞭解一切眾生語言陀羅尼，又聽聞了這部《法華經》八百千萬億那由他甄迦羅、八百千萬億那由他頻婆羅、八百千萬億那由他阿閦婆等難以計數的經偈。大王！我如今還應當繼續去供養這位佛陀。』向他的父王稟白以後，就坐著他的七寶所成的寶臺，上昇於虛空中，高達七棵多羅樹的高度，飛到日月淨明德佛的所在，下到地面來就以頭面禮足的方式頂禮日月淨明德佛，然後合起他的十根手指頭，以偈來讚歎佛陀說：

世尊的容顏實在是非常的奇妙，光明遍照於十方世界；

我剛才曾經作完了供養，如今又回來親覲和禮覲。」】

講義：這意思是說，這不是人間的境界。因爲一切眾生喜見菩薩像這樣子作了法供養以後，色身燃燒一千二百年而命終，依於他的願，又重新出生在日月淨明德佛的國度之中。既然重生於這個國度中，就一定會有一個受生之處，所以依他的福德而受生於最珍貴的地方，就是淨德王的家中。那他跟欲界天人出生的情況不太一樣，因爲欲界天人—譬如忉利天人—剛出生時，是在他的父親大腿上突然出現，猶如人間二、三歲小兒；所有天人看見了，就會伸出食指給他吸吮；然後經過一天或者半天，他就長大成人了。但一切眾生喜見菩薩的出生並不一樣，他出生時不是讓人家抱在大腿上，而是以「結加趺坐」的方式突然間化生。從這裡可以看見這一個淨土世界，並不是忉利天的境界。

他是以「結加趺坐」的盤腿方式突然間化生出來，而且一出生就是個成長的天人模樣，而不是小兒的模樣；而他一出生就爲他父親說了偈，大家也不必覺得奇怪，因爲欲界天人都有五神通，沒有修行的天人都一樣有五神通，一出生立刻就會觀察自己上一世作了什麼事，所以現在受生在天界這裡。但一切眾生喜見菩薩的證量很高，又是比忉利天更高層次的佛淨土中，他當然沒有絲毫的胎昧可說，自然是一出生就立即延續了上一世的道業。

我們都還未離胎昧，所以剛出生時什麼都不懂，包括語言、文字、謀生技藝，全都得要重新受學，所以我們在人間成長學習的過程，身分都被稱爲學生。可是一切眾生喜見菩薩是沒有胎昧的，因爲他得到了「現一切色身三昧」，而且他上一世捨棄一切福德來供佛，以及捨棄他最寶愛的身體來供佛之後，緊接著又獲得另一項功德「解一切眾生語言陀羅尼」，所以他不可能有胎昧，因爲他不是處胎而生。因此他才一出生就向父王報告說：「大王啊！您如今應當要知道，我經行於那個地方，才剛剛經行完畢，隨即獲得了現一切色身三昧，我可以顯現各種不同的色身。」這就是要告訴他的父王自己的來歷，否則他才一出生於王家，馬上又要以出家菩薩的身分去爲正法而努力，大王是不會准許的，於是他先把自己的來歷說明。淨德王聽了他的說明以後，當然立刻知道：「這是大菩薩來生在我家，這是我無量無邊的光榮，不應該阻止。」天人都有一個好處，就是當他看見對方的功德遠勝於自己的時候，一定不會去阻止對方想要去作的事，因爲天人都有五通，能作這一類的觀察。而且從雙方身上放出來的光明來看，就知道這個兒子的功德遠超過自己無數倍，不能想像，所以他就不會去阻止。

一切眾生喜見菩薩說明了他獲得「現一切色身三昧」的由來以後，在偈中又繼續說：「我上一世精勤地修道，以大精進之心，捨棄自己所最寶愛的色身，來供養於世尊，我的目的不是在世間法的權位和享受，我是爲了要成佛獲得無上的智慧。」這樣說完了以後，淨德王信受了；心中雖然難免不捨，因爲這個兒子才剛出生，就要離他而去；所以一切眾生喜見菩薩說完了這首偈，又繼續向他的父王說明：「日月淨明德佛現在，如今依舊存在世間；我先前得了現一切色身三昧以後，作了法供養，因此又得到了一個『解一切眾生語言陀羅尼』。」也就是說，他精進修行得到現一切色身三昧，由於感恩而對日月淨明德佛作了法供養；可是法供養之後，他竟然又得到另一個三昧，也就是捨報後隨即得到另一個三昧，叫作「解一切眾生語言陀羅尼」。

你想這是什麼樣的境界？這是理解一切眾生語言的總持，是說十方三世一切世間所有眾生的語言，他都能理解、都能聽懂，也都能說；因爲他對一切眾生語言的理解，是經由這一個總持而獲得。也就是說，得到這個總持以後，就可以理解一切眾生的語言，所以他就能夠演說一切眾生的語言。在人間的語言可能有幾十種，包括極少數的民族；但是加上天界而且是十方一切世界，那語言可就很多種了！

假使有人宣稱有四無礙辯，突然間從非洲叢林裡面來了一個人，要向他求佛法，口中嘰哩呱啦講了一堆話，看他聽不懂，又指手畫腳一番，他還是聽不懂，那他能算是什麼樣的四無礙辯呢？假使有人說他滿足十地心了，那麼英國人來問法、法國人來問法、西班牙人來問法，又有哪一種人？或許是索馬利亞人來了；不管什麼樣的人來問，用他們各自的語言來問，他都應該聽得懂，他也都應該能用他們的語言來回答他，這樣才能說他有得到「解一切眾生語言陀羅尼」，才能具體證明他在這個層面有四無礙辯。

那麼這一個陀羅尼，並不是他在作法供養的時候獲得的，而是法供養完、色身燒盡捨報之後重生才獲得的；因爲一切眾生喜見菩薩已經說了：「我先供養佛已，得解一切眾生語言陀羅尼。」爲什麼他能夠得這個陀羅尼？因爲他莊嚴了自己的菩提心。莊嚴菩提心，不該像喇嘛教那樣每天坐在那裡，觀想菩提心猶如明月，然後在那裡面安上什麼種子字，又觀想放出什麼不同顏色的光明；不是那樣莊嚴的，而是從實質上針對諸佛的恩德來作法供養而莊嚴起來；也是依於 佛陀的教導，如法修行才能莊嚴起來。所以想要實際上提升自己的證量，就應該如法修行，來莊嚴自己的菩提心。

而當初一切眾生喜見菩薩作法供養的時候，並沒有想到會得到這個功德，他只是爲報佛恩而供養於佛；可是正因爲他這樣子而使得菩提心獲得很大的莊嚴之後，反而不求自得，獲得「解一切眾生語言」的總持。那麼當他獲得這個總持之後，接著又有一個大福德，讓他在很短的時間之中，聽聞這一部《妙法蓮華經》中的八百千萬億那由他甄迦羅的偈頌，又繼續聽聞八百千萬億那由他頻婆羅的偈頌，又聽聞八百千萬億那由他阿閦婆的偈頌；這實在無法想像，這三個名詞都是數目的單位，而這三個數目單位我們很難想像到底有多少，所以應該作一個說明。

我們現在只作很簡略的說明：我記得小時候讀書學算術，老師有說：「中國人最厲害，你看中國人的計算單位是個、十、百、千、萬、十萬、百萬、千萬還有億喔！億以後還有兆，兆以後還有京，你看外國人就沒有，他們的單位只是千，所以中國人最厲害。」那我們現在來看這樣到底厲害不厲害。我們先來瞭解這三個數目的概念，先要說明「那由他」；我查過《華嚴經》：一百個千是一洛叉，一百個千就是十萬，十萬是稱爲一洛叉；所以中國人有十萬，人家有洛叉。一百個洛叉是一俱胝，一俱胝的俱胝倍就開始以等比級數計算了；一俱胝的俱胝倍是一阿庾多；一阿庾多的阿庾多倍（這都是等比的。是不是等比？平方？這叫作平方了！已經不是等比了）；一阿庾多的阿庾多倍是一個那由他，這到底是多少？你們算算看，我不會算。這才只是那由他。

「復聞是《法華經》八百千萬億那由他甄迦羅」，八百千萬億那由他的甄迦羅，甄迦羅到底是多大的數目？我們接著再從那由他講下去：一個那由他的那由他倍，是一個頻婆羅。經文中說「甄迦羅」之後接下來還有一個「頻婆羅」，就是那由他乘以那由他等於一個頻婆羅；頻婆羅現在知道了，這個頻婆羅再接下來，一個頻婆羅乘以頻婆羅的數目等於一個「甄迦羅」。這個甄迦羅有時又譯作「衿羯羅」，不同年代的翻譯有些不一樣。接下去同樣都是平方計算的：一甄迦羅乘以一甄迦羅等於多少呢？就這樣繼續經過九次的平方，整整九次平方才成爲一個阿閦婆，都還沒有往上平方到阿僧祇喔！這時才叫作阿閦婆而已。阿閦婆，有時翻譯作阿昔摩，其實是同一個。

那麼這樣子，諸位就可以瞭解，他得到這個「解一切眾生語言陀羅尼」之後，又聽聞到有關於《法華經》的偈頌有多少數目，大家只能心中建立一個概念——就是無法想像之多，沒有辦法具體說；因爲具體的使用這些數目，已是八地、九地後的事。那我們前面有說過 釋迦如來成佛以來「無量無邊百千萬億那由他劫」，大通智勝佛成佛以來則是「過無量無邊不可思議阿僧祇劫」，第一尊 威音王佛成佛以來也是「過無量無邊不可思議阿僧祇劫」。阿僧祇劫跟那由他差距有多少？我查過六十華嚴、八十華嚴的不同譯本；從那由他一直平方乘下去，要乘上九十五次，才到達阿僧祇。有的譯本是從那由他以平方去乘，乘了九十七次才成為阿僧祇。

那麼阿僧祇劫跟那由他之間相差有多大？沒辦法想像之大。只能夠說，以平方乘上九十七次。不曉得中國古人有沒有平方的算法，似乎沒有吧？好像是沒有。可是佛法中的菩薩們所了知的，動不動就是平方的數目。從那由他到阿閦婆，是乘上這麼多次的平方，但這兩個數目對我們而言都很大。可是這麼大的數目前面都冠上個「**八百千萬億那由他**」，所以這數目是很大的。這告訴我們說，有關於「**此經**」如來藏的法義，需要用無量無邊的偈頌去演述，才能夠具足圓滿。

這讓我想起一件事，我弘法早期有位師姊告訴我說：「**老師啊！我們學會明心跟見性就好了，為什麼你還要講那麼多法？**」啊！我當時心裡面好像挨了一記悶棍，心裡面想：「**我把更多的法送給妳，妳還嫌多喔？**」人家挖都挖不到，她還嫌多呢！怪不得後來會離開。但是咱們來看看 世尊說法四十九年，講完三乘菩提，總共有三藏十二部經，浩如煙海，所以很多人窮其一生都讀不完，因為根本讀不懂。然而 世尊講來講去，三乘菩提講的，不都是講第八識妙法嗎？何曾外於第八識妙法呢？所以「此經」妙法蓮花函蓋一切法，具足一切法，才能出生一切法。正因爲這個緣故，證得「此經」妙法蓮花的人，才能依之實修、次第成佛。

然而成佛需要三大阿僧祇劫，這還是已成之佛把所有的成佛之道濃縮了，整理以後條理分明送給我們之後，才能在三大阿僧祇劫中完成。可不是像釋迦如來往昔經過「無量百千萬億阿僧祇劫」的摸索修行以後，遇到二萬億 威音王佛的第一尊 威音王佛才快速成佛。祂們都是經歷很長時間去摸索過的，我們則是被教導可以這樣一一實行而成佛，眞是快，可也得要三大阿僧祇劫，怎麼可能說：要那麼長時間修行的法，可以三言兩語就全部修學完成？所以說佛道不易成，如果有人想要每天三餐吃速食麵，小心防腐劑中毒；因爲那種所謂的即身成佛，是具足了一切邪見雜毒而比防腐劑毒上無量倍的。吃了那種混合多種外道邪見的雜毒，連一世成就的阿羅漢果，下至連初果都無法實證，就別說一世成佛，還說什麼即身成佛？

一切眾生喜見菩薩作了這樣至高無上的法供養以後，得到「解一切眾生語言」的總持；得到這個總持之後，隨即又聽聞這部《法華經》中的無量無邊偈頌，表示這時他至少已經滿足九地心了；他已經可以爲眾生說法無礙，也就是說當他說法的時候，猶如行雲流水、猶如法雲綿綿不斷。這是十地之道已經快要完成了，所以他把自己這個經歷爲他父王說明以後，就可以開口請求了：「**大王！我今當還供養此佛。**」

假使你是他的父王，你聽完他這麼報告以後，能不同意嗎？你只能夠點頭同意，還能說什麼。所以一切眾生喜見菩薩稟白父王完了以後，就坐著他的「**七寶之臺，上昇虛空，高七多羅樹，往到佛所**」。「**七多羅樹**」，多羅樹長大有多高？如果都不砍伐，讓它長上一、二千年，可以長到三十幾公尺之高；七棵多羅樹疊上去有多高？快要到一○一大樓的頂樓了。一○一大樓有幾公尺？五百？那就還沒到頂樓高。

一切眾生喜見菩薩坐著七寶臺，是可以飛行的；就這樣飛到日月淨明德如來座前，下了七寶臺，「**頭面禮足，合十指爪**」，也就是合掌的意思，就以偈來讚歎　日月淨明德佛：「**世尊您的容貌、您的尊顏，非常的奇特微妙，您的光明照耀遍於十方。**」一般人如果聽到有誰這樣讚歎他的師父，一定是雞皮疙瘩掉滿地，因爲他師父沒有這個功德呀！假使他的師父眞有這個功德時，這個讚歎就是如實的，就沒有雞皮疙瘩可說了，因爲諸佛的光明都如此。

然後接著說：「我適來曾經供養於世尊，如今我又回來親覲和禮拜您了。」這是說，前面要讚歎，在後面則要表明自己的身分；雖然 日月淨明德佛早知道他的身分了，因爲一切如來都有宿住隨念智力，一念之間就知道了，不必像阿羅漢要入等持位再去觀察。可是菩薩的行儀是應當如此，即使你已經沒有胎昧了，捨報重新受生，又回來見佛的時候，初見佛時要先讚佛，讚佛之後緊接著要稟報自己的身分，這是菩薩應有的禮儀。可不能見了佛，心裡面想：「反正佛知道，我就不稟告。」稟告其實是一個尊重的表現，可不能夠說：「反正我心裡很恭敬就夠了，不必講出來。」因爲你心裡恭敬是只有你自己知道，別人不知道；可是你講出來，大眾看了會想：「這位大菩薩證量這麼高，對佛依舊如此恭敬啊！」就可以引生大眾對 佛陀產生比以前更大的恭敬心，然後可以對 如來作更大、更高層次的尊敬與身口意行，這樣對大眾也是一個幫助，也就間接增長大眾的道業了，所以這也是菩薩應該要作的行儀。接著 世尊如何開示呢：

經文：【「爾時一切眾生喜見菩薩說是偈已，而白佛言：『世尊！世尊猶故在世。』爾時日月淨明德佛告一切眾生喜見菩薩：『善男子！我涅槃時到，滅盡時至，汝可安施床座，我於今夜當般涅槃。』又敕一切眾生喜見菩薩：『善男子！我以佛法囑累於汝及諸菩薩大弟子，并阿耨多羅三藐三菩提法，亦以三千大千七寶世界諸寶樹寶臺及給侍諸天，悉付於汝。我滅度後，所有舍利亦付囑汝，當令流布，廣設供養，應起若干千塔。』如是，日月淨明德佛敕一切眾生喜見菩薩已，於夜後分入於涅槃。」】

語譯：【世尊又開示說：「那時一切眾生喜見菩薩說完了這首偈，又向日月淨明德佛稟白說：『世尊！世尊如今還是像以前一樣在世間安住啊！』那時日月淨明德佛告訴一切眾生喜見菩薩說：『善男子！我涅槃的時刻到了——我滅盡五蘊的時候到了，你可以安排施設我入涅槃時所用的床座，我在今天午夜將會般涅槃。』接著又吩咐一切眾生喜見菩薩說：『善男子！我以佛法付囑於你、勞累託付於你、以及諸位菩薩大弟子們；並且把無上正等正覺之法和三千大千七寶世界的所有寶樹寶臺，以及奉侍我的所有諸天眾，全部付託於你。我滅度以後，所有舍利也同樣付託於你，你應當要使這些舍利廣爲流布，還要廣設供養，也應該起造許多以千爲單位來計算的寶塔。』就像是這個樣子，日月淨明德佛吩咐一切眾生喜見菩薩之後，就在那個晚上子夜過後入於涅槃。」】

講義：這一段 世尊的開示告訴我們說，一切眾生喜見菩薩與 日月淨明德佛之間的關係，親逾父子。你看他讚佛和表白身分以後，一開口就稱呼：「世尊！世尊您現在還像以前一樣住在世間啊！」這是很親近的人才會這樣說的語氣。「猶故在世」，就是仍然像以前一樣住在世間。那你如果跟 釋迦如來的情誼距離還遠，你開口就會很恭敬稟報 世尊。如果跟 如來很親近，才遇見了，你就會說：「佛祖啊！我有好事報告。」一定開口就稱「佛祖」對不對？閩南人講話就是這樣子：「佛祖啊！好代誌、好代誌……。（閩南話，意謂好事情。）」是不是這樣？是嘛！那你們看，他的口氣就是這個樣子：「世尊！世尊猶故在世。」這就是很親近的人說話的語氣。那時 日月淨明德佛正好要找他吩咐事情，也是本來就在等著他；因爲他是座下證量最好的弟子，吩咐他是最恰當的。

當然也是早就預見他這個時候會再來，那麼也許有人想：「如來眞的有這個能力嗎？」其實都不需要去懷疑，因爲一切如來同樣都有十力；這十種智力，使一切如來對過去、現在、未來想要知道的事情，都是一念即知，不需要像三明六通大阿羅漢，得要進入等持位，然後進入「如其像定」觀察才會知道。假使 釋迦如來、日月淨明德佛也像他這麼慢的話，當人家問很多事情時，是不是要說「你等一下，我入定看一下」？但所有如來都不用如此，都是一念即知，當然早就知道他今天會回來，專要等他嘛！

因此吩咐他說：「我示現取無餘涅槃的時候已經到了。」這代表 日月淨明德佛八相成道利樂這個世界眾生時，所應說法都已經開示完了，化度之緣已經圓滿了，因爲 日月淨明德佛已經把《法華經》演說完了。也許有人想：「祂是哪時說完的？」豈不聞上一段經文中說：「復聞是《法華經》八百千萬億那由他甄迦羅、頻婆羅、阿閦婆等偈。」這不是已經演說完了嗎？因爲《法華經》就在那個時節因緣下講完了。有人想說：「菩薩捨報後才那麼短的時間，怎麼就講完了？」那麼 世尊講《法華經》講了多久？也是講很久、很久，卻是把長劫化入短劫而說完了，讓大家覺得這麼短的時間已經講完了，而大家也眞的聽完了，這可不是三明六通大阿羅漢所能作得到的。

那麼《法華經》講完了，當然要入涅槃。什麼時候講完最好？正是一切眾生喜見菩薩法供養完畢之後講完是最好的，那就把長劫化入短劫之中，讓大家全都聽完了。覺得好像是很短的時間，其實已經過很久了；因此他已經可以代替日月淨明德佛住持一切佛法，這時化緣已滿，當然是可以示現涅槃的時候了，可以繼續到別的世界利樂有情，因此才說：「我涅槃時到。」「涅槃時到」以後總不能把那一個色身帶去別的世界吧？所以說「滅盡時至」，就是把那一個五蘊要全部滅盡。既然要滅盡五蘊，當然就得示現入無餘涅槃的過程，總不能地上隨便一躺就入涅槃，諸佛如來沒有這樣示現涅槃的。

阿羅漢入涅槃可以有百千樣，諸佛則只有一樣，一定要有人先「安施床座」，然後很安祥、很莊嚴入涅槃。阿羅漢入涅槃，例如大目犍連神通第一，他是怎麼取涅槃的？他是故意去到城市之中，被怨家用亂石木棍打成重傷，就這樣入涅槃。他當然知道怨家在等著他呀！那他爲什麼還要這樣去入涅槃？這就是他會打算盤的地方。大阿羅漢沒有面子的問題，也沒有所謂入涅槃莊不莊嚴的問題，因爲阿羅漢還不是佛，無關佛法的莊嚴；那他如果逃開那個怨家，這個往昔結下的惡果，就得留到未來世去償還。

那我要問諸位了：假使你已經確定明天要捨報，你也確定這一件因果眞實存在，是該還人家的命債，那你是不是會藉著明天剩下最後那一個小時、那十分鐘去還命？這樣最便宜，會不會算？會了喔！至於死得好看、不好看，那已經是另一回事，把這個命債順利還了才是最好。否則未來世也許才剛剛長大成人、成家立業，就得要還債了，結果竟然沒有機會行菩薩道，那眞的很划不來啊！這一世已經把所要達成的目標完成了，剩下明天最後一天的最後一個小時就去還債，該有的一生壽命也已經過完了，眞的沒有損害啊！還命債時，以他的大神通，以他的滅盡定而言，也不難還，所以他就這樣子還債，故意走入城中被人亂石亂棍打成重傷然後回去死亡，就這樣還債，這是他死前滅盡的方式。

可是諸佛不能這樣，人天導師爲了法的尊貴，爲了諸佛的尊貴，必須要吩咐弟子「安施床座」，然後才可以示現般涅槃，不可以有意外或凶相發生。諸位也得知道這一點，將來才不會亂說：「成佛的人究竟解脫，什麼樣的方式入涅槃都無所謂。」你是無所謂，但是爲諸佛、爲了正法的尊嚴，不可以無所謂，當然必須要以這個方式安祥捨壽。好！今天講到這裡。

《妙法蓮華經》上週講到一百八十頁，最後一段的第三行。今天要從第三行第二句開始講：「又敕一切眾生喜見菩薩：『善男子！我以佛法囑累於汝及諸菩薩大弟子，并阿耨多羅三藐三菩提法，亦以三千大千七寶世界諸寶樹寶臺及給侍諸天，悉付於汝。我滅度後，所有舍利亦付囑汝，當令流布，廣設供養，應起若干千塔。』如是，日月淨明德佛敕一切眾生喜見菩薩已，於夜後分入於涅槃。」

這是說，一切眾生喜見菩薩往見日月淨明德佛時，日月淨明德佛吩咐說：「我示現入涅槃的時候已經到了，」當然接著就要作一些吩咐，所以就吩咐一切眾生喜見菩薩說：「善男子！我滅度之後，我所教授的佛法就付囑於你，要託付你以及其他的菩薩眾大弟子們，」這意思是說，佛法要付囑給能夠承當弘傳責任的人，要他有那個能力；如果他沒有那個能力，付囑了也沒有用；如果他不想挑起那個責任，付囑了也沒有用。

也就是說，自己是否應該成為被付囑的對象，如來一定是有所考量的。就好像世間法中，當你準備要製作一個很精美的櫥子，不管是佛龕、衣櫥或者什麼樣的傢俱，你若是去建築工地找了一個模板工來吩咐說：「你幫我做這麼一個傢俱，你得要親自做，要做得很精美，我給你三倍價格。」那他一定還是作不到，他會告訴你說：「我是做模板的功夫，不是做傢俱的功夫，我的功夫不足以完成你的任務。」如果是愚癡人，就會告訴他說：「沒關係！我給你三倍的價錢，你好好做。」那模板工人勉強去做，爲了貪三倍的價錢，結果做出來的產品就是不倫不類，而那個愚癡的主人就罵：「你這麼笨！我給你三倍價錢，你還做成這個模樣！」

其實是兩個人都笨！因爲他那個模板工拿了三倍價錢，何妨用兩倍價錢去請專門製作傢俱的最好師傅偷偷來做？結果他沒這麼作，他自己親手做；而那個主人也不曉得說，模板工的手藝再怎麼樣用心，都不可能做得出精細的傢俱來，但他偏要叫他做，所以說兩個人都傻。那麼世間有沒有這樣的人？有啊！所以這兩種人相對存在於人間；而人間的哪一種法界中最多這一類人呢？叫作佛教界。

例如有的人捐上幾千萬元、幾億元說：「師父！請你幫我開悟，我要最正確的開悟。」他想：「捐個一億、兩億元，也許不幫我開悟，也許只是給我一個不很標準、層次不高的開悟。那我捐個五億、六億元，他總會幫我得到最高層次、最正確的開悟了吧！」他沒想到他那個師父只是個模板工的層級，怎麼可能做得出那麼精美的傢俱啊？而他那個師父也笨，收了人家五億元、六億元，好歹送個兩億元到正覺來：「拜託你蕭老師！幫幫我這個弟子證悟。」我也許說：「這也行，看在兩億元的分上，我可以用來作好多事，不過你們倆都要累死了，說眞的。」然後我幫他們兩個人全都開悟。但是他倆都不這樣作，都想要私下授受開悟的事情，那你說他們倆笨不笨？而這種事情是佛教界中一直存在的事實。

可是諸佛一定看得很準：什麼人是有能力的，他能夠作到什麼地步；而哪些人有沒有這個大心，願意承擔起紹隆佛種、久續正法的任務，日月淨明德佛具足十力，當然能夠一念之間就看清楚，所以告訴一切眾生喜見菩薩說：「我把佛法囑累於你。」但是獨木難支大廈，想要蓋一個七層樓、九層樓的大廈，單用一根木頭是建不起來的，一定要有很多的棟梁共同配合；所以同時要觀察哪一些人可以來幫助一切眾生喜見菩薩，來一起完成這個任務，因此就說「及諸菩薩大弟子」。

如果是聲聞人，就不能把佛法囑累於他們；如果是菩薩而不是大弟子，因爲修證還差很多，也不能囑累於他們，所以一定是「**菩薩大弟子**」。而且不能只是一位、兩位，一定要有很多有能力出來作事的人，共同來完成；所以諸佛示現在人間時，身邊一定有兩位菩薩大弟子，也會有一生補處的菩薩摩訶薩，這樣才能具足應化於人間的基本條件；那麼其他配合的條件呢？就是諸地、諸位階的菩薩全都要有，才能夠完成八相成道的弘化任務。

因此，假使有佛化度完畢、化緣圓滿，準備要入滅了，祂就有弟子眾等可以囑累佛法；又因爲囑累的時候不是只有佛法而已，還有後續的囑累，就必須要有被囑累的人、有那個能力也有那個願力。而一切眾生喜見菩薩是所有菩薩之中願力最強、智慧最好、能力最棒的，因此就以他爲首，「**以及諸菩薩大弟子**」一併囑累。

可是諸佛入滅前，單單囑累佛法是不夠的；因爲如果只有一個開悟的法來囑累弟子，那 世尊囑累於他的意義就不大；所以這個佛法的囑累，得要包括無上正等正覺之法，也就是吩咐給他的時候，其實是包括最後如何究竟成佛之法，三賢十地成佛之道的內涵，也要一併吩咐於他。換句話說，一切眾生喜見菩薩和那一些「**菩薩大弟子**」們接受囑累時，他們將來不可以只教明心之法，而是要具足三賢十地之法，都必須要全部傳授給有緣的人，所以說：「我以佛法囑累於汝及諸菩薩大弟子，并阿耨多羅三藐三菩提法。」

以上付囑是法上的部分，接下來還有「三千大千七寶世界」的所有「諸寶樹寶臺」，以及住在這個廣大世界中的「給侍諸天」，一樣也要付囑。日月淨明德佛示現涅槃前，所有奉侍　日月淨明德佛那麼久以來的諸天，也不能無所依止呀！所以也把這一些奉侍　佛陀的諸天弟子們囑累於一切眾生喜見菩薩；換句話說，他接受了以後就沒得空閒，因爲每天都要攝受眾生；到了晚上子時以後，諸天又要來請法，他是沒什麼時間可以休息的，但這就是菩薩。

接著又吩咐說：「我日月淨明德佛滅度而荼毘了之後，所有的舍利也全部都付囑於你；這些舍利，你應當要使它們廣爲流布，並且要施設非常多的供養，還要起建非常多、以千爲單位來計算的寶塔而作供養。」關於舍利，很多人覺得舍利很珍貴，也確實眞的很珍貴，因爲眞的舍利很難求得，所以很珍貴。舍利本意是留下來的遺體，若是全身不壞，就稱爲全身舍利（當然，強力乾燥然後加工防腐後製的全身舍利不算數）；所以也有一說：死後留下來的骨頭就稱爲舍利。但因爲是有佛法實證的人，因此大家想要留作紀念，就把他的遺骨收存起來供養。

諸佛既然應化於世間，就如同世間的有情一樣有色身，捨壽之後就有色身留下來，就稱爲「舍利」。但佛法中說的舍利都是要經過火化，佛門中就稱爲「荼毘」；荼毘之後通常諸佛都會示現爲碎身舍利，希望藉著數量很多的碎身舍利——火化後分成非常多的微細顆粒，讓更多人可以一一供養而廣種福田、獲得大福德。如果不是碎身舍利，能夠供養的人就非常少，就只能有一位來供養全身舍利。如果是碎身舍利，就有非常多的人可以供養而得到大福德。

佛陀已經示現入滅度了，誰供養 佛陀的舍利時，佛陀都沒有去受用；就好像諸位在家中佛堂，每天以水果上供後，供品都不曾缺了一角、少了一顆，最後撤下來時還是完全由你們自己受用啊！但是諸佛爲什麼要在荼毘之後，故意成爲碎身舍利？就是要讓眾生種福田。因爲成佛之道所應該具備的福德非常之多，如果福德不夠想要具足佛菩提道而在最後成佛，就不可能有機會，所以必須要廣設方便讓大眾來種福田。就好像我們不斷地開闢各種福田讓大家來種一樣，諸位種了福田，沒有一絲一毫的世間利益流到我口袋中來，諸位作了就是你自己的福德。你種了這些福田，你獲得那一些福德，對你的道業就有幫助。

那麼這是屬於碎身舍利的部分，而無量劫來諸佛都以碎身舍利令廣大眾生得種福田，就只有 多寶如來不示現碎身舍利，因爲祂有一個大願：凡是諸佛宣演《法華經》時，祂要以全身舍利乘坐七寶大塔前往證明，所以必須要前去聽經，因此祂示現滅度之後，沒有化成碎身舍利，而其他諸佛都化成碎身舍利。

關於舍利也有很多人產生感應，所以一顆變成兩顆，兩顆變成四顆，這是常所聽聞之事。當然也有一些愚人講出了很奇怪的說法，就是迷己逐物的少數西醫，他們說：「佛門中人火化以後有舍利，那其實是結石，因爲他們都素食，豆腐吃多了，裡面有很多石膏，所以火化以後就有很多結石。」那他爲什麼不想一想：豆腐店的老闆吃過最多的豆腐，爲什麼火化以後沒有舍利？爲什麼不想一想有些九官鳥跟著主人學唸佛，死了以後火化也有舍利？牠卻從來沒吃過豆腐。所以沒智慧的人，眞是不可理喻！面對不可思議的現象時不肯承認自己的無知，總以為自己全都知道，於是為了面子就出來亂講一通，殊不知那些話反而更顯示出他們的膚淺與無知。所以說，舍利是一種功德的表現，而不是結石所導致。

那麼關於舍利，還有一種舍利叫作「法舍利」；如果你求不到舍利可作供養，你就供養法舍利。法舍利就是 如來所流傳下來的實證之法，這是 如來以法身為大眾宣示而幫助大眾親證之後，由大眾來受持。那麼每天應該要供養這個法舍利，並且供養法舍利的功德與福德，遠遠超過供養真身舍利，遠超過供養碎身舍利無量百千萬億倍！可不要懷疑喔！《法華經》中的真義，講到這裡已經講過很多了，諸位應該都已如實理解了啊！

你供養了義說的《法華經》，就是供養法身舍利；你供養 佛所教導而遺留下來的佛菩提妙法，就是供養法身舍利，這種福德無量無邊。因此 日月淨明德佛付囑於一切眾生喜見菩薩的舍利，在碎身舍利之前已經先吩咐了法舍利；接著吩咐的是碎身舍利，付囑他一定要讓碎身舍利可以廣為流布，讓很多根機較淺的眾生更可以有機會供養，這是讓許多的眾生可以快速累積福德；並且為了讓眾生懂得供養舍利，所以又吩咐說：「**應起若千千塔，**」是以千爲單位，是一千個塔又一千個塔，看你能夠建造多少個千塔你就去建造。

然後 釋迦世尊接著告訴我們說：「就像是這樣子，日月淨明德佛吩咐完了，已經對一切眾生喜見菩薩等人一一付囑過了，就在夜後分入於涅槃。」諸佛入涅槃時有其常法，有同樣的一定過程，就是以師子奮迅三昧來完成捨壽入涅槃的過程。也就是說，諸佛常住於初禪中，入涅槃時要進入二禪轉入三禪、四禪，然後轉入空無邊、識無邊、無所有、非想非非想處、滅盡定，然後再從滅盡定一一退回來到初禪，再從初禪往二禪、三禪然後進入四禪，在第四禪中取無餘涅槃。諸佛都是這樣示現入涅槃的，這叫作「師子奮迅三昧」，也就是於四禪八定來去自在。

那麼 釋迦如來除了這樣示現以外，那個晚上特地吩咐阿難尊者，在雙樹之間施設臥處時要「北首」。爲什麼要北首呢？因爲 如來的大法要向北弘傳，表示 如來的無見頂相是要向北方照耀的；就是說，佛菩提道不往南方走，要往北方走。那麼北方是哪裡？就是西域跟中原啊！世尊也曾以言語如此明白宣示，所以大乘佛法後來就是經由西域傳入中國，中國正是天竺的北方，這是捨壽前就已經向大眾預告的了。因爲 世尊早就看清楚北方的華夏地區有大乘的氣象，如果往南方傳，不久就會滅沒。我去朝禮聖地時在遊覽車上入定所見往世弘法過程，漸漸被逼向南方而最後滅亡，不得不往生中國的景況，也證明了 世尊的預見完全正確。

所以達摩大師往北方來到中國，單傳到了六祖的年代，由於先有玄奘的譯經，以及在京城洛陽城門高懸「眞唯識量」的作爲，使之後的六祖將教外別傳的了義法廣傳獲得聖教上的支持，才終於一花開五葉，這就是大乘法在華夏南方弘傳得以興盛的背後原因。當時玄奘菩薩西行取經回來，在北方譯經非常興盛，所以一南一北，大乘佛法就在震旦發揚光大起來，最後成爲傳統中國文化的主要成分，至今都還在利樂中國人。

這是說 如來入滅的時候並不是一走了之，而是必須吩咐有能力的菩薩們，要繼續爲眾生而住持 如來的正法，釋迦如來就是這麼付囑的；所以 日月淨明德佛同樣付囑，乃至於極樂世界將來無數劫後，阿彌陀佛也會示現入滅，那時也會付囑 觀世音菩薩。諸佛如來的常規都是如此，所以 日月淨明德佛付囑了之後，一切眾生喜見菩薩當然要承擔下來，而且也是他樂於承擔的。這樣子承擔下來以後，日月淨明德佛在夜後分，也就是天明之前示現入無餘涅槃。那麼 世尊繼續開示的內涵究竟如何呢？再看接下來三段的經文：

經文：【「爾時一切眾生喜見菩薩見佛滅度，悲感懊惱，戀慕於佛，即以海此岸栴檀爲積，供養佛身而以燒之。火滅已後，收取舍利，作八萬四千寶瓶，以起八萬四千塔，高三世界，表刹莊嚴，垂諸幡蓋，懸眾寶鈴。」

「爾時一切眾生喜見菩薩復自念言：『我雖作是供養，心猶未足，我今當更供養舍利。』便語諸菩薩大弟子及天、龍、夜叉等一切大眾：『汝等當一心念，我今供養日月淨明德佛舍利。』作是語已，即於八萬四千塔前，然百福莊嚴臂七萬二千歲而以供養，令無數求聲聞眾，無量阿僧祇人，發阿耨多羅三藐三菩提心，皆使得住現一切色身三昧。」

「爾時諸菩薩、天、人、阿修羅等見其無臂，憂惱悲哀而作是言：『此一切眾生喜見菩薩是我等師，教化我者；而今燒臂，身不具足。』于時一切眾生喜見菩薩，於大眾中立此誓言：『我捨兩臂，必當得佛金色之身；若實不虛，令我兩臂還復如故。』作是誓已，自然還復，由斯菩薩福德、智慧淳厚所致。當爾之時，三千大千世界六種震動，天雨寶華，一切人、天得未曾有。」】

語譯：【「這時一切眾生喜見菩薩看見日月淨明德佛示現滅度了，心中覺得悲泣感慨又覺得懊惱，他的心中愛戀仰慕於日月淨明德佛，隨即以海此岸栴檀作爲香積，用來供養佛身而焚燒之。等到大火滅盡以後，就收取佛舍利，製作了八萬四千支寶瓶保存碎身舍利，並且起造供養於八萬四千塔中。這八萬四千寶塔，高達三個世界，在寶塔表面施設各種的莊嚴物，而且垂掛著各種幡與蓋，還懸吊種種的寶鈴。」

「這時一切眾生喜見菩薩又在心裡面想著：『我雖然作了這樣的供養，但我心中並不滿足於這樣的供養，我如今應當還要更發心來供養佛舍利。』於是告訴諸菩薩大弟子以及天、龍、夜叉等等一切大眾說：『你們大家應當要一心專念，我如今要再供養日月淨明德佛的舍利。』這樣吩咐完了以後，就在八萬四千寶塔之前，由身中生火自動點燃他的百福莊嚴臂，就這樣子燃燒七萬二千歲來供養日月淨明德佛的舍利。因爲他這樣作的緣故，使得難以計數的聲聞眾，總共有無量阿僧祇的人，看見了以後發起了無上正等正覺之心，而使他們全都可以安住於現一切色身三昧之中。」

「那時諸菩薩眾、諸天、諸人、阿修羅眾，看見一切眾生喜見菩薩已經沒有雙臂了，大家心中憂愁、煩惱、悲哀，互相這樣子說：『這位一切眾生喜見菩薩是我們大眾的老師，是教化我們的人；而今把他的雙臂燃燒而供養於佛，他的色身已經不具足了。』那時一切眾生喜見菩薩知道大家互相言說討論，於是就在大眾之間立下這樣的誓言：『我捨了兩臂來供養佛舍利，將來一定會得到佛地的金色之身；如果我這個說法是眞實不虛的，現在應當令我的兩臂回復到如同以前一樣。』他這樣子公開宣誓了以後，自然就回復到以前具足兩臂的狀態，這都是由於這位菩薩的福德淳厚、智慧淳厚所導致的。正當這個時候，三千大千世界忽然出現六種震動，從天上降下各種寶貴的花朵，當時一切在場的人與天眾，都不曾見過有這樣的現象。」】

講義：這是說，一切菩薩沒有不戀慕於佛的；除非他於佛不曾親覲，那我就不敢說了。凡是曾經親覲於佛的菩薩們，沒有誰不戀慕於佛；如果是初機學人，就不會有這個現象。只要你已經證得無生，而且已曾親覲於佛，就一定會戀慕於佛。那諸位想一想，如果有人主張說：「釋迦如來跟阿羅漢一樣，阿羅漢們也就是佛。」這樣的人會不會戀慕於佛？保證不會。因爲他心中想：「釋迦如來跟阿羅漢不過是一樣的境界呀！就算祂走了，還有很多阿羅漢在啊！我何必戀慕於佛。」

這眞像一個三歲的小孩子，媽媽給他一塊餅乾，他覺得媽媽對他好好；等一下爸爸來了，給他一輛玩具小汽車，爸爸問他：「你愛爸爸、還是愛媽媽？」他說：「我愛爸爸。」媽媽已經不算數了，都不知道自己是媽媽生的，三歲小孩就是這樣啊！那你想他能夠有多少智慧？那一些錯認阿羅漢等於佛的人，對佛地不瞭解，才會誤以爲諸阿羅漢也是佛，就像是三歲的小兒一般的無智。無智的原因是由於他們完全無法想像諸佛如來的境界，更無法想像諸佛如來的大慈與大悲，所以會有那樣粗淺的想法。

可是當你證量越高，對 如來的瞭解越多，就知道阿羅漢根本不算什麼。在佛世，迴心大乘的大阿羅漢們如果來了，就會趕快禮拜供養 如來。然而菩薩也供養阿羅漢們，不只是因爲尊敬，而是同時把他們當福田種，是要用他們而不是眞的恭敬於他們；因爲禮拜就有福德，供養他們就有大福德，這些福德都很大，而菩薩們世世都需要累積福德的啊！其實阿羅漢如果聰明，回過頭來供養這個菩薩，他得到的福德會更大；但他不懂，也因爲聲聞羅漢是不需要修集未來世的福德，捨壽後就入無餘涅槃了。

那麼如果菩薩的證量越高，就越知道佛地智慧，越知道諸佛功德難以思量，也會知道諸佛如來是如何的大慈與大悲啊！那麼這樣一來，親承於某一尊佛而得大受用之後，如來終於離世了，怎麼可能不戀慕於佛。所以有些人讀了《阿含經》，讀到經中說 如來入涅槃時，那些迴心大乘成爲入地菩薩的大阿羅漢們，多數人是捶頭頓腳、撕裂僧服、懊惱啼哭，個個不捨 如來已逝，他們就想：「這算什麼大阿羅漢？這部經典寫的大概不正確。」因爲他們都不知道大阿羅漢距離佛地還有多麼遙遠的距離呀！

至於不迴心大乘的聲聞阿羅漢們，當他們聽到 佛陀入涅槃了，有些甚至都不願意參加四阿含的結集，當場就入無餘涅槃了！像這樣的聲聞阿羅漢，且不說他懂不懂佛菩提；就算懂了，把無上正等正覺妙法付囑於他，結果呢？如來今天入滅，他明天聽到時也跟著立即入滅，結果沒有人弘傳了，佛法必然會失傳的，連聲聞法也漸漸失傳了，這也是佛教史中可以求證的事實。然而菩薩就不是這樣，菩薩親覲於 佛陀而實證妙法，了知阿羅漢與 佛陀的差異很大，無法一時完全加以說明，因爲差異之處太大、太多；而自己得到 如來的教誨，獲得智慧與各種功德受用，因此感受到 如來的深恩，當

然在　如來離去時一定是戀慕於佛。

凡是實證佛菩提而且證量很高的菩薩，不可能有人在　佛離去的時候，心中不會悲感懊惱。只有一種人，就像六群比丘那一類人，看到大迦葉因爲佛陀辭世而啼哭不捨時，他們竟然說：「你爲什麼要哭啊？如來走了以後就沒有人管我們了，我們可以爲所欲爲了。」完全無法體會到　如來爲什麼要管他們。菩薩最怕的是：「如來不管我，把我晾在一邊，那我想要增上的道業就沒著落了。如果我什麼地方錯了，如來願意管我，表示如來有關心我；如來不會把我晾在一邊，一定會教導我，那我的道業就有著落。」

即使是定性聲聞阿羅漢，也都不會在看見　如來入滅的時候心中歡喜，何況是菩薩們？所以諸菩薩證量越高就越發戀慕於佛，當　如來離去時也就越發地悲感懊惱。也許有人心中想：「菩薩心中悲感懊惱，也許還有一分不足以爲人說的祕密，也就是此後要承擔如來家業，那多辛苦？」其實不然！因爲菩薩都是知恩者，實證了　如來傳授的法教以後，當然深知　如來的廣大恩德，思索著怎麼樣可以回報於萬一，又怎麼可能會想著說，自己將來身上的擔子多麼大。因爲菩薩心中想的是：「我挑的擔子如果越重大，我所能修集到的福德就越廣大。」所以菩薩沒有嫌擔子太大的，只怕 如來不肯把大擔子交給自己。

假使你是一個身強力壯的青年，結果老爸臨走的時候只交給你一付一尺長的小扁擔跟兩個小小的畚箕讓你挑，你心中覺得怎麼樣呢？「那是一個指頭就可以挑起來的，老爸交付這個擔子給我，太瞧不起我了吧？」你一定會想：「老爸一定認爲我的能力很差。」如果老爸臨走的時候給你一根鐵扁擔，兩頭滿滿的兩籮黃金，你剛開始也許會想：「喔！這個擔子好重。」可是你當上了實證的菩薩，一定回頭又想：「如來會交給我這麼重的擔子，一定會讓我有辦法挑起來，才會交給我。」那你想，自己本來只能挑個五十斤，現在如來加持而讓你能挑起兩百斤，你挑不挑？當然挑了！因爲 如來不會作無意義的事。

如果交給你一個重擔，就一定會幫助你完成任務。祂給你兩百斤的黃金讓你挑，而不是那根小小的扁擔、兩籮的棉花讓你挑，一定會幫助你有力量可以挑得起來，那你就去挑啊！雖然辛苦，但是突然間神力增長，有何不可？諸佛如來都會這樣觀察的。因此假使 如來吩咐給你的擔子，是那根不過一尺長的小扁擔，不過是兩小籮的輕輕棉花，這個擔子很輕，但是你要知道說：「自己的道業不會再成長了。」所以菩薩沒有推辭責任的想法，只有主動去把責任挑起來；挑起來時並不是爲了去挑起那個責任以後有什麼利益，而只是爲了報恩，不計較自己有什麼利益，這才是眞菩薩啊！

大家看見的一切眾生喜見菩薩也正是如此，他從來沒有想要在 日月淨明德佛所，去得到什麼利益；他只是努力去供養，但是竟然得到那麼大的利益。有一句話是大家應該記住的：如來不辜負任何人。但是不要從表相上去看，如果只從表相上去看，可就誤會了 釋迦如來的好意。有時給你一個任務，你去作了以後不免喪身捨命；從表相上看來，似乎划不來。本來可以活到七老八十，結果作了這件事情，把任務完成乃至於還沒有完成，結果就被殺掉了，看來眞是吃大虧了。其實不然！因爲這是以身供養無上正等正覺，這是大福德啊！所以不要恐懼什麼任務。

假使你往世爲了護持正法，爲了住持正法，結果被外道殺了，那你就有更廣大的福德，可以助益未來世的道業快速增長，所以不必擔心什麼。也許有人想：「你這回被達賴喇嘛基金會亂告一場，一定會擔心吧？」我說：「我不擔心啊！我每天睡得安隱啊！就算眞的把無罪的善行而判我有罪，那也沒關係，住到監獄裡面去，我正好可以修定呀！」因爲我現在根本沒機會修定，進去裡面關，對我不一定不好。以前有個阿羅漢得慧解脫，被人冤枉了關到監獄裡面去，他就在裡面自修，結果他變成三明六通大阿羅漢；但他也沒想要出來，因爲他是個聲聞人。

後來他有個證阿羅漢果的弟子，名聞四方而遊行來到這個國度，請問人家說：「那位阿羅漢師父哪裡去了？」人家說：「他被關在監獄裡。」這位阿羅漢說：「怎麼可能？他不會犯罪呀！怎麼會被關？」人家說：「被冤枉了，於是就被關了。」當初國王也眞的親自下令把他抓去關，關了十二年，國王都已經忘了。被關在裡面的慧解脫阿羅漢，手中既沒有刀子可以刮鬍鬚剃頭，衣服也漸漸破爛了，這位弘法來到這裡的阿羅漢去見國王，國王說：「眞的嗎？眞的嗎？我關了阿羅漢嗎？」他倒緊張起來了。當初他不信被關的是阿羅漢，是因爲那位阿羅漢沒有神通，所以把他關了。沒想到阿羅漢在裡面繼續修行，變成三明六通了也沒人知道。

國王就派人去找，找來找去沒有看見阿羅漢；因爲他們心中認爲的阿羅漢，是穿著僧服而沒有鬍鬚，也都是剃光頭的。可是關了十幾年後，怎麼可能沒有鬍鬚還是光頭呢？所以這位阿羅漢陪著國王親自去找，想要把他找出來；眞的找出來以後，證明是眞的阿羅漢，國王嚇死了；然後這個阿羅漢也是有趣，才一出來，立刻示現他的大神通，飛到天上七多羅樹之高，上身出火、下身出水，上身出水、下身出火，十八般神變示現完了就取涅槃，那個國王當場看見也就悶絕了，因爲他知道把阿羅漢抓來關的罪很大。

而那位被關的阿羅漢因禍得福，有好機會不必去托缽，每天都有食物。阿羅漢們有時候還會托空缽回寺，這時他根本都不必擔心；而且阿羅漢都不牽掛什麼，關就關，都無所謂；他也沒有所謂弘法度眾可說，所以要關就關。在裡面倒是清淨，每天時間到了就有人供食。所以我說，有機會去裡面再把往世的禪定全都修回來也不錯。可是有個問題：正覺沒有辦法弘法，也不能繼續指斥密宗誤導眾生的惡事眞相，他們將會繼續坐大，眾生可就慘了，那時該怎麼辦？那就只好盡人事、聽天命，所以我們還是要繼續努力，因此該作的還是要繼續作。

因爲菩薩的心態跟阿羅漢是不一樣的，阿羅漢心中是灰色的，隨時準備入無餘涅槃的，對於佛法乃至聲聞法的存在與否並不掛心，對於眾生能否得解脫也不掛心，更別提眾生的法身慧命。可是菩薩不掛心自己的利益，就掛心著佛法能不能夠久續流傳，掛心著眾生的法身慧命有沒有著落，這就是菩薩異於聲聞的地方。因爲菩薩心心念念想著不能不報恩，而報恩最好的方法就是繼續住持正法於人間，繼續紹隆佛種而不令斷絕。然而想要紹隆佛種這個任務，得要放在眾生身上，離開了眾生就不可能紹隆佛種呀！

菩薩想的就是這些事情，所以當 如來離開了，擔子不管怎麼大，菩薩都不會推辭，可就唯有一樣不能免除，就是「悲感懊惱，戀慕於佛」，這是永遠沒有辦法解決的問題，直到成佛之時。所以不要懷疑《阿含經》中，如來入滅度以後阿羅漢們那樣啼啼哭哭，又捶頭、又頓腳、又撕衣服的記載，因爲實在不捨。那些大阿羅漢們都已經迴心菩薩道了，所以他們與 如來的關係，眞的叫作剪不斷、理還亂啊！一直要到什麼時候弄清楚？要直到成佛時，這個問題才能解決啊！乃至於等覺、妙覺菩薩心中，也莫非如此，只是不會表現出來而已。

那麼一切眾生喜見菩薩當然不外於此，所以就用「海此岸栴檀」來作爲香積，用來爲　日月淨明德佛荼毗。前面講過「**海此岸栴檀**」非常的珍貴，但他準備了非常多來作爲香積，來爲　日月淨明德佛的全身舍利荼毘。對諸佛如來都應該要這樣作，諸佛如來在世間示現，荼毘時不能用一般的木材，一定要用沉水香、栴檀香等種種香木來作爲香積。

那麼　如來荼毘完了以後，當然要收取舍利，日月淨明德佛因爲捨壽前已經先吩咐了：所有舍利吩咐給一切眾生喜見菩薩。大家就沒有爭議。釋迦如來當年沒有特別吩咐，老實說，以五濁惡世的那些國王來說，吩咐了並沒有用，大家都想獨佔爲己有，所以才會弄到發動軍隊互相對峙，幾乎都要殺起來了。後來有位婆羅門很聰明，想了一個好方法，爲大家開示：「**如來大慈大悲，我們爲什麼要爲如來的舍利死傷那麼多人？不如八位大王各分得一個金瓶的舍利，免了戰爭死傷眾生。**」大家想一想覺得也對，如來這麼慈悲，大家爲什麼要爲舍利而打仗死傷很多人？

所以這位婆羅門很聰明，說服了八國國王；傳說他在金瓶裡面塗了蜜，因爲他不能開口說：「**能不能分一點給我？**」弄個不好，他可能被砍頭；所以他在金瓶裡面塗了蜜，量完均分了以後，那一些黏在蜜上面的舍利子，他用水洗一洗，不就很多了嗎？他很聰明，也化解了一場戰爭。同樣的道理，如來大慈大悲，當然會以最能利益眾生的方式，吩咐處理祂的舍利子，所以荼毗後的這一些舍利子，一切眾生喜見菩薩在火滅了之後收集起來，就用八萬四千個寶瓶來盛裝，然後起造了八萬四千個寶塔，一一供養起來。

這些舍利子都是爲了利益眾生而留下來的，釋迦如來荼毘之後的舍利子很多，總共有八大瓶，那麼爲何要變化出那麼多的碎身舍利？因爲要廣爲流布。每一個人只要求得一顆舍利子，就非常歡喜。當時 釋迦如來的舍利子被八個國王均分去，因此從那位婆羅門手中輾轉送給大眾供養的就不多了；釋迦如來就以威神之力，不斷地滋生出來，就是爲了眾生。有的人就因爲獲得一顆佛舍利，所以走入佛門；有的人因爲看見佛舍利突然間又增長出來一顆，由此信入而開始學佛，所以佛舍利可以作很多的功德。

釋迦如來看見當時的情況，不利於眾生起信修福，因此預記未來一百年後會有轉輪聖王出世，將 佛的舍利子廣爲流布，一天之中造八萬四千塔；大陸西安法門寺那座塔下所隱藏的金製寶塔，就是那八萬四千塔之一。造那個寶塔時是有講究的，那是金棺銀廓，很講究的；要這樣一一收存舍利子，然後再建塔而隱藏於塔下的地宮之內，以免被人偷去。阿育王就這樣造完了八萬四千塔，同一天分送各地收藏供養起來。所以他廣布八萬四千個塔，是一天之中派到各處去，在同一天安置，這就是一天之中蓋起七級浮屠的勝事。

所以別小看佛舍利，供奉佛舍利而作供養時就會有大福德。可是這個福德，遠不如大眾供養法舍利。有兩種人，看諸位要選哪一種：一種人是他家裡供的佛舍利，每天都會生一顆出來，好神奇，大眾都讚歎他說：「唉呀！**如來好憐念於你，每天給你一顆舍利子。**」另外一個人家裡連一顆舍利都沒有，好不容易求來一顆，但從來沒有再出生新的舍利子；可是他實證了如來的法，他依舊每天只供著一顆小小的佛舍利，而他卻祕密供養著 佛陀的法舍利。這樣的兩種人，不知諸位要選前者還是後者？（大眾大聲回答：後者！）眞的有智慧！

因爲那位供著舍利子，每天都會增長一顆的佛弟子，每天都在羡慕那一位家裡舍利子都不生長的佛弟子；因爲他把經典請了出來讀，好像是無字天書啊！可是另一位都不會再出生佛舍利的佛弟子，竟然都能讀懂而且能解釋到非常勝妙。但他每天多了一顆佛舍利，只是能夠讓人家羡慕，自己卻沒有智慧。所以《法華經》稍後還會再講到供養「此經」的事，這就是供養法舍利，佛法就是世尊的「法身舍利」。

那麼一切眾生喜見菩薩作了八萬四千寶瓶，這寶瓶可能只有幾寸高度的大小；然後緊接著建造八萬四千座寶塔，這些寶塔高達三世界；這些寶剎外面都作了各種的莊嚴，或者貼了各種珍貴的寶石，這就是「表剎莊嚴」。表就是表面，剎就是在這個寶塔本體加上各種莊嚴。不曉得諸位有沒有去看過印度的泰姬瑪哈陵？那泰姬瑪哈陵，是國王為了紀念他死去的妻子而建造的陵墓；在那個陵墓裡面有他妻子的棺木，在棺木外圍還有一些鏤空雕花的建築，然後外面才是大理石建成的泰姬瑪哈陵。國王打造成鏤空的建築，在每一個地方都安裝了寶石。就好像紅木傢俱，把貝殼雕刻好，然後把木頭雕刻凹進去，再把貝殼裝進去一般。所以鑲了許多綠寶石、紅寶石，以及其他的寶石。我們二十幾年前去朝禮聖地時，也曾經去參觀過，但是比較珍貴的寶石都已經被偷挖走了。

這意思就是說，貯存 日月淨明德佛的舍利塔建築表面，都鑲填了珍貴的寶石，而且製作了許多不同的花樣作裝飾，這叫作「表剎莊嚴」。不但如此，還「垂諸幡蓋」，「幡」沒有用貼的，都是用懸掛的。「蓋」是在每一層級的外面懸掛起來作為莊嚴，這樣叫作「垂諸幡蓋」。而且「懸眾寶鈴」，只要微風吹動寶鈴，就有清脆的鈴聲此起彼落、此響彼滅，這都是作為莊嚴的一種。像這樣的供養，不能說是小供養；然而這樣供養完了以後，一切眾生喜見菩薩覺得還不夠，心裡面想：「我雖然作了這樣的供養，可是我覺得這樣的供養還不夠滿足，我如今應當還要再供養佛舍利。」

所以他告訴「諸菩薩大弟子及天、龍、夜叉」等等一切大眾，特別吩咐說：「你們應當要一心專念，我如今要供養日月淨明德佛的舍利。」他說大家應該要「一心專念」，為什麼他要這樣作？也就是吩咐大家說：「我供養日月淨明德佛舍利的時候，大家要專精一心，不要有任何雜念，跟著我一心供養日月淨明德佛的舍利子。」這是在利益大眾，也就是說，他在作供養的時候，一定不是小供養，而是大供養；當他作這個大供養的時候，他希望所有跟隨他的一切大眾都要專精一心來隨喜，就可以在這個大供養之中獲得隨喜的功德。所以他特地吩咐說「汝等當一心念」。

那麼他確定大眾可以跟著他獲得這個大供養的隨喜功德了，因此就在這八萬四千個供奉佛舍利的無比莊嚴高大寶塔之前，以他的三昧力，從他的百福莊嚴臂上面燃起火來。百福莊嚴，在前面講過了，這裡也就不再重複說明。以他百福莊嚴的手臂自動燃燒起來，但不會一時就燒盡，而是燃燒了七萬兩千歲之久。以這個時間而言，咱們出生到老死，就等於他的一眨眼功夫而已。他就這樣子供養了七萬兩千歲，他的雙臂才燃燒完畢。

在這七萬兩千歲之中，一定不斷地有傳說在流傳著：「一切眾生喜見菩薩燃燒百福莊嚴臂供養日月淨明德佛的舍利。」一定每天都是夜以繼日，有很多人來到現場觀看隨喜。一年後，人家說：「這位菩薩摩訶薩已經這樣供養一年了。」兩年以後就傳說這位菩薩已經供養兩年了，乃至於傳說到七萬兩千年時，人家說：「這位菩薩已經供養七萬兩千年了。」

像這樣子長時間而作這種難以作到的供養，無數追求聲聞法、證解脫果阿羅漢果位的那些聲聞人，數量達到無量阿僧祇之多，難道不會被感動而改變嗎？他們心裡面一定這樣想：「如來是怎麼樣的神聖？足以令一切眾生喜見菩薩作這樣的供養？」於是大家會互相討論，菩薩大弟子們當然要隨著各種機緣而為眾生解說。這麼一來，將會是無數求聲聞眾的無量阿僧祇人，開始改變他們的心態；於是就在這樣的情況之下，無數人發起了無上正等正覺之心；在這七萬兩千歲的過程中，足夠他們證得「現一切色身三昧」。

我說的是理上的「現一切色身三昧」，因為現一切色身三昧，有理上的現，以及外現與內現的差別，但是一切眾生喜見菩薩他是具足三種示現的。而這一些求聲聞的無量阿僧祇人，他們這時「得住現一切色身三昧」，意味著說這一些人不再畏懼生死了！為什麼不再畏懼生死？因為明心而悟得佛菩提了，從自己的實證上去現觀這個事實：生也在自己的如來藏中生，死也在自己的如來藏中死；歡喜、快樂、憂愁、解脫，全都在自己的如來藏中歡喜、快樂、憂愁、解脫，終究不曾外於自己的如來藏，所以如來藏就這樣一世又一世顯現色身。不論所顯現的色身是人身、天身、修羅身、三惡道之身，乃至四聖法界之身，全都是在自己的如來藏中顯現。

這樣子觀察清楚了，實證了理上的現一切色身三昧時，不再畏懼生死，於是願意發起勝義菩提心，也就是發起勝義的無上正等正覺之心；不再行於聲聞道，棄捨了聲聞道。那麼諸位想想，一切眾生喜見菩薩除了以大供養，來供養　日月淨明德佛舍利而獲得的大功德以外，又度了無量阿僧祇聲聞眾迴心，於大眾中發願成爲眞正的菩薩，已經轉入大乘法修學了，這個功德難以思議！

諸位還記得嗎？《優婆塞戒經》及《四十二章經》說：布施給一個持五戒的人所獲得的功德，超過布施給十萬眾凡夫的功德；布施給一個證得初果的人，超過布施給一萬持五戒的佛弟子功德，獲得無量報。那你想：他度化了無量阿僧祇聲聞眾迴入菩薩道中實證——「得住現一切色身三昧」，這功德有多麼大！因爲度一萬人成爲初果人，不如度一個人得二果；乃至度一萬個人成阿羅漢，不如度一個人發菩提心成爲凡夫菩薩。又如《大般若經》中有說，教導一人證得預流果，所得的大福德勝過教化整個南瞻部洲的人修學十善業道。可是教導許多人成爲阿羅漢，卻不如教導一人成爲具備菩薩性的菩薩。那麼一切眾生喜見菩薩，因爲燃百福莊嚴臂供養日月淨明德佛的舍利，竟然能夠使「無量阿僧祇人」的聲聞眾，發起勝義菩提心而能夠證得「現一切色身三昧」，他這個功德難可思議啊！

所以他的所作所爲不是單單因爲悲感懊惱、戀慕於佛而作，他是眞實大報恩。因爲諸佛如來視一切眾生如獨子，牽掛著這一些眾生，所以永遠不入無餘涅槃，就這樣子在無量無邊世界繼續不斷示現八相成道入涅槃的弘法大業，所爲何來？就是爲了這一些眾生！而一切眾生喜見菩薩爲了報恩，就這樣子作了，也眞的度化「無量阿僧祇人」的聲聞眾，發起勝義菩提心而證得「現一切色身三昧」，這才是眞正的報佛恩啊！報了佛恩不就同時報了師恩嗎？眞正是四恩總報。

可是他利益了「無量阿僧祇人」的聲聞眾了，追隨他的這一些諸菩薩們、諸天、諸人、諸阿修羅等，看見他燒完了兩臂，心中難道沒有懊惱悲感嗎？在這個過程中，他的這些菩薩弟子大眾一定會悲感啊！當他們看見他的雙臂漸漸燃燒完了，大家「憂惱悲哀」，就這麼討論著：「這位一切眾生喜見菩薩是我們大家的師父呀！是教化我們大眾的老師啊！如今把雙臂給燃燒完了，色身已經不是具足圓滿了。」大家心中都覺得是一個很大的遺憾。

這時一切眾生喜見菩薩當然知道大家心中的所思所念，因爲他得到了四無礙辯，早已滿足九地心了，這時隨時隨地都可以進入第十地心中；而且依照他的證量來看，實際上也已進入十地心中，當然不能夠沒有回應；因爲菩薩在世間不能缺了胳膊、少條腿，既然身爲法主而有了缺陷，弟子眾們心中總是覺得悲哀，所以弟子大眾當然不忍心看見一切眾生喜見菩薩這樣的色身。有的人也許比較淺思，可能想：「那兩臂燒完了，一切眾生喜見菩薩要怎麼生活？」其實這不必思索，因爲他早過了於相於土自在的境界了，這不是四眾弟子們心中之所思所想。

因爲在那樣的淨土世界中，他又是入了十地的大菩薩，生活不是問題，他可以隨意變現；但是既然燒了兩臂供養於 日月淨明德佛，完成了一件不可思議的事，也得到了度化「無量阿僧祇」聲聞人迴心大乘而實證佛菩提了，當然接著就是要圓滿所有弟子的心中願求了。這些弟子就是菩薩、天、人、夜叉、阿修羅，不只是我們人間現在說的比丘、比丘尼、優婆塞、優婆夷四眾。於是一切眾生喜見菩薩就在大眾之中立下了這個誓言：「我捨了兩臂來供養日月淨明德佛的舍利，未來一定會得到佛地的金色之身；如果我說的話眞實不虛，當下應該令我供養掉的兩隻百福之臂，立即還復如故。」當他這樣子立下這個誓言之後，自然又還復如故了。

那麼話說回來，諸位可不可以燃臂供佛？且不說燃臂，單說燃指好了；燃指供佛以後也同樣這樣發下誓言：「當下還復如故。」保證諸位不可能。

因爲福德不同、證量不同、所處的世界也不同，所以不要愚癡地說：「喔！我拿繩子把手指綁死了就沒有知覺，然後燃指供佛。」然後就在大眾中發下誓願：「我將來必定得到佛地的金色之身，如果我的這個願沒有過失的話，就會讓我還復如故。」結果講了以後沒有還復如故，可就自己下不了臺；然後惱羞成怒，就毀謗說：「經中講的不正確，這是僞經。」因此死後就得要下地獄。

所以作任何一件事之前要有智慧，供養前也要有智慧。同理，心地慈悲可也要有智慧，不能濫慈悲啊！這才是修學佛菩提道時必須要注意的大前提。不能由於自己的愚癡愚行而去毀謗某部經典是僞經，有很多人學佛時總是說：「我們學佛要慈悲啊！所以人家辱罵佛法也沒關係，我們對他要慈悲，不要抗辯。」或者說：「人家破壞佛法，那是他們無知；我們要慈悲，不要跟他計較。人家滲透到佛教中來，用外道法取代正法，我們也要慈悲，不要計較，要包容啊！」於是包容到最後就是佛教從內部滅亡，大家都不再有了義正法可以修學、可以實證了，天竺的所謂晚期佛教—所謂的坦特羅佛教—就是這樣從內滅亡佛教的。（編案：坦特羅佛教，現代譯爲譚崔佛教，即是西藏密宗四大教派的教義。）

這樣子，其實是慈悲了那些破壞正法的極少數人，而對今世後世更廣大的、應該實證佛法的佛弟子們不慈也不悲，那麼這樣到底是眞慈悲還是假慈悲？有一些人就是喜歡當濫好人，他當了濫好人的結果卻是對大眾無慈無悲，所以學佛人都不該鄉愿。因此，讀經的時候、解經的時候要有智慧，不可以沒智慧。有一位大法師說「慈悲要有智慧」，我太認同了；可是他嘴上說「慈悲要有智慧」，而他實際上的開示與行爲卻是慈悲而沒有智慧，那我們就不應該效法他那樣子。

所以我們不能夠容許相似像法存在佛教之中，如果我們繼續容許相似像法—像似正法—存在於佛教之中，那麼佛弟子四眾未來的道業就會被破壞、被遮障；甚至於誤信了邪法以後，走入歧路成就三惡道的惡業，未來世沈淪於三惡道中而難以回來人間。所以看到一切眾生喜見菩薩這樣作的時候，不能盲目地效法，應該有智慧去觀察到底什麼地方不同，我們不能盲目效法。那麼剛剛說的那三個不同，我們現在沒時間說了，因爲時間到了，只能等下週再分解。

看到近來達賴喇嘛鼓動不懂佛法的密宗人士，在西藏進行自焚的行爲，就看見他的司馬昭之心了。可是對於想要自焚的喇嘛們，我倒是想要勸勸有因緣的人，要勸那些喇嘛們把心念一轉，聲明說：「我不是要抗議中國政府，我只是燃身供佛。」把他的心念轉一下，也先聲明清楚，這功德可就大了；雖然他們都是預先吃了大量的止痛藥以後，才公開淋汽油自焚的，依舊能獲得很大的福德與功德。可是他們被達賴利用作政治上的棋子，目的是要向中國政府將一軍，這就變成支持外道邪教，不但無功，亦乃無德，未來世連一絲一毫的福德都沒有。所以看到他們這樣子，我也覺得很感嘆！

不過話說回來，眾生總是愚癡的，你想盡了辦法要利益他們，他們總是不信；反而是達賴喇嘛這種外道假冒佛教的僧人，把外道法取代佛教正法來欺騙他們，而說自焚抗議大陸政府就是護持佛法的大功德，說死後會有多麼大的功德與福報，其實都是謊言與妄語。不過達賴藉著政治活動高抬自己，造成大修行人的假象來，他的謊言就眞的有人信哪！

世俗人很愚癡，即使花言巧語撥弄口舌，營造聲勢而自稱爲心靈導師，也可以吸金兩百億元，夠厲害吧？還是個女眾欸！可是你把眞正的黃金拿出來，半價賣給他們，他們竟然一直說你這個是假金；那人家把鉛鍍了金色拿出來說：「這是百分之百的純金，我賣給你兩倍價錢。」那些愚癡人也買，這就是人間的荒唐事。所以邪教是永遠不會滅絕的，古時如此，佛陀出現以後如此，正法、像法時代如此，末法的時代仍然會如此，未來法滅盡之後更是如此；所以不管怎麼樣荒謬的說法，都會有人信。

可是來到咱們正覺，要學的是解脫與實相的智慧；如果來學了正覺的眞如妙法以後，仍然會偏聽偏信，就表示他沒有眞的把正法學進心裡去，因爲他的智慧沒有現前啊！那麼同樣的道理，《法華經》〈藥王菩薩本事品〉這一段經文，我還是要加以說明；從理上來說，也就是從眞如佛性或者從如來藏的立場來說，燒了兩臂供養以後依舊沒有燒；因爲兩臂只是現實上的暫時所有，而如來藏之臂永遠都會再有。那麼一切眾生喜見菩薩的燃臂供佛，眾生的所見，是他把兩臂燒掉了；可是從菩薩的所見，其實不曾燒掉一臂。

就好像世間人看見有人自焚，就說他把身體燒掉了；可是從菩薩的所見來看，身體沒有燒掉，因爲只是捨棄這一世而重新再造一個來世的身體，來取代捨棄的那一個而已，身體永遠沒有燒盡的時候。而如來藏的境界中，也沒有所謂燒身這回事。再從如來藏的境界中來看，這個燒身不是燒身，燒兩臂也不是燒兩臂，燒的還是如來藏；可是如來藏生的兩臂燒了以後，如來藏又沒有燒掉，應當這樣看。這是從實際理地來看，而說燒亦非燒，這樣才是眞實供佛。否則就算把整個身體燒盡了，那樣的供佛，遠不如一切眾生喜見菩薩拔一根頭髮燒了供佛；因為，有事有理，以及有事無理，二者的功德是大不一樣的，這是從理上來說。

接著要從證量來說了：一切眾生喜見菩薩這時已經不是三賢位、初地、三地的事了，他前面得到那兩個三昧時，已經是過了九地以後的事；所以他以那樣的證量燃臂供佛之後，立下那個大誓願，立刻就雙臂還復如故，而且那並不是住在人間的境界中。這就是說，假使有人只看經文表相，愚癡到不知道那裡面的眞義與境界，就開口說：「我剛才燃了我的大拇指供佛，那我未來必當得佛金色之身，如果眞實不虛，令我這個大拇指馬上恢復如故，看能不能？」我保證不能，為什麼呢？因為證量不同，所住的環境也不同；人家早就於相於土自在了，而且是十地境界；他則只是凡夫，不但不能於相於土自在，乃至連三賢位中證悟的根本無分別智都還沒有，而且還是住在人間的粗糙色身境界中，怎麼可以愚昧地效法人家那樣作、那樣說呢？

譬如有一個人，他有經天緯地之才；當一個國家變到某一個情況的時候，他可以說：「再這樣繼續下去，將會國敗家亡；如果聽我的話如何如何去作的話，一定可以安邦定國。假使諸位不信，三個月後見分曉。」正因為他有那個經天緯地之才，他才可以說這種話。果然不必多久，國王馬上來了：「聽說你有好策，說說看。」他就把所見所思敘述了一遍，國王一聽，覺得有道理，馬上請他去當宰相，果然安邦定國。那如果是斗大的字、識不了一籮筐的乞丐，他也這麼開口，可信嗎？當然不可信，但是也會有一小分愚癡人聽了就信。

那麼我們在正覺中學法，標榜的就是智慧，所以我們要有智慧去瞭解其中的差異；因此應當衡量自己的證量如何，來看待某一件事情該不該作、該不該說。還有就是願力，一切眾生喜見菩薩多劫以來專修苦行，他的願就是要以各種難行的苦行來護持正法、成就眾生，所以他依於這個願，一世又一世、一劫又一劫，不斷地實行的結果，背後當然有他不可忽視的功德存在，因此他可以這樣說，說了之後也眞的使他的兩臂自然還復。

接著還要再說，一切眾生喜見菩薩所住的淨土世界，並不是我們這種人間的境界；所以他依於證量、依於他的願力以及多劫修苦行所得的功德力，在那樣的淨土世界中，他可以發起這樣的願，來使供佛消失的兩臂回復如故，人間的境界是不該這樣發願的。再來說，他這樣作的目的是什麼？不是爲了顯示自己能力很強、功德很大，而是完全無私地爲了那一些在場的一切法眾；也就是爲了讓那一些弟子大眾們，能對佛法僧三寶生起無量無邊的信心，所以他作了這樣的事。當他作這件事的時候，諸佛必然要加持他，而他本身已能夠於相於土自在了，當然可以這樣子來示現，而使一切眾生對佛法僧三寶有更強的信心，乃至於因此而得到了法上的大利益。所以有很多的原因，他可以這樣子作，人間的賢位菩薩們卻不該這樣作。

以前我們辦菩薩戒法會，就有人把手指用線綁死了，然後又纏上了布，灌了油就在講堂中點起火來；我不許她這樣作，因爲將來眾生在她得法以後跟隨她學法時，心中會產生煩惱：「我的師父十指不全。」會認爲這樣不是完美的菩薩。因爲菩薩的示現是要身根圓滿的，不但身根圓滿，而且長髮飄逸，並且寶冠莊嚴、胸佩瓔珞價值無限，還有臂釧；甚至有的大菩薩還戴有黃金腳鍊，足下還有輪寶，天衣飄飄。你們有看過四大菩薩是醜醜的、很窮的樣子嗎？文殊、普賢、觀音、勢至，有誰是一副窮模樣？不但五根齊全，而且長得很莊嚴，並且財富無量，所以不要效法某些凡夫僧燃指供佛。

以前香港已故的月溪法師在佛前燃指供佛，剩下八個手指頭，所以自稱八指頭陀，但他悟了沒？那麼你再看看其他燃指供佛的人，他們悟了沒？要好好去端詳。應該是燃指供佛以後，可以依願力當眾再生出來，攝受了所有大眾才行。菩薩的所爲，得要是莊嚴的；尤其現代的菩薩們要爲眾生作事，你眞的需要十個手指來作事。假使我也效法他們燃指供佛，把雙手的食指燃了，只剩下八個指頭，今天我敲電腦時該怎麼敲？我可能一開始就不想學用電腦來寫書，只能拿著筆慢慢寫，一筆一畫慢慢來。所以說，有許多事情在開始作之前，都應該觀察那個時空背景以及結果，再來決定我們應該怎麼作。

所以在這一品一開始演講時，我就告訴大家說：「別急著要燃身供佛。」因爲我們先要較量功德，然後看看現代的時空環境，觀察我們若是燃指供佛是不是適合，最後再來作決定；千萬別一知半解，只知道一點點就急著去作；有智慧的人要先瞭解全體始末，再來決定自己應該要怎麼作。所以這一些不同的原因，綜合起來以後，讓一切眾生喜見菩薩可以在大眾之中立下誓言，然後兩臂自然還復如故。

這一些原因綜合起來可以歸納為兩大類：第一個就是福德，第二個是智慧。不管有多少種的原因，使一切眾生喜見菩薩兩臂可以還復如故，歸納起來分為兩大類，就是「福德的淳厚」以及「智慧的淳厚」。可要注意「淳厚」兩個字，不要聽到了就說：「他有福德、有智慧，我開悟了，我有福德也有智慧啊，那我也來供佛。」就在大眾中發下誓言燒了指頭，結果竟然沒有回復，就毀謗說：「啊！這部經一定是偽經。」糟了！這一下子成就謗法大罪，就這麼一件很簡單的事情，產生了一個謗法的大業，下一世就不在人間了。

所以這類事情眞的要有智慧去理解：福德是淳厚的。要到什麼樣的地步才叫作「福德淳厚」？一定先要瞭解。智慧也是淳厚的，到什麼地步才能夠說這個智慧確實是淳厚的？這也得要先瞭解啊！不能夠以少福少慧，就要效法人家十地菩薩作那件事情；而且不是在淨土世界中效法，而是在惡劣的五濁人間。所以說，大家先要有這個認知，然後再來決定要不要作燃臂燃身供佛的事。

接下來最後一句說：「當爾之時，三千大千世界六種震動，天雨寶華，一切人、天得未曾有。」確實，這是不容易的；因爲即使是這個淨土世界類似於欲界天，然而欲界天身燃臂供佛時也是很痛苦的事啊！那麼因爲他的功德願力太大了，他所要成就的眾生也太廣大了，所以諸天看到這個情況，當然要降下各種寶華來讚歎，也是一起供佛的意思。這不是平常的天女散花可以比喻的，所以說「一切人、天得未曾有」。那麼接著　世尊就要爲我們大家較量功德與福德了，所以接著請唸　世尊開示的下一段：

【佛告宿王華菩薩：「於汝意云何？一切眾生喜見菩薩，豈異人乎？今藥王菩薩是也。其所捨身布施，如是無量百千萬億那由他數。宿王華！若有發心欲得阿耨多羅三藐三菩提者，能燃手指乃至足一指，供養佛塔，勝以國城妻子及三千大千國土山林河池諸珍寶物而供養者。若復有人，以七寶滿三千大千世界，供養於佛及大菩薩、辟支佛、阿羅漢，是人所得功德，不如受持此《法華經》，乃至一四句偈，其福最多。」】

語譯：【世尊又告訴宿王華菩薩說：「你認爲怎麼樣呢？一切眾生喜見菩

薩難道是別人嗎？正是如今的藥王菩薩，即是其人啊！他所捨身而作的布施就像是這個樣子，不斷地去作，已經捨身無量百千萬億那由他的數目了。宿王華！如果有人發菩提心，想要證得無上正等正覺，能夠燃燒手指或者下至於腳上的一個趾頭，來供養於佛塔，勝過有人以國家城池、妻女兒子，以及三千大千國土的山林河流池塘，和種種的珍寶之物而作供養的人。如果還有人以七寶遍滿三千大千世界，用來供養於佛及大菩薩、辟支佛、阿羅漢，這個人所得到的功德，不如受持這一部《妙法蓮華經》，乃至於其中的一首四句偈，因爲他的福德最多。」

講義：這一段經文之中，先說明一項事實，然後舉出了四個例子來較量功德。一個事實，就是告訴宿王華菩薩說：當時燃臂供佛以及曾經燃身供佛的一切眾生喜見菩薩，其實就是眼前的藥王菩薩。大家讀這三句話時，可能不會覺得怎麼樣；對我來說，這卻是一個心中的怵動！因爲往往有人妄自菲薄，心裡面都想：「開悟明心？那是菩薩摩訶薩們的事，怎麼可能輪得到我？」假使有時我不得不把定中的所見拿出來告訴大家，一定會有不少人想：「你說的事，經論上又沒有記錄，誰知道是眞的、假的？」就是同樣的道理呀！

世尊告訴宿王華菩薩說，一切眾生喜見菩薩其實就是現在的藥王菩薩。如果不是世尊親口所說，很多人都會懷疑。這就好像我們以前還在中山北路六段租來的地下室，當時我為了寫《狂密與眞密》，必須要去讀一本書，就是密宗覺囊派—或者稱為覺囊巴—的多羅那他寫的一本《印度佛教史》。那本佛教史我並沒有讀到，但是我卻從另一本書裡面讀到書名，以及一個很重要的名相，叫作「他空見」，那一本書就叫《土觀宗派源流》。當我讀完那本書中描述的大中觀、他空見、多羅那他這一些名詞之後，因為時間已經很晚了，我想：我就不上三樓房間，就在二樓書房的床上睡了就是，免得上去吵了人。

那時我還有時間，不像現在這麼忙；那時我的習慣是躺下去以後，先入等持位裡面，看看有什麼東西可以瞧一瞧，然後再睡覺。結果那晚瞧著瞧著，出現一些情景了，就是跟人家辯經。辯經時還眞的像現在西藏密宗他們辯經時，就這樣子雙手又拍又切的，有沒有？（導師雙手作辯經的擊、切掌手勢。）是有。可是當我們說：「這樣子就確定了。」我們手一拍、趁勢切下去確定了，對方就輸了，因為無法回應我們的論義。當他們輸了以後，過兩三天就是一票人拿著棍子、刀子，來把我們打打殺殺，我們一座寺廟就被搶走了。然後過不久又辯經贏了，再過兩三天，又被打打殺殺，又被搶走一座寺廟。

最後我看完了，預備睡覺時，我作下了一個結論：「在六、七次的辯經勝利，以及隨後而來的泥濘地混戰以後，覺囊達瑪就被薩迦達布消滅了。」因爲最後我所看到的，是我騎著一匹瘦馬，只有兩個僕從跟著我離開西藏。然後我想：「怎麼會這樣？好悽慘！」正準備要睡，我又想：「不對！我這個記性不好，因爲有一些名詞是我沒讀過、沒聽過的，我必須要寫下來，然後再來查證看看。」因爲「覺囊達瑪」我沒聽過，「薩迦」有聽過，可是「達布」也沒有聽過；我心裡說：「不行！我得記下來，否則明天保證會忘記。」馬上又爬起床來，拿了便條先寫下來。

那麼到了上課的時候，因爲我們會裡面也有幾位在密宗學很久，他們很早期就開始學了，我把所見告訴他們，然後問：「奇怪！我怎麼會看見這樣的情況？可是有一些名詞我眞的不知道，『覺囊達瑪』你們聽過沒有？」他們說：「沒有啊！我們聽過『朗達瑪』，沒有聽過『覺囊達瑪』。」我說：「還有『薩迦達布』。」他們說：「『薩迦』有聽過，『達布』沒有聽過。有這個派嗎？我們沒聽過啊！」連他們都沒聽過，我怎麼會聽過？可是當時我就直接下了這樣的結論欸！而那本書裡面也沒有這些名詞啊！然後有人幫我去查，始終查不到。

直到八、九年前蘇老師幫我查到了，他說眞的有達布派；但因爲達布派後來分裂，就消失了；就好像蘇聯分裂以後，蘇聯消失了一樣。我說：「好奇怪！怎麼會這樣？我定中看見的究竟是眞的、假的？」可是歷歷在目，不可能是假的啊！這又不是作夢。後來我們桃園有位同修說她常常夢見被喇嘛追趕，她一直奔、一直跑、沒命地跑，終於留下一命。她問我：「爲什麼會這樣？」這幾年我們還有一位同修說，他以前常常作同樣的夢，都是在山裡面不斷地被喇嘛們追殺；後來他帶著妻子去宜蘭那邊遊山玩水，看見一家佛寺，進去禮拜時，佛像放光照他，以後就不再作那個夢了。

會裡還有幾位同修也常作這樣的夢，所以有一些事情其實是在各人的如來藏中記錄著，那麼這一些記錄的事情，也許有一天講了出來、寫下來，對你而言是眞實的經歷，可是後人讀了又說：「哪有這回事？文獻上查不到啊！」他們又不信了，所以往往會有很多人說：「這又不是我看見的，我憑什麼相信？何況文獻上也查不到。」卻不知道西藏歷史的記錄，是被歷代達賴喇嘛控制撰寫的。如果自己看不見，就說是不可信的，那麼是不是世界上每一天發生的事情，都應該讓每一個人在現場親自看見，並且記錄下來才是可信的？但這是不可能的事啊！

所以說有很多事情是眞的存在過，但是信者恆信，不信者恆不信，半信半疑的人則可以經由實修而漸漸轉變爲相信；至於永遠不信者，我們是不可能改變他們的；只有半疑半信者，才可能經由實證而改變。這就好像我們剛出來弘法時，說禪宗講的證眞如是眞的可以證的，可是沒有人信啊！因此我們得要幫很多人親證才行，於是一位又一位、一年又一年不斷地來證明，才終於有人相信。可是不信的人仍然占大多數，才會有一次又一次的否定，一次又一次的檢驗，現在終於沒有人懷疑正覺同修會那個證眞如開悟而毀謗是假的，因此如今只剩下密宗外道非佛弟子，才會繼續否定正覺的正法，那麼這也都是正常的。

但是大家都要瞭解，你們現在世所親歷的這些境界，在未來世的某一劫，當你的證量到達某一個程度，也就是說你有十迴向滿心位的「如夢觀」

了，那時你將會有機會親自看見眼前今世這一幕，你就會相信說：「唉呀！原來我某甲學佛以來，不是十、百、千世而已！」你就會相信。否則佛道的長遠，確實很難令人相信的。佛說的這句話，我的感觸是這樣子，就照實說給諸位聽了。

佛陀為了讓大家更加信受，又特地說明：一切眾生喜見菩薩就是藥王菩薩，他所捨身布施到底有多少了？說他布施了多少身體出去了：「就像是這樣子捨身布施，已經有無量百千萬億那由他數。」所以這不只是一劫、兩劫的捨身布施，而是多劫以來不斷地作這樣的布施，這樣開示給我們知道，顯示這不是常人之所能。諸位可以想一想，往世有沒有作過這樣的布施？有沒有？不要搖頭！有時候半強迫布施了身體，有時候自願布施了身體，並不一定。有時捨身布施，不一定布施了就會死；有時為了報恩或是為了某一種緣故，把自己布施了，一輩子去作人家的奴隸；這一類事情，每一個人都曾作過，因為你過去有無量世。

但我們都不是像藥王菩薩這樣一世又一世、一劫又一劫連續不斷地作；所以他的這個誓言，之所以能夠立即成就，雙臂得以即刻回復如故，有他背後的原因；因爲他已經有「如是無量百千萬億那由他數」的色身布施過了，背後的福德是那麼偉大；而且他的「現一切色身三昧」是有理上與事上的實證而這樣作的，因此他所立下的誓言當然會立時成就。若沒有事上的實證，誓言之後就不會有作用。

那麼接著 世尊爲我們講出四個譬喻，在發心想證得無上正等正覺的大前提下，以四件事情來作譬喻，先談兩件事情的譬喻：「能燃手指乃至足一指，供養佛塔，」這是第一件事情，說假使有人發心想要成就無上正等正覺，第一件事情是燃燒手指頭，也許燃燒一隻、兩隻、三隻、五隻乃至十隻全部燃燒完，也許燃燒別的部分，乃至於把最不重要的腳下一個趾頭燃燒來供養佛的舍利塔。第二件事情是另一個人「以國城妻子及三千大千國土山林河池諸珍寶物而供養者」，是以他所有的國家城池、他的妻子兒子、三千大千國土——這是很大的國土，並且以三千大千國土上面所有的山林河池以及各種珍寶之物來供養，這是第二種人對佛舍利所作的供養。這是先以第一種跟第二種的福德來作比較，那個只燃燒手指乃至於只燃燒腳趾頭一根供養於佛舍利塔的人，他的福德勝過以國家城池三千大千世界等等一切物來供養的人，這是第一個功德的較量。

接著是以第三件事、第四件事來作較量。第三件事是「以七寶滿三千大千世界，供養於佛及大菩薩、辟支佛、阿羅漢」；七寶是指金、銀、琉璃、硨磲、瑪瑙、眞珠、玫瑰七樣，以這七寶遍滿三千大千世界，沒有人辦得到；可是他辦到了，就以遍滿三千大千世界的七寶，來具足「供養於佛及大菩薩、辟支佛、阿羅漢」。第四件事是另一個人「受持此《法華經》」，這個《法華經》講的是自心如來第八識如來藏，又名「妙法蓮花」；甚至於他沒有辦法受持「此經」如來藏，只能夠受持這部文字經卷的《妙法蓮華經》，而且不是整部，只是其中的一首偈，而這一首偈只有四句；就這樣子，後面這位受持《法華經》的人，福德勝過前面那個人以遍滿三千大千世界的七寶來布施，而且是布施給聖人，佛說他的福德還遠勝過那位以財寶大布施的人。

我們以前在《優婆塞戒經講記》有講過，布施時有三種勝：施物勝，施主勝，福田勝。如果具足這三種勝妙，那件布施在未來世可就是無量報了！為什麼呢？因為僅僅是一個凡夫之人，布施普通的食物給一個初果人，就已經有無量報了。而那位施主本身沒有「施主勝」的功德——因為他沒有開悟也沒有證果，但他「以遍滿三千大千世界七寶」來供養，這是施物勝。最後一個是「福田勝」，因爲他供養的是「佛、大菩薩、辟支佛、阿羅漢」，這眞是福田勝；只要布施時有這二勝，未來世的福德都是無量報，這樣大的福德眞是不可思議啊！可是這個人的福德，竟然還不如受持《法華經》中短短一首四句偈的人。只要你找到了你自己的「妙法蓮花」第八識，願意受持而不退轉，這個福德就贏過他的大供養了；甚至於還沒有找到第八識如來藏「法華經」，但是對於《法華經》經卷中的偈，願意受持其中一首；乃至最短的只有四句，你若願意受持，這福德也勝過他。

這段經文中，世尊是用四件事情來作兩件較量：前面是燃一指—不管是手指或腳趾—來供養佛舍利塔，另一個人用他的國家，甚至整個三千大千世界的山河大地，包括珍寶之物都用來供養，結果燃一指供養佛舍利的人，竟然勝過那個用三千大千世界一切來供養的人。後面這兩件事情的譬喻說的是，以遍滿三千大千世界的珍寶來供養佛、大菩薩、辟支佛、阿羅漢，功德竟然不如明心而不退轉的人；甚至不如一個還沒有明心但是願意受持《法華經》卷中的一首四句偈的人。

可是佛沒有把前後兩個譬喻再來作比較，這要諸位自己來作比較了。佛爲諸位作的是前面那兩件事情互相較量功德，後面這兩件事情互相來較量功德；但是前面的功德較量完了，並沒有再拿來與後兩件事較量後的功德再作比較。那現在諸位注意到了，因爲我告訴你了，那麼如果四件事的功德較量出來，最殊勝的是燃指供佛跟後面兩個人中受持《妙法蓮華經》的人，再把這兩件大功德來作比較（佛沒有爲我們較量，因爲是要我們自己較量），那我們自己來較量看看：燃指供養佛舍利的功德，以及證悟明心不退，或者只受持《妙法蓮華經》一首四句偈的功德，這兩個究竟是哪一個比較殊勝？是前者還是後者？（大眾回答：後者！）諸位答得好快，斬釘截鐵，可見《妙法蓮華經》你們有聽進去。佛故意不在這方面作較量，而要我們自己去作較量；可是如果沒有勝妙智慧時，讀過也就讀過了，都不懂得要較量，也就無法幫助自己的道業更加增上。

但我不能夠讓諸位聽過就算了，一定要從　佛的這一段開示裡面，去激發你的智慧，讓你有一個很好的、很正確的抉擇分出現，以後可以自己去作出正確的抉擇。所以哪一天來到講堂時，你也許是要布薩，也許要參加大悲懺等等，法會還沒開始前，你在座位上先觀想自己燃指供佛；那時先觀想自己眞的舉起手指頭來了，把這個手指用線從根部纏死，然後弄了厚厚的布包起來，灌了香油，在觀想中眞的把火點了，端正供佛；觀想完了再觀想自己用整個三千大千世界，包括國家城池、山河大地一切眷屬都供養了佛舍利塔，你自己去觀察看看，是哪一個功德大？

然後你回來再來觀想：我這個手指頭還繼續燃燒在供養佛舍利，觀想到把它供完了；這是從自己的心中去作觀想和思惟，你這一段經文的功德就可以成立了；因爲你眞的下定決心去作，但是沒有從現量上去作，而只在觀想層面來作，是因爲你想要較量出這個功德。第二個部分你再去作思惟整理，然後下定決心：「**我應該受持《妙法蓮華經》，假使我這一世沒有機會眞正受持『妙法蓮華經』如來藏，那麼《妙法蓮華經》裡面的經卷中的一首四句偈，我至少要受持終身。**」這樣子去思惟整理以後，下定了這個決心，那你這個福德已經超過了那個燃起手指頭供佛的人了，當然更超過了用遍滿三千大千世界七寶布施的人。

那麼這樣子下定了決心要永遠受持《法華經》以後，你得到了這一分福德，接著要回來再作另一個較量。爲什麼要作這一個較量呢？因爲在學佛的過程之中，有一件事情是大家必須要知道的，就是諸佛都是「福慧兩足尊」，福德圓滿、智慧圓滿。那麼剛才我問諸位說，爲什麼後面這一個人受持《法華經》的福德功德，勝過前面那個燃指供佛的人？這個一定要弄清楚。前面有人把三千大千世界包括他的國家山河、妻子兒女等等都布施了，不如燃一指來供佛舍利的人；可是這個人據諸位剛才較量的結果，認爲不如後面另一個受持《法華經》的人，那麼其中一定有原因，諸位才會作下這樣的抉擇。

那麼原因在哪？（有人說話，聽不清楚。）大聲一點！（有人說：是智慧！）欸！正因爲受持《妙法蓮華經》是第一義諦的智慧；而他以這個三千大千世界的一切來供佛舍利，或者燃指來供佛，畢竟只是世間福德，他並沒有實相智慧；或者未來無法引生實相智慧，因爲不想受持第八識「法華經」如來藏妙義，未來就不會想要正確地實證。沒有智慧的時候，他供養了「佛、大菩薩、辟支佛、阿羅漢」以後，終究還是世間福德，與世出世間的大福德無關。可是如果有受持《法華經》的智慧，這個智慧本身一定伴隨著大福德；你只要眞正受持了「妙法蓮華經」第八識如來藏，雖然還沒有離開胎昧，但這個種子生生世世終究會存在，因爲你往世曾經證悟過；只要緣熟了，你同樣又可以證悟；只要你悟後願意弘法，一世都不愁吃喝，食衣住行都不是問題，不就是大福德了嗎？

所以諸位有智慧斷定說，受持《妙法蓮華經》的人是勝過燃指供養佛舍利的人，而燃指供養佛舍利的人勝過「以遍滿三千大千世界一切七寶」及眷屬來布施的人；那麼接著要問諸位了：在正覺同修會中如實受持《妙法蓮華經》，是不是有希望成功的事情？（大眾回答：是。）是有希望實證而親自受持的喔！你已經進入正覺了，是有希望可以受持「此經」如來藏的；那麼這樣子較量下來，還要不要再綁起手指頭點了香油來燃指供養佛舍利呢？不用了！假使你燃燒了食指，將來敲電腦寫佛法著作弘法，或是電子郵件聯繫事情時，因爲少了一根指頭，老是一次又一次不斷地懊惱說：「又打錯了！老是敲錯了！」那時能怎麼辦？無法補救了呀！

我們目前不是住在淨土世界中，有很多利樂眾生、住持正法的事情，你是必須要具足身根來作的，所以身根的莊嚴也是菩薩所應該要留意的地方。還記得嗎？菩薩戒裡面有一個戒叫作「不故入難處」；有危難的地方你都不要輕易進入，因爲你必須要維護這個色身作爲道器。這個身體，你既然成爲菩薩了，已不完全是你的了，同時也是眾生的，所以你必須要照顧好，你有義務要照顧好；因爲將來有一天，你能夠爲眾生作出什麼樣大利益，你現在還不知道，但將來是有這個機會的。因此，既然受了菩薩戒，你這個身體已經是眾生的，不單單是你自己一個人所有，所以凡是有災難的地方你千萬不要輕易進入了。

現在我要加一條約束，約束自己不許隨意爬高（大眾笑⋯⋯）；因爲現在常常有人吩咐我：「老師！您不要常常一個人自己爬高作什麼事，您現在的五蘊已不是您自己的，是我們共有的。」我想「也對」，所以有人現在規定我說：「您現在開始不可再隨便提重物了，您若是要提什麼重物，等我們來了再說。」現在變成這樣了。所以沒辦法自己決定逞強，爲什麼呢？因爲這把年紀之時，又已經不完全屬於自己的身體了。我們需要爲眾生作的事情還很多，所以有危難的地方眞的不可以隨意進去；因爲如果你有命在，還可以利益更多的眾生，對眾生還可以產生更大的利益。因此這一段經文，諸位深入瞭解之後，未來受菩薩戒時不許再帶細繩來，不許再帶了布與香油來，受戒就是受戒，要保持完整的菩薩身，來爲眾生作更多的事情。

這樣子較量完了，大家對於苦行應該有更多的瞭解了。若是眞要修苦行，不然你就像藥王菩薩一樣，每一世不斷地捨身；如果不這樣作，而是單單燃一根指頭供養佛舍利，你不如受持《妙法蓮華經》。即使沒有希望可以開悟「法華經」如來藏，至少受持《法華經》經卷中的四句偈，就保住了你未來世證悟的種子，遠勝過燃指供養佛舍利。因此，以後來受菩薩戒時，正受完畢別再來問我說：「老師！爲什麼我們不燃臂供佛？」不管誰，以後受菩薩戒時再來問我這一件事，我就問他：「你是要燃臂供佛？還是要受持《妙法蓮華經》？」如果他說：「我不受持《妙法蓮華經》，我要燃臂供佛。」我就眞的讓他燃臂供佛，但是他這一世不要再求我說，他要證悟「妙法蓮華經」。

但 佛陀這麼開示了以後，並不是這樣就算講完了，還要再作另一番較量，才能夠把這一段經文所說的內涵，讓大家瞭解其中的原因。爲什麼受持「法華經」如來藏心，乃至於只受持其中短短的一首四句偈，都勝過燃指供佛，一定有原因的。這個原因，佛接著就爲我們開示：

經文：【「宿王華！譬如一切川流江河，諸水之中，海為第一；此《法華經》亦復如是，於諸如來所說經中，最為深大。又如土山、黑山、小鐵圍山、大鐵圍山及十寶山，眾山之中，須彌山為第一；此《法華經》亦復如是，於諸經中最為其上。又如眾星之中，月天子最為第一；此《法華經》亦復如是，於千萬億種諸經法中最為照明。又如日天子能除諸闇；『此經』亦復如是，能破一切不善之闇。又如諸小王中，轉輪聖王最為第一；『此經』亦復如是，於眾經中最為其尊。又如帝釋於三十三天中王，『此經』亦復如是，諸經中王。又如大梵天王，一切眾生之父；『此經』亦復如是，一切賢聖學、無學及發菩薩心者之父。又如一切凡夫人中，須陀洹、斯陀含、阿那含、阿羅漢、辟支佛為第一；『此經』亦復如是，一切如來所說、若菩薩所說、若聲聞所說諸經法中，最為第一。有能受持是經典者，亦復如是，於一切眾生中亦為第一。一切聲聞、辟支佛中，菩薩為第一；『此經』亦復如是，於一切諸經法中最為第一。如佛為諸法王，『此經』亦復如是，諸經中王。」】

語譯：【世尊又開示說：「宿王華！就譬如一切川流江河，一切諸水之中，以大海最為第一；這一部《妙法蓮華經》也同樣是如此，是諸如來所說經典之中，最爲深奧廣大。又如同土山、黑山、小鐵圍山、大鐵圍山及十寶山，在這一些眾山之中，須彌山最爲第一；這一部《妙法蓮華經》也是這樣，於諸經之中是至高無上的。又譬如眾星之中以月亮最爲第一，而這一部《妙法蓮華經》也是這樣，在千萬億種不同的經法之中，是最有光明而能夠照耀於一切經典的。又譬如太陽能夠滅除種種闇冥，這部『法華經』同樣也是如此，能夠破除一切不善的愚闇。又譬如所有的小王之中，以轉輪聖王最爲第一；這部『法華經』同樣也是如此，於所有的經典之中最爲尊上。又譬如釋提桓因在三十三天中是最高的天王，這部『法華經』也同樣如此，是一切經中之王。又譬如大梵天王是一切眾生之父，而這部『法華經』也同樣如此，是一切賢聖之中，不論有學或無學以及發菩薩心者之父。又譬如在一切凡夫之中，初果人、二果人、三果人、四果人、辟支佛，是第一之人；而這部『法華經』也同樣如此，在一切如來所說、或者菩薩所說、或者聲聞所說一切諸經論的法義之中，最爲第一。如果有人能夠受持這一部『法華經』的話，同樣也是如此，他是在一切眾生之中最爲第一之人。一切聲聞、辟支佛之中，菩薩最爲第一；而這部『法華經』也是如此，在一切諸經的法義之中，是最

爲第一的。又如同佛是諸法之王，這部『法華經』同樣也是如此，是諸經中之王。」〕

講義：世尊說了很多種的譬喻，讓大家可以瞭解；因爲有時單單主張「此經」最爲第一，眾生不一定能懂。單只是告訴大家說，這是第一無上之經，而眾生聽到佛的所說也信受了，卻依舊不知爲什麼是第一，心中終究不免會有所疑。那麼世尊現在爲我們作了這些譬喻，例如《阿含經》中說的「智者以譬喻得解」，就是說，只要是有智慧的人，用譬喻爲他解釋了以後，他就可以理解，理解以後心中的疑消失了，他就可以具足地信受了。

譬如說，一切大川、水流、大江、大河之中，以海水最爲第一。那麼大家這樣就瞭解了：不管什麼樣的水，大海最廣大第一；因爲不論是什麼樣的水，都不可能超過大海的廣大，這是大家都可以接受的。用這個譬喻來說明這一部《妙法蓮華經》——這一部如來藏之經典，在如來所說一切經典之中最爲深大。那麼我們可以去一一檢驗這句話說得有沒有道理：例如一切的大乘經典中，是否全部都依於「此經」如來藏而爲大眾宣演的？只要從這一點去加以檢查就知道了。般若諸經、第三轉法輪諸經，莫不如是。可是眾生並不瞭解，得要有人一一加以演說才能瞭解。

就好像我們最早期弘法時，幫一些人悟了如來藏以後，我們繼續演說經典也繼續講課，繼續攝受他們，繼續幫他們建立更完整的佛法見地；可是他們迷信大名聲，只是因爲當年蕭平實籍籍無名，那時連一本《無相念佛》都還沒有看見，但我們已經開始講解《成唯識論》了；而他們因爲蕭平實沒什麼名氣，又沒出家而不穿僧衣，他們想：人家印順法師八、九十歲了，又是出家人，又寫了那麼多書。所以他們最後還是改信了印順法師，於是就有幾個人私下討論來、討論去，後來推出了一個人來跟我談：「印順法師把第二轉法輪的經典，把般若系列判作『性空唯名』，老師您認爲怎麼樣？」我那時對什麼人都不評論，所以我說：「我沒意見，但是我把《成唯識論》講解到這個地步了，你認爲呢？」可是他們也不跟我提出他們實際上討論的結果，我這麼一問，他們便作罷。

後來他們又提出來，那已經是正覺同修會成立的事，已經是搬到中山北路六段地下室的時節了；有一天他提早到講堂，因爲我那時候爲了布置講堂，也都會提早到，從鋪地毯乃至處理洗手間等，不論什麼工作我都自己來作；那天我提早到了，他們推了同一位代表又來問我，我就說：「如果般若不是依眞如來講，而是印順法師所判的性空唯名，那我問你：般若諸經是不是戲論？」他聽了不敢答腔。既然其性本空而只有名言——性空唯名，那麼《大品般若經》六百卷，以及《小品般若經》乃至《金剛經》等等，可就全部都是戲論了！他依舊不敢回答。

後來另外一位女眾責難他說：「你都不跟老師理論清楚，這樣不行啦！」他說：「我沒辦法繼續講下去，老師口才太好了。」後來聽說這件事的內幕了，我說：我的口才其實不好，我從小就被二哥這樣子敲腦袋敲大的，老是說我笨；因此我不是口才好，我是理路通透，他們才無法扳倒我的說法。所以，後來他們不也是退轉了嗎？然後因爲當面談不下來，乾脆寫信來質疑，我們才會有那一本《平實書箋》寫出來利益大家。這意思在告訴我們什麼道理？告訴我們說：大乘的經典，不論是哪一部，全都是依於第八識如來藏，也就是依「妙法蓮華經」來說的。

後來我想，我這樣講似乎沒有說服力，所以從《小品般若經》裡面把不念心、非心心、無心相心等聖教都提了出來，我們說：般若諸經之所說，一方面說蘊處界全都虛妄，但是這蘊處界都歸屬於實相心如來藏，才能成就一切法不生的正理，才能夠成立中道，否則中道的正義就不能存在；那麼中道的觀行簡稱爲「中觀」，這個中觀所觀行的對象，也就是中道心如來藏。我們漸次的把般若諸經中的這些聖教舉示出來，終於開始有人接受了。可是當你瞭解大乘經典之所說，全部都是依第八識「妙法蓮華經」來說的時候，你來看看「此經」妙法蓮花，是不是 如來所說經中最爲深大？因爲 如來第二轉、第三轉法輪講了那麼多的經典，都是在講「此經」如來藏呀！全都是在講《妙法蓮華經》。所以這一部經當然「於諸如來所說經中，最爲深大」！那他們不信，我就慢慢地爲大家解說。

第三轉法輪的經典被釋印順判爲「虛妄唯識」，他們也曾經提出來質疑我；唯識增上慧學既然判定是虛妄的，而 佛陀講了那麼多部的虛妄唯識經典，不也等於都是戲論嗎？既然是戲論，就只要演說性空唯名就好了，又何必別立虛妄唯識來戲論一番？然後我們把唯識經典的內容舉了出來，證明唯識增上慧學的經典，其實是依「眞實唯識門」來講「虛妄唯識門」的諸法，是同時具足兩門的，但是釋印順只取其一，不具足圓滿，所以太虛法師才會說：「印順把佛法割裂到支離破碎了。」眞的沒有錯怪釋印順這個徒弟啊！釋印順公然反對他的師父太虛法師說的「眞常唯心才是中國佛教的最重要法義」，來到臺灣以後竟然還打著太虛法師的旗號，說是他的入室弟子，來跟他師父太虛法師的開示打對臺，天下有這個道理嗎？所以，人之無恥可以到此，眞的很難想像吧？把師父推翻了，還公開宣稱是師父最重要的弟子，眞是豈有此理！這種事情是很多人所不知道的，而釋印順他們不過是一步一步跟在日本那一些佛教學術界的人，在他們後面追隨而已，根本沒有自己的中心思想，當然更不可能有見地。

如果你眞的實證了第八識「妙法蓮花」，詳細去閱讀二、三轉法輪諸經的時候，都可以親自證實 如來所說經中全都在講第八識「妙法蓮華經」，沒有在講別的；再去閱讀四大部阿含諸經時，也會發覺二乘菩提所證涅槃解脫，也是依第八識「法華經」而建立的。所以 世尊說：「此《法華經》亦復如是，於諸如來所說經中，最為深大。」眞是如實語。

接著說：「又如土山、黑山、小鐵圍山、大鐵圍山及十寶山，眾山之中，須彌山為第一；」這已不是人間的境界了。一個三千大千世界中有百億須彌山、百億四天下，那麼這一段經文中所說的只是一個小世界裡的事，每一個小世界都有一個須彌山。現在說到土山，從我們臺灣最高的玉山，到大陸那個珠穆朗瑪天下第一高峰——屬於喜馬拉雅山脈，都叫作土山。沒有一座山不是土石所成的，難道喜馬拉雅山可以叫作黑山、鐵圍山嗎？還有人把它當作須彌山呢？釋印順是用自己的淺見淺思，來爲經文中所說的世界悉檀而作定論，那是非常愚癡的。

這一些人間的山都叫作土山，土山再更偉大一點便叫作黑山。在阿含部的經典裡面說黑山：大雪山的右邊有一個大城叫作毗舍離。這個毗舍離大城當然不是指人間的城市，若是指人間的城市，你要指稱哪個？要指稱加德滿都嗎？還是新德里？當然這不是人間的城市。那麼這一個大城的北邊有七座黑山，叫作七黑山；但黑山還不夠偉大，還有更偉大的小鐵圍山；就是說，須彌山的山腳下有四大海，四大海中有四大部洲，四大部洲的外圍就是這個小鐵圍山。這個小鐵圍山，喜馬拉雅山沒得比，因爲跟七黑山就比不上了。

可是還有更偉大的山，叫作大鐵圍山；大鐵圍山是最外圍，這個最外圍的大鐵圍山是一般有神通的人所能夠知道的，所以叫作最外圍；但是外面還有十寶山，那又更大；可是這些山都比不上最中央的須彌山，因為須彌山既大又高廣，所以須彌山是一切山中之王。那麼須彌山的山腳下就是夜叉、羅刹生活的地方，山腰則是四王天眾生活的地方；他們都可以看到十寶山、大鐵圍山、小鐵圍山，覺得是那麼低，因為都無法與須彌山相比。然後到了須彌山山頂，分為三十三天，也就是忉利天，因為忉利天分成三十三天，由三十三位天神所掌管。所以須彌山最高，再上去就沒有更高的山了。

同樣的道理，就好像須彌山是諸山中最高廣一樣，這部《妙法蓮華經》是諸經中「最為其上」。因為不管什麼經，所說的法義都沒有函蓋到十方三世佛土的，也沒有具足函蓋事相以及理體的；也沒有辦法含容一切三乘諸經，所以說《法華經》是諸經中「最為其上」。這個道理也許有些人有一點懷疑，那也沒關係，在後面那幾句經文中，我們再來談這個道理。

「又如眾星之中，月天子最為第一；此《法華經》亦復如是，於千萬億種諸經法中最為照明。」譬如晴空之夜，繁星點點、閃閃爍爍，無比的詩情畫意；晴空之夜如果天氣不冷不熱，你到野外走走看看，真的好；可是如果沒有月亮，終究覺得有一點遺憾，因為看得不清楚。點點繁星、閃閃爍爍是很美，但是大地不明亮，不免覺得有些遺憾；如果剛好到了望月十四、十五、十六、十七，又是晴朗無雲的夜裡，一片照明，看得清清楚楚，眞是詩情畫意；因爲微小的星星光亮已經沒有那麼強了，大部分被月亮所掩蓋，所以說「月天子」是諸星中「最爲第一」。那麼《法華經》就像是這個道理一樣，「於千萬億種諸經法中最爲照明」。

佛特地告訴我們「照明」兩個字，諸位增上班的同修們！當你們破參之前——找到「法華經」如來藏之前，讀大乘經典時，不管你怎麼讀，總是似懂非懂；讀起來好像知道，但眞的知道嗎？沒把握。不說長的經典，單說最短的，例如我背後佛龕中這一幅《心經》好了；以前有人說：「每一次讀到會裡同修寫的見道報告，都說他們解三後誦《心經》時都會哭，我將來破參時才不哭咧！」等到他破參而瞭解眞實心了，解三誦《心經》時照樣稀哩嘩啦哭個不停。爲什麼呢？因爲以前以爲自己眞的懂，等到破參後唸《心經》時才知道以前根本不懂，都被自己所瞞騙，原來現在才眞的知道《心經》講什麼：「唉呀！眞難得！」所以一個大男生，也跟著大眾一起哭到稀哩嘩啦！爲什麼呢？因爲現在眞的懂了啊！

至於爲什麼能夠眞懂了？是因爲證得「妙法蓮花」如來藏心了。就由於你證得「妙法蓮華經」如來藏了，所以對那一些經典都有了「照明」的智慧了。以前就好像星光之下無月之夜，在那邊讀經典時，這個字是什麼？那個字是什麼？老是用猜的。現在可是一百燭光的燈泡爲你照得清清楚楚，再也不用猜了，讀了以後就恍然說：「原來如此。」當你證得「此經」妙法蓮花的時候，你對於這些經典就有了「照明」。這一朵「妙法蓮花」第八識如來藏，可比那個一百燭光的燈泡還要亮；照到可以透過那些經典紙張的背面去了，所以經中那些文字背後有什麼意思，這時你都可以看得見了，這就是照明的功用。

如果沒有證得「此經」妙法蓮花如來藏，也就是說，你還沒有辦法受持「此經」妙法蓮花眞如心，就沒有這個照明作用；讀來讀去，不管怎麼樣研究，不論如何發動一大群人來作文字比對的工作而想要瞭解，終究是嚼文字穀、吃不到眞正的米飯。所以文學底子那麼好的印順法師，最後把三乘菩提的經典錯解到那麼糊塗、那麼離譜，就是因爲他否定了第八識「妙法蓮花」，以致無法證得「此經」妙法蓮花，也就沒有照明的眼力，就沒有照明的功德。

證得「此經」妙法蓮花以後就有照明的功德，那你就有眼力，當你讀經的時候可以力透紙背。經文講的表面意思看來是如此，可是裡面眞正的意思，人家讀不出來而你讀出來了，我就稱讚你：「好眼力！」其實就是慧眼出生了，這就是照明的作用。那爲什麼說這個照明的功德，能夠普遍應用「於千萬億種諸經法中」呢？因爲「此經」妙法蓮花的照明功德，函蓋一切三界事相，也函蓋一切三界事相背後的眞實理；你所要證的眞如佛性，也都在這裡頭。由於可以具足一切諸佛法義的緣故，因此說「此經」「於千萬億種諸經法中最爲照明」。

「又如日天子能除諸闇；『此經』亦復如是，能破一切不善之闇。」「不善之闇」的範圍很廣，世間人有「不善之闇」，要透過學校的教育改變。世間法中的「不善之闇」是很普遍存在的，前些時候新聞報導說，有人爲了想要吃牢飯，把一個孩子喉嚨割了，殺死一個孩子竟沒有絲毫悔意，因爲他認爲殺死一、兩個孩子不會被判死刑，這已是非常嚴重的世間法中「不善之闇」。假使在社會上教育大眾不成功，無法導正敗壞的社會風氣，就得要仰仗孔老夫子的學問，所以《弟子規》就很重要了。可是我說，單單用《弟子規》來教育社會大眾，是絕對不夠的，必須要承認人間是同時有鬼神世間並存的。單單推廣《弟子規》是沒有用的，要讓人家信受：舉頭三尺有神明，鬼神是始終都跟在身邊的。但是如果要繼續主張無神論，就會有人心敗壞的問題繼續存在，因爲《弟子規》的函蓋面太狹窄。

可是即使讓大家信受說，每一個人周遭都有許多鬼神，也仍然會有「不善之闇」，因爲鬼神之中有善也有惡；有的鬼神是惡鬼、惡神，一樣也有「不善之闇」；等而上之，基督教說：「信上帝得永生，上帝恕免你們所有的罪，只要信上帝我，就可以生到我的天堂中享樂，作我永遠牧養的羔羊。」這也是「不善之闇」啊！因爲他們不曉得生到天堂以後，不過是欲界的境界，從菩薩的眼光來看，他們不一會兒又要下來人間受苦，也還不免淪墮三惡道。因爲上帝說，對異教徒要加以剪除，這正是殺人而造大惡業，才會有歐洲中古世紀的黑暗時代，這也是「不善之闇」啊！這就表示上帝的無明是很深重的，他的行善是有對象的：信我的，我給你善境；不信我的，我就要加禍於你。這也是「不善之闇」，遠不如道教的神祇。

道教中有很多神祇，例如保生大帝、玄天上帝，又如我們講堂的鄰居恩主公，他叫作什麼上帝？我記不住他的名銜。道教中的這一些天神，眾生若不信仰他們，他們也不會生氣；可是基督教的上帝，當眾生不信他的時候，他就會生氣，於是降下天火想要燒死不信他的異教徒；那你們說，他的層次在哪裡，想一想就知道了！他有沒有超過道家的天神？根本就沒有。從這裡就可以知道上帝是人類創造的，所以哲學家正式提問：「上帝在哪裡？」道家信仰的這一些天神，你還可以接觸到，而上帝是你接觸不到的。就只是人類寫出來宣傳的，是依於自己的喜怒哀樂，依於自己的喜好或厭惡而寫下他們的《聖經》，文字中顯示那一些創造《舊約》、《新約》的人，心中存有許多的「不善之闇」。那麼色界天的天主、天人有沒有「不善之闇」呢？無色界天眾生有沒有呢？都有啊！只是層次差別罷了。至於初果人有沒有呢？也有啊！那就只好等下週來說了。

《妙法蓮華經》上週講到一百八十二頁第二段第五行第一句，還沒有講完，也就是說「此經」「能破一切不善之闇」；上週說過「此經」可以破欲界的「不善之闇」；有情眾生在欲界中不斷地行善，求生欲界六天之中來享樂，這就是一般的宗教所說的生天堂，享受天界的快樂；有許多種外道說到死後生天享樂，他們享樂的天上境界像不像人間？諸位有沒有思考過這個題目？所有的宗教，除了佛教以外，中國本土的道教、外國的一神教（至於民間信仰一類咱們就不談），那些宗教教導人家要往生天堂，生天堂以後是不是有父母？是不是有配偶？是不是有家屬？諸位可以看看道教裡是怎麼說的，而一神教的宗教，不論是基督教、天主教或者回教，是不是也如此？

他們在天界都是有家庭眷屬的，那他們天上的境界究竟是在哪一天的層次，大約就可以斷定了，所以都屬於欲界天的四王天、忉利天等範圍中。如果那一些天神對人類是沒有瞋心的，那他就不屬於四王天，而屬於忉利天，乃至於更高層次的其他欲界四天；如果那個教主是會懲罰人類的，不論是降下大水淹死人、降下天火燒死異教徒，都表示他的瞋心很重，並沒有格當超越於須彌山的天界天主，最多不過是在四王天而已，才會脾氣那麼大，所以很會記仇。那麼諸位從這裡去觀察，有哪一個宗教的教主是超越於欲界天的？事實上連忉利天都上不去呢！

至於一貫道就不用談它，因爲它是一貫竊盜人家宗教的教義，於宗教界根本就不入流，咱們就不談它。因爲他們的說法很荒唐，什麼五教教主都是他們的老母娘所生的，以前放出去流浪，現在要收回來就稱爲收圓；那就不談它，因爲那只是一場笑話，還不夠格讓我們細談它。那麼從這一些宗教的教主境界來看，顯然只有古時天竺的婆羅門教等宗教，所談到的境界還可以使人超越欲界而到達色界天，並且也不乏實證者。

再拉回來欲界說，在欲界中並不是只有人間和欲界天，還有三惡道的眾生；而三惡道的眾生，咱們很難以度化他們，只能用世間法跟他們結下好緣，到未來劫中再來度化他們，所以這裡也就不談。再拉回來談色界，色界有闇，跟欲界有闇不一樣；在人間行十善求生天堂，是欲界善法之闇，並非不善之闇；如果是造作了不善，表示他心中有黑闇無明，這種不善之闇會使他下墮三惡道。而在人間，人類有智慧可以瞭解欲界的不善之闇，所以修學了佛法之後，終於懂得欲界有不善之闇，也有善法之闇。

那麼善法之闇是指行善之後又執著於善業，一心想要往生欲界天，享受五欲之樂，但在解脫道中卻是「不善之闇」。既然是行善而生欲界天，爲什麼又叫「不善之闇」？因爲這不是眞正的善；他求生欲界天只是爲了享受，而不知道將來享受完畢以後—天福享盡時所有的福報已經都享受完了—下生人間時就不一定能繼續當人。這是因爲所有福報都享受完了，以前留下來的一些小惡業還存在，如今沒有福業可以依憑，使他得要去畜生道中受報償還。所以行善而生欲界天的目的是爲了享福，而不是求生於兜率內院修學佛法，那他這個行善就是基於「不善之闇」而作的。

這種事情，如果你修學佛菩提道，實證了「此經」而親見自己和一切有情的第八識「妙法蓮花」，果然開花結果能出生各自有情的五蘊十八界，乃至一切善報與惡報的果實，就知道因果律確實存在、眞實不虛；因爲這時一定會看見自己的一切所思、所行、所作，全部都在自己的如來藏中，不會外於自心如來；既然一切所說、所想、所造，全都存在自心如來第八識之中，那麼一生過完了，捨壽的時候結算一生的功業，當然這一些種子也就全部都在自心如來之內，帶去下一世受報，不會外漏於虛空。從證悟第八識自心如來以後而作這樣的現觀，這欲界的「不善之闇」也就破除了，也就跟著滅了。

那麼　世尊接引外道時所說的次法：「施論、戒論、生天之論、欲爲不淨、上漏爲患、出要爲上。」全都是因爲妙法蓮花「此經」如來藏的緣故而演說的；若無「此經」第八識執持所有業種流轉三世，諸佛所說的次法與法就全部成爲戲論。

那麼再來看色界吧！古時天竺有很多人證得禪定，誤以爲那就是涅槃境界；就是因爲他們沒有證得「**此經**」妙法蓮花，所以不瞭解那仍然是三界中的生滅境界，因此他們錯把初禪境界當作是涅槃，然後認定初禪天裡的大梵天王就是一切眾生之父；所以婆羅門教沒有一個人間的教主，他們推崇的是色界初禪天中的大梵天王；而他們對大梵天王有一個很親切的稱呼，叫作「祖父」，等於我們閩南話說的「阿公」；如果稱呼爲「阿公」，那是很親切的，一點點見外都沒有；而他們就稱大梵天王爲祖父，因爲不能說自己不是父親、母親所生的；但是又推崇說一切眾生之所從來，全都是來自大梵天王，就說自己的父母親也是從大梵天王來的，因此就把大梵天王稱爲祖父。

有時外道去市鎮之外，來到某一個地方，正好 佛陀在樹下安坐，他們看見 佛陀大人相光輝煒燁，所以趕快靠近來禮拜，拜完了就請問：「**您是我的祖父嗎？**」在我們的民俗上來講，怎麼有人在外面隨地就認祖父的？但他們口中祖父的意思並不是祖父，是指他們的教主——大梵天王。

可是有一天大梵天王來請問 佛陀：「**如何得解脫等法？**」佛陀看見這機

會送上來了，不用白不用，得要對眾生作機會教育，就故意問他：「**大眾都說一切眾生是你出生的，說山河世界是你創造的，你說到底是不是？**」這大梵天王默然不答。因為如果答了，一定只有兩個事實：一個正確、一個錯誤呀！如果要答出正確的答案，那麼信徒都要跑光了，大家再也不信奉他了；如果要答出錯誤的答案來，謊稱眾生是自己所出生的，明知道 世尊一定會斥責他。所以他就三度推辭，佛陀當然知道他推托的用意，卻不能當眾放過，最後他只好向 佛陀承認說：「**我不是不能答，因為我如果答是，明明知道不是我生的，這是不誠實啊！可是我不能當眾這樣答，只能默然。那他們要推崇我，說都是我出生的、都是我創造的，我也沒辦法。**」這就是大梵天王。

那麼現在問題來了，大梵天王究竟是不是涅槃？涅槃是不生不滅，才能說是永生不死；他自己也是有五陰，也是有出生的時候，這是他自己也知道的事。他並不是無始以來本自存在，他也是前任的大梵天王過去了，然後由他來接任的；他很清楚知道自己並沒有創造萬物，並不是造物主。但色界天的眾生，就好像初禪天的梵眾天一樣，誤以為大梵天王是出生他們的唯一眞神。二禪、三禪、四禪天有情大約如是，他們都不知道色界天並不是究竟的涅槃。只因色界天的天壽很長，所以看見欲界第六天、第五天下至四王天，以及人間，出生了不久突然又死了，然後突然又出生了、又死了，而自己始終都在，就誤以爲自己是長生不死的。

就好比有一個愚癡無智的小孩子養了蠶，看到蠶寶寶出生了、長大了、結繭了、然後死了，而那些卵明年又生了蠶寶寶，因爲愚癡，他就想：「這一些生命都好短，這一些應該是我夢裡面幫牠們出生的，因爲我夢到出生了牠們。」只有愚癡的小孩子才會這樣想，聰明的小孩子都會說那是牠們自己出生、自己滅亡。可是有一個宗教的神自稱是造物主，他們的天神就像那個愚癡的小孩子說：「眾生都是我出生的，我把他們出生了以後，再來誘惑他們偷吃蘋果，然後說他們犯了禁，再把他們趕出伊甸園外。後代一切眾生都是由他們兩個人出生的，而他們兩個人都是我生的，所以一切眾生都是我創造出來的。」可是他說這話很奇怪，他把那兩個人趕出伊甸園時，伊甸園外早就有一堆人了，並不是只有他們兩個人啊！所以我說這個造物主也太笨了吧！說謊都沒有先打草稿檢查一下。

那麼話說回來，色界天有情中，就是有一些愚癡人看見欲界天的天人、人間的人類，都是一下子出生、一下子又死了；特別是看到人間，因爲他們天壽很長，而人類一般而言以百歲爲準，少出多滅；這個少出多滅是說，只有很少人出過於百歲，大部分人是少於百歲的；因此以色界天的壽命來看，不必一個早上，剛剛才看誰出生了，在人間當了轉輪聖王轟轟烈烈，怎麼一會兒他就死了？所以他們認爲自己是永生不死的。這就像那個愚癡的孩子說：「你看！蠶寶寶生了又死，但我還在啊！所以我是不死的。」所以就說自己叫作「永生」。

但永生兩個字就是個大問題，永生是不是曾經「有生」？既然得要出生了才能叫作永生，一定是出生以後很長壽而不死，才能叫作永生。但問題來了，有生則必有滅，有生之法無不滅者，因此永生的背後就是必死。所以他們沒有智慧，就認爲說：我二禪天，我三禪、四禪天是永生不死的。這樣的見解造就了他們永生不死的邪見，這種邪見就是色界天人的「不善之闇」。

（〈藥王菩薩品〉未完，詳續第二十一輯解說。）

佛教正覺同修會〈修學佛道次第表〉

第一階段

＊以憶佛及拜佛方式修習動中定力。
＊學第一義佛法及禪法知見。
＊無相拜佛功夫成就。
＊具備一念相續功夫—動靜中皆能看話頭。
＊努力培植福德資糧，勤修三福淨業。

第二階段

＊參話頭，參公案。
＊開悟明心，一片悟境。
＊鍛鍊功夫求見佛性。
＊眼見佛性〈餘五根亦如是〉親見世界如幻，成就如幻觀。
＊學習禪門差別智。
＊深入第一義經典。
＊修除性障及隨分修學禪定。
＊修證十行位陽焰觀。

第三階段

＊學一切種智真實正理—楞伽經、解深密經、成唯識論…。
＊參究末後句。
＊解悟末後句。
＊透牢關—親自體驗所悟末後句境界，親見實相，無得無失。
＊救護一切衆生迴向正道。護持了義正法，修證十迴向位如夢觀。
＊發十無盡願，修習百法明門，親證猶如鏡像現觀。
＊修除五蓋，發起禪定。持一切善法戒。親證猶如光影現觀。
＊進修四禪八定、四無量心、五神通。進修大乘種智，求證猶如谷響現觀。

佛菩提二主要道次第概要表——二道並修，以外無別佛法

佛菩提道——大菩提道

資糧位

- 十信位修集信心 —— 一劫乃至一萬劫
- 初住位修集布施功德（以財施爲主）。
- 二住位修集持戒功德。
- 三住位修集忍辱功德。
- 四住位修集精進功德。
- 五住位修集禪定功德。
- 六住位修集般若功德（熏習般若中觀及斷我見，加行位也）。

外門廣修六度萬行

見道位

- 七住位明心般若正觀現前，親證本來自性清淨涅槃。
- 八住位起於一切法現觀般若中道。漸除性障。
- 十住位眼見佛性，世界如幻觀成就。
- 一至十行位，於廣行六度萬行中，依般若中道慧，現觀陰處界猶如陽焰，至第十行滿心位，陽焰觀成就。
- 一至十迴向位熏習一切種智；修除性障，唯留最後一分思惑不斷。第十迴向滿心位成就菩薩道如夢觀。

內門廣修六度萬行

遠波羅蜜多

- 初地：第十迴向位滿心時，成就道種智一分（八識心王一一親證後，領受五法、三自性、七種第一義、七種性自性、二種無我法）復由勇發十無盡願，成通達位菩薩。復又永伏性障而不具斷，能證慧解脫而不取證，由大願故留惑潤生。此地主修法施波羅蜜多及百法明門。證「猶如鏡像」現觀，故滿初地心。
- 二地：初地功德滿足以後，再成就道種智一分而入二地；主修戒波羅蜜多及一切種智。滿心位成就「猶如光影」現觀，戒行自然清淨。

解脫道：二乘菩提

- → 斷三縛結，成初果解脫
- → 薄貪瞋癡，成二果解脫
- → 斷五下分結，成三果解脫
- 入地前的四加行令煩惱障現行悉斷，成四果解脫，留惑潤生。分段生死已斷，煩惱障習氣種子開始斷除，兼斷無始無明上煩惱。

近波羅蜜多　大波羅蜜多　圓滿波羅蜜多

修道位　究竟位

三地：二地滿心再證道種智一分，故入三地。此地主修忍波羅蜜多及四禪八定、四無量心、五神通。能成就俱解脫果而不取證，留惑潤生。滿心位成就「猶如谷響」現觀及無漏妙定意生身。

四地：由三地再證道種智一分故入四地。主修精進波羅蜜多，於此土及他方世界廣度有緣，無有疲倦。進修一切種智，滿心位成就「如水中月」現觀。

五地：由四地再證道種智一分故入五地。主修禪定波羅蜜多及一切種智，斷除下乘涅槃貪。滿心位成就「變化所成」現觀。

六地：由五地再證道種智一分故入六地。此地主修般若波羅蜜多——依道種智現觀十二因緣一一有支及意生身化身，皆自心眞如變化所現，「非有似有」，成就細相觀，不由加行而自然證得滅盡定，成俱解脫大乘無學。

七地：由六地「非有似有」現觀，再證道種智一分故入七地。此地主修一切種智及方便波羅蜜多，由重觀十二有支一一支中之流轉門及還滅門一切細相，成就方便善巧，念念隨入滅盡定。滿心位證得「如犍闥婆城」現觀。

八地：由七地極細相觀成就故再證道種智一分而入八地。此地主修一切種智及願波羅蜜多。至滿心位純無相觀任運恆起，故於相土自在，滿心位復證「如實覺知諸法相意生身」故。

九地：由八地再證道種智一分故入九地。主修力波羅蜜多及一切種智，成就四無礙，滿心位證得「種類俱生無行作意生身」。

十地：由九地再證道種智一分故入此地。此地主修一切種智——智波羅蜜多。滿心位起大法智雲，及現起大法智雲所含藏種種功德，成受職菩薩。

等覺：由十地道種智成就故入此地。此地應修一切種智，圓滿等覺地無生法忍；於百劫中修集極廣大福德，以之圓滿三十二大人相及無量隨形好。

妙覺：示現受生人間已斷盡煩惱障一切習氣種子，並斷盡所知障一切隨眠，永斷變易生死無明，成就大般涅槃，四智圓明。人間捨壽後，報身常住色究竟天利樂十方地上菩薩；以諸化身利樂有情，永無盡期，成就究竟佛道。

七地滿心斷除故意保留之最後一分思惑時，煩惱障所攝色、受、想三陰有漏習氣種子全部斷盡。 ←

煩惱障所攝行、識二陰無漏習氣種子任運漸斷，所知障所攝上煩惱任運漸斷。 ←

斷盡變易生死成就大般涅槃

圓滿成就究竟佛果

佛子蕭平實　謹製
（二〇〇九、〇二 修訂）
（二〇一二、〇二 增補）

佛教正覺同修會 共修現況 及 招生公告　2017/12/21

一、共修現況：（請在共修時間來電，以免無人接聽。）

台北正覺講堂 103 台北市承德路三段 277 號九樓 捷運淡水線圓山站旁 Tel..**總機** 02-25957295（晚上）（**分機：九樓**辦公室 10、11；知客櫃檯 12、13。 **十樓**知客櫃檯 15、16；書局櫃檯 14。 **五樓**辦公室 18；知客櫃檯 19。**二樓**辦公室 20；知客櫃檯 21。）Fax..25954493

第一講堂　台北市承德路三段 277 號九樓

禪淨班：週一晚班、週三晚班、週四晚班、週五晚班、週六下午班、週六上午班（共修期間二年半，全程免費。皆須報名建立學籍後始可參加共修，欲報名者詳見本公告末頁。）

進階班：週一晚班、週三晚班、週四晚班、週五晚班（禪淨班結業後轉入共修）。

增上班：瑜伽師地論詳解：每月單數週之週末 17.50～20.50。平實導師講解，2003 年 2 月開講至今，預計 2019 年圓滿，僅限已明心之會員參加。

禪門差別智：每月第一週日全天　平實導師主講（事冗暫停）。

大法鼓經詳解　詳解末法時代大乘佛法修行之道。佛教正法消毒妙藥塗於大鼓而以擊之，凡有眾生聞之者，一切邪見鉅毒悉皆消殞；此經即是大法鼓之正義，凡聞之者，所有邪見之毒悉皆滅除，見道不難；亦能發起菩薩無量功德，是故諸大菩薩遠從諸方佛土來此娑婆聞修此經。平實導師主講，定於 2017 年 12 月底起，每逢周二晚上開講，第一至第六講堂都可同時聽聞，歡迎已發成佛大願的菩薩種性學人，攜眷共同參與此殊勝法會現場聞法，不限制聽講資格。本會學員憑上課證進入第一至第四講堂聽講，會外學人請以身分證件換證進入聽講（此爲大樓管理處安全管理規定之要求，敬請諒解）；第五及第六講堂（B1、B2）對外開放，不需出示任何證件，請由大樓側門直接進入。

第二講堂　台北市承德路三段 267 號十樓。

禪淨班：週一晚上班。

進階班：週三晚班、週四晚班、週五晚班、週六下午班。禪淨班結業後轉入共修。

大法鼓經詳解：平實導師講解。每週二 18.50~20.50 影像音聲即時傳輸

第三講堂　台北市承德路三段 277 號五樓。

禪淨班：週六下午班。

進階班：週一晚班、週三晚班、週四晚班、週五晚班。

大法鼓經詳解：平實導師講解。每週二 18.50~20.50 影像音聲即時傳輸

第四講堂　台北市承德路三段 267 號二樓。

進階班：週一晚上班、週三晚上班、週四晚上班（禪淨班結業後轉入共修）。

大法鼓經詳解：平實導師講解。每週二 18.50~20.50 影像音聲即時傳輸

第五、第六講堂

念佛班 每週日晚上，第六講堂共修（B2），一切求生極樂世界的三寶弟子皆可參加，不限制共修資格。

進階班：週一晚班、週三晚班、週四晚班。

大法鼓經詳解：平實導師講解。每週二 18.50~20.50 影像音聲即時傳輸。第五、第六講堂爲**開放式講堂**，不需以身分證件換證即可進入聽講，台北市承德路三段 267 號地下一樓、地下二樓。每逢週二晚上講經時段開放給會外人士自由聽經，請由大樓側面梯階逕行進入聽講。**聽講者請尊重講者的著作權及肖像權，請勿錄音錄影，以免違法；若有錄音錄影被查獲者，將依法處理。**

正覺祖師堂 大溪區美華里信義路 650 巷坑底 5 之 6 號（台 3 號省道 34 公里處 妙法寺對面斜坡道進入）電話 03-3886110 傳眞 03-3881692 本堂供奉 克勤圓悟大師，專供會員每年四月、十月各三次精進禪三共修，兼作本會出家菩薩掛單常住之用。除禪三時間以外，每逢單月第一週之週日 9:00~17:00 開放會內、外人士參訪，當天並提供午齋結緣。教內共修團體或道場，得另申請其餘時間作團體參訪，務請事先與常住確定日期，以便安排常住菩薩接引導覽，亦免妨礙常住菩薩之日常作息及修行。

桃園正覺講堂（第一、第二講堂）：桃園市介壽路 286、288 號 10 樓（陽明運動公園對面）電話：03-3749363(請於共修時聯繫，或與台北聯繫)

禪淨班：週一晚上班（1）、週一晚上班（2）、週三晚上班、週四晚上班、週五晚上班。

進階班：週四晚班、週五晚班、週六上午班。

增上班：雙週六晚上班（增上重播班）。

大法鼓經詳解：平實導師講解。每週二晚上，以台北正覺講堂所錄 DVD 放映；歡迎會外學人共同聽講，不需出示身分證件。

新竹正覺講堂 新竹市東光路 55 號二樓之一 電話 03-5724297（晚上）

第一講堂：

禪淨班：週一晚上班、週五晚上班、週六上午班。

進階班：週三晚上班、週四晚上班（由禪淨班結業後轉入共修）。

增上班：單週六晚上班。雙週六晚上班（重播班）。

大法鼓經詳解：平實導師講解。每週二晚上，以台北正覺講堂所錄 DVD 放映。歡迎會外學人共同聽講，不需出示身分證件。

第二講堂：

禪淨班：週三晚上班、週四晚上班。

大法鼓經詳解：每週二晚上與第一講堂同時播放佛藏經詳解 DVD。

第三、第四講堂：裝修完畢，即將開放。

台中正覺講堂 04-23816090（晚上）

第一講堂 台中市南屯區五權西路二段 666 號 13 樓之四（國泰世華銀行樓上。鄰近縣市經第一高速公路前來者，由五權西路交流道可以快速到達，大樓旁有停車場，對面有素食館）。

禪淨班：週三晚上班、週四晚上班。

進階班：週一晚上班、週六上午班（由禪淨班結業後轉入共修）。

增上班：增上班：單週六晚上班。雙週六晚上班（重播班）。

大法鼓經詳解：平實導師講解。每週二晚上，以台北正覺講堂所錄 DVD 放映。歡迎會外學人共同聽講，不需出示身分證件。

第二講堂 台中市南屯區五權西路二段 666 號 4 樓

禪淨班：週一晚上班、週三晚上班、週六上午班。

進階班：週五晚上班（由禪淨班結業後轉入共修）。

大法鼓經詳解：每週二晚上與第一講堂同時播放佛藏經詳解 DVD。

第三講堂、第四講堂：台中市南屯區五權西路二段 666 號 4 樓。

嘉義正覺講堂 嘉義市友愛路 288 號八樓之一 電話：05-2318228

第一講堂：

禪淨班：週一晚上班、週四晚上班、週五晚上班、週六上午班。

進階班：週三晚上班（由禪淨班結業後轉入共修）。

增上班：單週六晚上班。雙週六晚上班（重播班）。

大法鼓經詳解：平實導師講解。每週二晚上，以台北正覺講堂所錄 DVD 放映。歡迎會外學人共同聽講，不需出示身分證件。

第二講堂 嘉義市友愛路 288 號八樓之二。

台南正覺講堂

第一講堂 台南市西門路四段 15 號 4 樓。06-2820541（晚上）

禪淨班：週一晚上班、週三晚上班、週四晚上班、週五晚上班、週六下午班。

增上班：增上班：單週六晚上班。雙週六晚上班（重播班）。

大法鼓經詳解：平實導師講解。每週二晚上，以台北正覺講堂所錄 DVD 放映。歡迎會外學人共同聽講，不需出示身分證件。

第二講堂 台南市西門路四段 15 號 3 樓。

大法鼓經詳解：每週二晚上與第一講堂同時播放佛藏經詳解 DVD。

第三講堂 台南市西門路四段 15 號 3 樓。

進階班：週三晚上班、週四晚上班、週六上午班（由禪淨班結業後轉入共修）。

大法鼓經詳解：每週二晚上與第一講堂同時播放佛藏經詳解 DVD。

高雄正覺講堂 高雄市新興區中正三路 45 號五樓 07-2234248（晚上）

第一講堂（五樓）：

禪淨班：週一晚班、週三晚班、週四晚班、週五晚班、週六上午班。

增上班：單週週末下午，以台北增上班課程錄成 DVD 放映之，限已明心之會員參加。

大法鼓經詳解：平實導師講解。每週二晚上，以台北正覺講堂所錄 DVD 放映。歡迎會外學人共同聽講，不需出示身分證件。

第二講堂（四樓）：

進階班：週三晚上班、週四晚上班、週六上午班（由禪淨班結業後轉入共修）。

大法鼓經詳解：每週二晚上與第一講堂同時播放佛藏經詳解 DVD。

第三講堂（三樓）：

進階班：週四晚班（由禪淨班結業後轉入共修）。

香港正覺講堂 ☆**已遷移新址**☆

九龍觀塘，成業街 10 號，電訊一代廣場 27 樓 E 室。

（觀塘地鐵站 B1 出口，步行約 4 分鐘）。電話：(852) 23262231

英文地址：Unit E，27th Floor, TG Place, 10 Shing Yip Street, Kwun Tong, Kowloon

禪淨班：雙週六下午班 14:30-17:30，已經額滿。
雙週日下午班 14:30-17:30。
單週六下午班 14:30-17:30，已經額滿。

進階班：雙週五晚上班（由禪淨班結業後轉入共修）。

增上班：單週週末上午，以台北增上班課程錄成 DVD 放映之。

增上重播班：雙週週末上午，以台北增上班課程錄成 DVD 放映之。

大法鼓經詳解：平實導師講解。雙週六 19:00-21:00，以台北正覺講堂所錄 DVD 放映；歡迎會外學人共同聽講，不需出示身分證件。

美國洛杉磯正覺講堂 ☆**已遷移新址**☆

825 S. Lemon Ave Diamond Bar, CA 91789 U.S.A.

Tel. (909) 595-5222（請於週六 9:00~18:00 之間聯繫）

Cell. (626) 454-0607

禪淨班：每逢週末 15：30~17：30 上課。

進階班：每逢週末上午 10：00~12：00 上課。

大法鼓經詳解：平實導師講解。每週六下午 13：00~15：00 以台北所錄 DVD 放映。歡迎各界人士共享第一義諦無上法益，不需報名。

二、招生公告 本會台北講堂及全省各講堂、香港講堂，每逢四月、十月下旬開新班，每週共修一次（每次二小時。開課日起三個月內仍可插班）；但美國洛杉磯共修處之禪淨班得隨時插班共修。各班共修期間皆為二年半，全程免費，欲參加者請向本會函索報名表（各共修處皆於共修時間方有人執事，非共修時間請勿電詢或前來洽詢、請書），或直接從本會官方網站(http://www.enlighten.org.tw/newsflash/class)或成佛之道網站下載報名表。共修期滿時，若經報名禪三審核通過者，可參加四天三夜之禪三精進共修，有機會明心、取證如來藏，發起般若實相智慧，成為實義菩薩，脫離凡夫菩薩位。

三、新春禮佛祈福 農曆年假期間停止共修：自農曆新年前七天起停止共修與弘法，正月 8 日起回復共修、弘法事務。新春期間正月初一～初七 9.00～17.00 開放台北講堂、正月初一~初三開放桃園、新竹、台中、嘉義、台南、高雄講堂，以及大溪禪三道場（正覺祖師堂），方便會員供佛、祈福及會外人士請書。美國洛杉磯共修處之休假時間，請逕詢該共修處。

密宗四大派修雙身法，是外道性力派的邪法；又以生滅的識陰作為常住法，是常見外道，是假的藏傳佛教。

西藏覺囊巴以他空見弘揚第八識如來藏勝法，才是真藏傳佛教

佛教正覺同修會　弘法行事表　2017/12/07

1、**禪淨班**　以無相念佛及拜佛方式修習動中定力，實證一心不亂功夫。傳授解脫道正理及第一義諦佛法，以及參禪知見。共修期間：二年六個月。每逢四月、十月開新班，詳見招生公告表。

2、**進階班**　禪淨班畢業後得轉入此班，進修更深入的佛法，期能證悟明心。各地講堂各有多班，繼續深入佛法、增長定力，悟後得轉入增上班修學道種智，期能證得無生法忍。

3、**增上班　瑜伽師地論**詳解　詳解論中所言凡夫地至佛地等 17 師之修證境界與理論，從凡夫地、聲聞地……宣演到諸地所證無生法忍、一切種智之眞實正理。由平實導師開講，每逢一、三、五週之週末晚上開示，僅限已明心之會員參加。2003 年二月開講至今，預定 2019 年講畢。

4、**大法鼓經**詳解　詳解末法時代大乘佛法修行之道。佛教正法消毒妙藥塗於大鼓而以擊之，凡有眾生聞之者，一切邪見鉅毒悉皆消殞；此經即是大法鼓之正義，凡聞之者，所有邪見之毒悉皆滅除，見道不難；亦能發起菩薩無量功德，是故諸大菩薩遠從諸方佛土來此娑婆聞修此經。平實導師主講。定於 2017 年 12 月底開講，歡迎已發成佛大願的菩薩種性學人，攜眷共同參與此殊勝法會聽講。

本經破「有」而顯涅槃，以此名爲眞實的「法」；眞法即是第八識如來藏，《金剛經》《法華經》中亦名之爲「此經」。若墮在「有」中，皆名「非法」，「有」即是五陰、六入、十二處、十八界及內我所、外我所，皆非眞實法。若人如是俱說「法」與「非法」而宣揚佛法，名爲擊大法鼓；如是依「法」而捨「非法」，據以建立山門而爲眾說法，方可名爲眞正的法鼓山。此經中說，以「此經」爲菩薩道之本，以證得「此經」之正知見及法門作爲度人之「法」，方名眞實佛法，否則盡名「非法」。本經中對法與非法、有與涅槃，有深入之闡釋，歡迎教界一切善信（不論初機或久學菩薩），一同親沐 如來聖教，共沾法喜。由平實導師詳解。不限制聽講資格。

5、**精進禪三**　主三和尚：平實導師。於四天三夜中，以克勤圓悟大師及大慧宗杲之禪風，施設機鋒與小參、公案密意之開示，幫助會員剋期取證，親證不生不滅之眞實心——人人本有之如來藏。每年四月、十月各舉辦二個梯次；平實導師主持。僅限本會會員參加禪淨班共修期滿，報名審核通過者，方可參加。並選擇會中定力、慧力、福德三條件皆已具足之已明心會員，給以指引，令得眼見自己無形無相之佛性遍布山河大地，眞實而無障礙，得以肉眼現觀世界身心悉皆如幻，具足成就如幻觀，圓滿十住菩薩之證境。

6、**不退轉法輪經**詳解　本經所說妙法極為甚深難解，時至末法，已然無有知者；而其甚深絕妙之法，流傳至今依舊多人可證，顯示佛學眞是義學而非玄談，其中甚深極妙令人拍案稱絕之第一義諦妙義，平實導師將會加以解說。待《大法鼓經》宣講完畢時繼續宣講此經。

7、**阿含經**詳解　選擇重要之阿含部經典，依無餘涅槃之實際而加以詳解，令大眾得以現觀諸法緣起性空，亦復不墮斷滅見中，顯示經中所隱說之涅槃實際—如來藏—確實已於四阿含中隱說；令大眾得以聞後觀行，確實斷除我見乃至我執，證得**見到**眞現觀，乃至**身證**……等眞現觀；已得大乘或二乘見道者，亦可由此聞熏及聞後之觀行，除斷我所之貪著，成就慧解脫果。由平實導師詳解。不限制聽講資格。

8、**解深密經**詳解　重講本經之目的，在於令諸已悟之人明解大乘法道之成佛次第，以及悟後進修一切種智之內涵，確實證知三種自性性，並得據此證解七眞如、十眞如等正理。每逢週二 18.50~20.50 開示，由平實導師詳解。將於《大法鼓經》講畢後開講。不限制聽講資格。

9、**成唯識論**詳解　詳解一切種智眞實正理，詳細剖析一切種智之微細深妙廣大正理；並加以舉例說明，使已悟之會員深入體驗所證如來藏之微密行相；及證驗見分相分與所生一切法，皆由如來藏—阿賴耶識—直接或展轉而生，因此證知一切法無我，證知無餘涅槃之本際。將於增上班《瑜伽師地論》講畢後，由平實導師重講。僅限已明心之會員參加。

10、**精選如來藏系經典**詳解　精選如來藏系經典一部，詳細解說，以此完全印證會員所悟如來藏之眞實，得入不退轉住。另行擇期詳細解說之，由平實導師講解。僅限已明心之會員參加。

11、**禪門差別智**　藉禪宗公案之微細淆訛難知難解之處，加以宣說及剖析，以增進明心、見性之功德，啓發差別智，建立擇法眼。每月第一週日全天，由平實導師開示，僅限破參明心後，復又眼見佛性者參加（事冗暫停）。

12、**枯木禪**　先講智者大師的《小止觀》，後說《釋禪波羅蜜》，詳解四禪八定之修證理論與實修方法，細述一般學人修定之邪見與岔路，及對禪定證境之誤會，消除枉用功夫、浪費生命之現象。已悟般若者，可以藉此而實修初禪，進入大乘通教及聲聞教的三果心解脫境界，配合應有的大福德及後得無分別智、十無盡願，即可進入初地心中。親教師：平實導師。未來緣熟時將於正覺寺開講。不限制聽講資格。

註：本會例行年假，自 2004 年起，改爲每年農曆新年前七天開始停息弘法事務及共修課程，農曆正月 8 日回復所有共修及弘法事務。新春期間（每日 9.00~17.00）開放台北講堂，方便會員禮佛祈福及會外人士請書。大溪區的正覺祖師堂，開放參訪時間，詳見〈正覺電子報〉或成佛之道網站。本表得因時節因緣需要而隨時修改之，不另作通知。

佛教正覺同修會　贈閱書籍 目錄　2015/09/29

1.**無相念佛**　平實導師著　回郵 10 元
2.**念佛三昧修學次第**　平實導師述著　回郵 25 元
3.**正法眼藏—護法集**　平實導師述著　回郵 35 元
4.**真假開悟簡易辨正法&佛子之省思**　平實導師著　回郵 3.5 元
5.**生命實相之辨正**　平實導師著　回郵 10 元
6.**如何契入念佛法門**（**附**：印順法師否定極樂世界）平實導師著　回郵 3.5 元
7.**平實書箋**—答元覽居士書　平實導師著　回郵 35 元
8.**三乘唯識**—如來藏系經律彙編　平實導師編　回郵 80 元
（精裝本　長 27 cm　寬 21 cm　高 7.5 cm　重 2.8 公斤）
9.**三時繫念全集**—修正本　回郵掛號 40 元（長 26.5 cm×寬 19 cm）
10.**明心與初地**　平實導師述　回郵 3.5 元
11.**邪見與佛法**　平實導師述著　回郵 20 元
12.**菩薩正道**—回應義雲高、釋性圓…等外道之邪見　正燦居士著 回郵 20 元
13.**甘露法雨**　平實導師述　回郵 20 元
14.**我與無我**　平實導師述　回郵 20 元
15.**學佛之心態**—修正錯誤之學佛心態始能與正法相應 孫正德老師著 回郵35元
附錄：平實導師著**《略說八、九識並存…等之過失》**
16.**大乘無我觀**—《悟前與悟後》別說　平實導師述著　回郵 20 元
17.**佛教之危機**—中國台灣地區現代佛教之真相（附錄：公案拈提六則）
平實導師著　回郵 25 元
18.**燈 影**—燈下黑（覆「求教後學」來函等）平實導師著　回郵 35 元
19.**護法與毀法**—覆上平居士與徐恒志居士網站毀法二文
張正圜老師著　回郵 35 元
20.**淨土聖道**—兼評**選擇本願念佛**　正德老師著　**由正覺同修會購贈** 回郵 25 元
21.**辨唯識性相**—對「紫蓮心海《辯唯識性相》書中否定阿賴耶識」之回應
正覺同修會 台南共修處法義組 著　回郵 25 元
22.**假如來藏**—對法蓮法師《如來藏與阿賴耶識》書中否定阿賴耶識之回應
正覺同修會 台南共修處法義組 著　回郵 35 元
23.**入不二門**—公案拈提集錦 第一輯（於平實導師公案拈提諸書中選錄約二十則，
合輯為一冊流通之）平實導師著　回郵 20 元
24.**真假邪說**—西藏密宗索達吉喇嘛《破除邪說論》真是邪說
釋正安法師著　回郵 35 元
25.**真假開悟**—真如、如來藏、阿賴耶識間之關係　平實導師述著　回郵 35 元
26.**真假禪和**—辨正釋傳聖之謗法謬說　孫正德老師著　回郵 30 元

27.**眼見佛性**—駁慧廣法師眼見佛性的含義文中謬說

游正光老師著　回郵 25 元

28.**普門自在**—公案拈提集錦 第二輯（於平實導師公案拈提諸書中選錄約二十則，合輯為一冊流通之）平實導師著　回郵 25 元

29.**印順法師的悲哀**—以現代禪的質疑為線索　恒毓博士著　回郵 25 元

30.**識蘊真義**—現觀識蘊內涵、取證初果、親斷三縛結之具體行門。

—依《成唯識論》及《惟識述記》正義，略顯安慧《大乘廣五蘊論》之邪謬

平實導師著　回郵 35 元

31.**正覺電子報** 各期紙版本　免附回郵　每次最多函索三期或三本。

（已無存書之較早各期，不另增印贈閱）

32.**現代人應有的宗教觀**　蔡正禮老師 著　回郵 3.5 元

33.**遠惑趣道**—正覺電子報般若信箱問答錄　第一輯　回郵 20 元

34.**遠惑趣道**—正覺電子報般若信箱問答錄　第二輯　回郵 20 元

35.**確保您的權益**—器官捐贈應注意自我保護　游正光老師 著　回郵 10 元

36.**正覺教團電視弘法三乘菩提 DVD 光碟（一）**

由正覺教團多位親教師共同講述錄製 DVD 8 片，MP3 一片，共 9 片。有二大講題：一為「三乘菩提之意涵」，二為「學佛的正知見」。內容精闢，深入淺出，精彩絕倫，幫助大眾快速建立三乘法道的正知見，免被外道邪見所誤導。有志修學三乘佛法之學人不可不看。（製作工本費 100 元，回郵 25 元）

37.**正覺教團電視弘法 DVD 專輯（二）**

總有二大講題：一為「三乘菩提之念佛法門」，一為「學佛正知見（第二篇）」，由正覺教團多位親教師輪番講述，內容詳細闡述如何修學念佛法門、實證念佛三昧，以及學佛應具有的正確知見，可以幫助發願往生西方極樂淨土之學人，得以把握往生，更可令學人快速建立三乘法道的正知見，免於被外道邪見所誤導。有志修學三乘佛法之學人不可不看。（一套 17 片，工本費 160 元。回郵 35 元）

38.**佛藏經** 燙金精裝本 每冊回郵 20 元。正修佛法之道場欲大量索取者，請正式發函並蓋用大印寄來索取（2008.04.30 起開始敬贈）

39.**喇嘛性世界**—揭開假藏傳佛教譚崔瑜伽的面紗　張善思 等人合著

由正覺同修會購贈　回郵 20 元

40.**假藏傳佛教的神話**—性、謊言、喇嘛教　張正玄教授編著　回郵 20 元

由正覺同修會購贈　回郵 20 元

41.**隨　緣**—理隨緣與事隨緣　平實導師述　回郵 20 元。

42.**學佛的覺醒**　正枝居士 著　回郵 25 元

43.**導師之真實義**　蔡正禮老師 著　回郵 10 元

44.**淺談達賴喇嘛之雙身法**—兼論解讀「密續」之達文西密碼

吳明芷居士 著　回郵 10 元

45.**魔界轉世**　張正玄居士 著　回郵 10 元

46.**一貫道與開悟**　蔡正禮老師 著　回郵 10 元

47.**博愛**—愛盡天下女人　正覺教育基金會 編印　回郵 10 元
48.**意識虛妄經教彙編**—實證解脫道的關鍵經文　正覺同修會編印　回郵25 元
49.**邪箭囈語**—破斥藏密外道多識仁波切《破魔金剛箭雨論》之邪說
陸正元老師著　上、下冊回郵各 30 元
50.**真假沙門**—依 佛聖教闡釋佛教僧寶之定義
蔡正禮老師著　俟正覺電子報連載後結集出版
51.**真假禪宗**—藉評論釋性廣《印順導師對變質禪法之批判
及對禪宗之肯定》以顯示真假禪宗
附論一：凡夫知見 無助於佛法之信解行證
附論二：世間與出世間一切法皆從如來藏實際而生而顯
余正偉老師著　俟正覺電子報連載後結集出版　回郵未定
52.**假鋒虛焰金剛乘**—揭示顯密正理，兼破索達吉師徒《般若鋒兮金剛焰》。
釋正安 法師著　俟正覺電子報連載後結集出版

★ 上列贈書之郵資，係台灣本島地區郵資，大陸、港、澳地區及外國地區，請另計酌增（大陸、港、澳、國外地區之郵票不許通用）。尚未出版之書，請勿先寄來郵資，以免增加作業煩擾。

★ 本目錄若有變動，唯於後印之書籍及「成佛之道」網站上修正公佈之，不另行個別通知。

函索書籍請寄：佛教正覺同修會　103 台北市承德路 3 段 277 號 9 樓
台灣地區函索書籍者請附寄郵票，無時間購買郵票者可以等值現金抵用，但不接受郵政劃撥、支票、匯票。大陸地區得以人民幣計算，國外地區請以美元計算（請勿寄來當地郵票，在台灣地區不能使用）。欲以掛號寄遞者，請另附掛號郵資。

親自索閱：正覺同修會各共修處。　★請於共修時間前往取書，餘時無人在道場，請勿前往索取；共修時間與地點，詳見書末正覺同修會共修現況表（以近期之共修現況表為準）。

註：正智出版社發售之局版書，請向各大書局購閱。若書局之書架上已經售出而無陳列者，請向書局櫃台指定洽購；若書局不便代購者，請於正覺同修會共修時間前往各共修處請購，正智出版社已派人於共修時間送書前往各共修處流通。 郵政劃撥購書及 大陸地區 購書，請詳別頁正智出版社發售書籍目錄最後頁之說明。

成佛之道 網站：http://www.a202.idv.tw　正覺同修會已出版之結緣書籍，多已登載於 成佛之道 網站，若住外國、或住處遙遠，不便取得正覺同修會贈閱書籍者，可以從本網站閱讀及下載。　書局版之《宗通與說通》亦已上網，台灣讀者可向書局洽購，售價 300 元。《狂密與眞密》第一輯~第四輯，亦於 2003.5.1.全部於本網站登載完畢；台灣地區讀者請向書局洽購，每輯約 400 頁，售價 300 元（網站下載紙張費用較貴，容易散失，難以保存，亦較不精美）。

＊＊假藏傳佛教修雙身法，非佛教＊＊

正智出版社 籌募弘法基金發售書籍目錄　2018/07/14

1.**宗門正眼**—公案拈提 第一輯 重拈　平實導師著　500 元
因重寫內容大幅度增加故，字體必須改小，並增爲 576 頁 主文 546 頁。比初版更精彩、更有內容。初版《禪門摩尼寶聚》之讀者，可寄回本公司免費調換新版書。免附回郵，亦無截止期限。(2007 年起，每冊附贈本公司精製公案拈提〈超意境〉CD 一片。市售價格 280 元，多購多贈。)

2.**禪淨圓融**　平實導師著　200 元(第一版舊書可換新版書。)

3.**真實如來藏**　平實導師著　400 元

4.**禪—悟前與悟後**　平實導師著　上、下冊，每冊 250 元

5.**宗門法眼**—公案拈提 第二輯　平實導師著　500 元
(2007 年起，每冊附贈本公司精製公案拈提〈超意境〉CD 一片)

6.**楞伽經詳解**　平實導師著　全套共 10 輯　每輯 250 元

7.**宗門道眼**—公案拈提 第三輯　平實導師著　500 元
(2007 年起，每冊附贈本公司精製公案拈提〈超意境〉CD 一片)

8.**宗門血脈**—公案拈提 第四輯　平實導師著　500 元
(2007 年起，每冊附贈本公司精製公案拈提〈超意境〉CD 一片)

9.**宗通與說通**—成佛之道 平實導師著 主文 381 頁 全書 400 頁售價 300 元

10.**宗門正道**—公案拈提 第五輯　平實導師著　500 元
(2007 年起，每冊附贈本公司精製公案拈提〈超意境〉CD 一片)

11.**狂密與真密 一～四輯**　平實導師著　西藏密宗是人間最邪淫的宗教，本質不是佛教，只是披著佛教外衣的印度教性力派流毒的喇嘛教。此書中將西藏密宗密傳之男女雙身合修樂空雙運所有祕密與修法，毫無保留完全公開，並將全部喇嘛們所不知道的部分也一併公開。內容比大辣出版社喧騰一時的《西藏慾經》更詳細。並且函蓋藏密的所有祕密及其錯誤的中觀見、如來藏見……等，藏密的所有法義都在書中詳述、分析、辨正。每輯主文三百餘頁　每輯全書約 400 頁　售價每輯 300 元

12.**宗門正義**—公案拈提 第六輯　平實導師著　500 元
(2007 年起，每冊附贈本公司精製公案拈提〈超意境〉CD 一片)

13.**心經密意**—心經與解脫道、佛菩提道、祖師公案之關係與密意　平實導師述　300 元

14.**宗門密意**—公案拈提 第七輯　平實導師著　500 元
(2007 年起，每冊附贈本公司精製公案拈提〈超意境〉CD 一片)

15.**淨土聖道**—兼評「選擇本願念佛」　正德老師著　200 元

16.**起信論講記**　平實導師述著　共六輯　每輯三百餘頁　售價各 250 元

17.**優婆塞戒經講記**　平實導師述著 共八輯 每輯三百餘頁 售價各 250 元

18.**真假活佛**—略論附佛外道盧勝彥之邪說(對前岳靈犀網站主張「盧勝彥是證悟者」之修正)　正犀居士(岳靈犀)著　流通價 140 元

19.**阿含正義**—唯識學探源　平實導師著　共七輯　每輯 300 元

20.**超意境** CD 以平實導師公案拈提書中超越意境之頌詞，加上曲風優美的旋律，錄成令人嚮往的超意境歌曲，其中包括正覺發願文及平實導師親自譜成的黃梅調歌曲一首。詞曲雋永，殊堪翫味，可供學禪者吟詠，有助於見道。內附設計精美的彩色小冊，解說每一首詞的背景本事。每片 280 元。【每購買公案拈提書籍一冊，即贈送一片。】

21.**菩薩底憂鬱** CD 將菩薩情懷及禪宗公案寫成新詞，並製作成超越意境的優美歌曲。 1.主題曲〈菩薩底憂鬱〉，描述地後菩薩能離三界生死而迴向繼續生在人間，但因尚未斷盡習氣種子而有極深沈之憂鬱，非三賢位菩薩及二乘聖者所知，此憂鬱在七地滿心位方才斷盡；本曲之詞中所說義理極深，昔來所未曾見；此曲係以優美的情歌風格寫詞及作曲，聞者得以激發嚮往諸地菩薩境界之大心，詞、曲都非常優美，難得一見；其中勝妙義理之解說，已印在附贈之彩色小冊中。 2.以各輯公案拈提中直示禪門入處之頌文，作成各種不同曲風之超意境歌曲，值得玩味、參究；聆聽公案拈提之優美歌曲時，請同時閱讀內附之印刷精美說明小冊，可以領會超越三界的證悟境界；未悟者可以因此引發求悟之意向及疑情，眞發菩提心而邁向求悟之途，乃至因此眞實悟入般若，成眞菩薩。 3.正覺總持咒新曲，總持佛法大意；總持咒之義理，已加以解說並印在隨附之小冊中。本 CD 共有十首歌曲，長達 63 分鐘。每盒各附贈二張購書優惠券。每片 280 元。

22.**禪意無限** CD 平實導師以公案拈提書中偈頌寫成不同風格曲子，與他人所寫不同風格曲子共同錄製出版，幫助參禪人進入禪門超越意識之境界。盒中附贈彩色印製的精美解說小冊，以供聆聽時閱讀，令參禪人得以發起參禪之疑情，即有機會證悟本來面目而發起實相智慧，實證大乘菩提般若，能如實證知般若經中的眞實意。本 CD 共有十首歌曲，長達 69 分鐘，每盒各附贈二張購書優惠券。每片 280 元。

23.**我的菩提路**第一輯　釋悟圓、釋善藏等人合著　售價 300 元

24.**我的菩提路**第二輯　郭正益、張志成等人合著　售價 300 元

25.**我的菩提路**第三輯　王美伶等人合著　售價 300 元

26.**我的菩提路**第四輯　陳晏平等人合著　售價 300 元

27.**鈍鳥與靈龜**—考證後代凡夫對大慧宗杲禪師的無根誹謗。

平實導師著 共 458 頁 售價 350 元

28.**維摩詰經講記** 平實導師述 共六輯 每輯三百餘頁 售價各 250 元

29.**真假外道**—破劉東亮、杜大威、釋證嚴常見外道見 正光老師著 200 元

30.**勝鬘經講記**—兼論印順《勝鬘經講記》對於《勝鬘經》之誤解。

平實導師述　共六輯　每輯三百餘頁　售價250 元

31.**楞嚴經講記** 平實導師述 共 **15** 輯，每輯三百餘頁 售價 300 元

32.**明心與眼見佛性**—駁慧廣〈蕭氏「眼見佛性」與「明心」之非〉文中謬說

正光老師著　共 448 頁　售價 300 元

33.**見性與看話頭** 黃正倖老師 著，本書是禪宗參禪的方法論。

內文 375 頁，全書 416 頁，售價 300 元。

34.**達賴真面目**—玩盡天下女人 白正偉老師 等著 中英對照彩色精裝大本 800 元

35.**喇嘛性世界**—揭開假藏傳佛教譚崔瑜伽的面紗　張善思 等人著　200 元

36.**假藏傳佛教的神話**—性、謊言、喇嘛教　正玄教授編著　200 元

37.**金剛經宗通**　平實導師述　共九輯　每輯售價 250 元。

38.**空行母**—性別、身分定位，以及藏傳佛教。

珍妮·坎貝爾著 呂艾倫 中譯 售價 250 元

39.**末代達賴**—性交教主的悲歌　張善思、呂艾倫、辛燕編著 售價 250 元

40.**霧峰無霧**—給哥哥的信　辨正釋印順對佛法的無量誤解

游宗明 老師著　售價 250 元

41.**第七意識與第八意識？**—穿越時空「超意識」

平實導師述　每冊 300 元

42.**黯淡的達賴**—失去光彩的諾貝爾和平獎

正覺教育基金會編著　每冊 250 元

43.**童女迦葉考**—論呂凱文〈佛教輪迴思想的論述分析〉之謬。

平實導師 著 定價 180 元

44.**人間佛教**—實證者必定不悖三乘菩提

平實導師 述，定價 400 元

45.**實相經宗通**　平實導師述　共八輯　每輯 250 元

46.**真心告訴您(一)**—達賴喇嘛在幹什麼？

正覺教育基金會編著　售價 250 元

47.**中觀金鑑**—詳述應成派中觀的起源與其破法本質

孫正德老師著　分爲上、中、下三冊，每冊 250 元

48.**藏傳佛教要義**—《狂密與真密》之簡體字版　平實導師 著 上、下冊

僅在大陸流通　每冊 300 元

49.**法華經講義**　平實導師述　共二十五輯　每輯 300 元

已於 2015/05/31 起開始出版，每二個月出版一輯

50.**西藏「活佛轉世」制度**—附佛、造神、世俗法

許正豐、張正玄老師合著　定價 150 元

51.**廣論三部曲**　郭正益老師著　定價 150 元

52.**真心告訴您(二)**—達賴喇嘛是佛教僧侶嗎？

—補祝達賴喇嘛八十大壽

正覺教育基金會編著　售價 300 元

53.**次法**—實證佛法前應有的條件

張善思居士著　分爲上、下二冊，每冊 250 元

54.**涅槃**—解說四種涅槃之實證及內涵　平實導師著 上下冊 各 350 元

預定 2018/07/31 出版上冊，九月底出版下冊

55.**廣論之平議**—宗喀巴《菩提道次第廣論》之平議　正雄居士著

約二或三輯　俟正覺電子報連載後結集出版　書價未定

56.**末法導護**—對印順法師中心思想之綜合判攝　正慶老師著　書價未定

57.**菩薩學處**—菩薩四攝六度之要義　陸正元老師著　出版日期未定。
58.**八識規矩頌**詳解　○○居士 註解　出版日期另訂　書價未定。
59.**印度佛教史**—法義與考證。依法義史實評論印順《印度佛教思想史、佛教史地考論》之謬說　正偉老師著　出版日期未定　書價未定
60.**中國佛教史**—依中國佛教正法史實而論。○○老師 著　書價未定。
61.**中論正義**—釋龍樹菩薩《中論》頌正理。
孫正德老師著　出版日期未定　書價未定
62.**中觀正義**—註解平實導師《中論正義頌》。
○○法師（居士）著　出版日期未定　書價未定
63.**佛藏經講記**　平實導師述　出版日期未定　書價未定
64.**阿含經講記**—將選錄四阿含中數部重要經典全經講解之，講後整理出版。
平實導師述　約二輯　每輯300元　出版日期未定
65.**寶積經講記**　平實導師述　每輯三百餘頁 優惠價300元　出版日期未定
66.**解深密經講記**　平實導師述 約四輯　將於重講後整理出版
67.**成唯識論略解**　平實導師著　五～六輯　每輯300元　出版日期未定
68.**修習止觀坐禪法要講記**　平實導師述　每輯三百餘頁
將於正覺寺建成後重講、以講記逐輯出版　出版日期未定
69.**無門關**—《無門關》公案拈提　平實導師著　出版日期未定
70.**中觀再論**—兼述印順《中觀今論》謬誤之平議。正光老師著 出版日期未定
71.**輪迴與超度**—佛教超度法會之真義。
○○法師（居士）著　出版日期未定　書價未定
72.《**釋摩訶衍論**》**平議**—對偽稱龍樹所造《釋摩訶衍論》之平議
○○法師（居士）著　出版日期未定　書價未定
73.**正覺發願文**註解—以真實大願為因 得證菩提
正德老師著　出版日期未定　書價未定
74.**正覺總持咒**—佛法之總持　正圜老師著　出版日期未定　書價未定
75.**三自性**—依四食、五蘊、十二因緣、十八界法，說三性三無性。
作者未定　出版日期未定
76.**道品**—從三自性說大小乘三十七道品　作者未定　出版日期未定
77.**大乘緣起觀**—依四聖諦七真如現觀十二緣起 作者未定　出版日期未定
78.**三德**—論解脫德、法身德、般若德。　作者未定　出版日期未定
79.**真假如來藏**—對印順《如來藏之研究》謬說之平議　作者未定 出版日期未定
80.**大乘道次第**　作者未定　出版日期未定　書價未定
81.**四緣**—依如來藏故有四緣。　作者未定　出版日期未定
82.**空之探究**—印順《空之探究》謬誤之平議　作者未定 出版日期未定
83.**十法義**—論阿含經中十法之正義　作者未定　出版日期未定
84.**外道見**—論述外道六十二見　作者未定　出版日期未定

正智出版社有限公司　書籍介紹

禪淨圓融：言淨土諸祖所未曾言，示諸宗祖師所未曾示；禪淨圓融，另闢成佛捷徑，兼顧自力他力，闡釋淨土門之速行易行道，亦同時揭櫫聖教門之速行易行道；令廣大淨土行者得免緩行難證之苦，亦令聖道門行者得以藉著淨土速行道而加快成佛之時劫。乃前無古人之超勝見地，非一般弘揚禪淨法門典籍也，先讀為快。平實導師著　200元。

宗門正眼—公案拈提第一輯：繼承克勤圜悟大師碧巖錄宗旨之禪門鉅作。先則舉示當代大法師之邪說，消弭當代禪門大師鄉愿之心態，摧破當今禪門「世俗禪」之妄談；次則旁通教法，表顯宗門正理；繼以道之次第，消弭古今狂禪；後藉言語及文字機鋒，直示宗門入處。悲智雙運，禪味十足，數百年來難得一睹之禪門鉅著也。平實導師著　500元（原初版書《禪門摩尼寶聚》，改版後補充為五百餘頁新書，總計多達二十四萬字，內容更精彩，並改名為《宗門正眼》，讀者原購初版《禪門摩尼寶聚》皆可寄回本公司免費換新，免附回郵，亦無截止期限）（2007年起，凡購買公案拈提第一輯至第七輯，每購一輯皆贈送本公司精製公案拈提〈超意境〉CD一片，市售價格280元，多購多贈）。

禪—悟前與悟後：本書能建立學人悟道之信心與正確知見，圓滿具足而有次第地詳述禪悟之功夫與禪悟之內容，指陳參禪中細微淆訛之處，能使學人明自眞心、見自本性。若未能悟入，亦能以正確知見辨別古今中外一切大師究係眞悟？或屬錯悟？便有能力揀擇，捨名師而選明師，後時必有悟道之緣。一旦悟道，遲者七次人天往返，便出三界，速者一生取辦。學人欲求開悟者，不可不讀。　平實導師著。上、下冊共500元，單冊250元。

真實如來藏：如來藏眞實存在，乃宇宙萬有之本體，並非印順法師、達賴喇嘛等人所說之「唯有名相、無此心體」。如來藏是涅槃之本際，是一切有智之人竭盡心智、不斷探索而不能得之生命實相；是古今中外許多大師自以爲悟而當面錯過之生命實相。如來藏即是阿賴耶識，乃是一切有情本自具足、不生不滅之眞實心。當代中外大師於此書出版之前所未能言者，作者於本書中盡情流露、詳細闡釋。眞悟者讀之，必能增益悟境、智慧增上；錯悟者讀之，必能檢討自己之錯誤，免犯大妄語業；未悟者讀之，能知參禪之理路，亦能以之檢查一切名師是否眞悟。此書是一切哲學家、宗教家、學佛者及欲昇華心智之人必讀之鉅著。　平實導師著　售價400元。

宗門法眼—公案拈提第二輯：列舉實例，闡釋土城廣欽老和尙之悟處；並直示這位不識字的老和尙妙智橫生之根由，繼而剖析禪宗歷代大德之開悟公案，解析當代密宗高僧卡盧仁波切之錯悟證據，並例舉當代顯宗高僧、大居士之錯悟證據（凡健在者，爲免影響其名聞利養，皆隱其名）。藉辨正當代名師之邪見，向廣大佛子指陳禪悟之正道，彰顯宗門法眼。悲勇兼出，強捋虎鬚；慈智雙運，巧探驪龍；摩尼寶珠在手，直示宗門入處，禪味十足；若非大悟徹底，不能爲之。禪門精奇人物，允宜人手一冊，供作參究及悟後印證之圭臬。本書於2008年4月改版，增寫爲大約500頁篇幅，以利學人研讀參究時更易悟入宗門正法，以前所購初版首刷及初版二刷舊書，皆可免費換取新書。平實導師著　500元（2007年起，凡購買公案拈提第一輯至第七輯，每購一輯皆贈送本公司精製公案拈提〈超意境〉CD一片，市售價格280元，多購多贈）。

宗門道眼—公案拈提第三輯：繼宗門法眼之後，再以金剛之作略、慈悲之胸懷、犀利之筆觸，舉示寒山、拾得、布袋三大士之悟處，消弭當代錯悟者對於寒山大士……等之誤會及誹謗。　亦舉出民初以來與虛雲和尙齊名之蜀郡鹽亭袁煥仙夫子——南懷瑾老師之師，其「悟處」何在？並蒐羅許多眞悟祖師之證悟公案，顯示禪宗歷代祖師之睿智，指陳部分祖師、奧修及當代顯密大師之謬悟，作爲殷鑑，幫助禪子建立及修正參禪之方向及知見。假使讀者閱此書已，一時尙未能悟，亦可一面加功用行，一面以此宗門道眼辨別眞假善知識，避開錯誤之印證及歧路，可免大妄語業之長劫慘痛果報。欲修禪宗之禪者，務請細讀。平實導師著　售價500元（2007年起，凡購買公案拈提第一輯至第七輯，每購一輯皆贈送本公司精製公案拈提〈超意境〉CD一片，市售價格280元，多購多贈）。

楞伽經詳解：本經是禪宗見道者印證所悟眞僞之根本經典，亦是禪宗見道者悟後起修之依據經典；故達摩祖師於印證二祖慧可大師之後，將此經典連同佛鉢祖衣一併交付二祖，令其依此經典佛示金言、進入修道位，修學一切種智。由此可知此經對於眞悟之人修學佛道，是非常重要之一部經典。此經能破外道邪說，亦破佛門中錯悟名師之謬說，亦破禪宗部分祖師之狂禪：不讀經典、一向主張「一悟即成究竟佛」之謬執。並開示愚夫所行禪、觀察義禪、攀緣如禪、如來禪等差別，令行者對於三乘禪法差異有所分辨；亦糾正禪宗祖師古來對於如來禪之誤解，嗣後可免以訛傳訛之弊。此經亦是法相唯識宗之根本經典，禪者悟後欲修一切種智而入初地者，必須詳讀。平實導師著，全套共十輯，已全部出版完畢，每輯主文約320頁，每冊約352頁，定價250元。

宗門血脈—公案拈提第四輯：末法怪象—許多修行人自以爲悟，每將無念靈知認作眞實；崇尚二乘法諸師及其徒衆，則將外於如來藏之緣起性空—無因論之無常空、斷滅空、一切法空—錯認爲 佛所說之般若空性。這兩種現象已於當今海峽兩岸及美加地區顯密大師之中普遍存在；人人自以爲悟，心高氣壯，便敢寫書解釋祖師證悟之公案，大多出於意識思惟所得，言不及義，錯誤百出，因此誤導廣大佛子同陷大妄語之地獄業中而不能自知。彼等書中所說之悟處，其實處處違背第一義經典之聖言量。彼等諸人不論是否身披袈裟，都非佛法宗門血脈，或雖有禪宗法脈之傳承，亦只徒具形式；猶如螟蛉，非眞血脈，未悟得根本眞實故。禪子欲知 佛、祖之眞血脈者，請讀此書，便知分曉。平實導師著，主文452頁，全書464頁，定價500元（2007年起，凡購買公案拈提第一輯至第七輯，每購一輯皆贈送本公司精製公案拈提〈超意境〉CD一片，市售價格280元，多購多贈）。

宗通與說通：古今中外，錯誤之人如麻似粟，每以常見外道所說之靈知心，認作眞心；或妄想虛空之勝性能量爲眞如，或錯認物質四大元素藉冥性（靈知心本體）能成就吾人色身及知覺，或認初禪至四禪中之了知心爲不生不滅之涅槃心。此等皆非通宗者之見地。復有錯悟之人一向主張「宗門與教門不相干」，此即尚未通達宗門之人也。其實宗門與教門互通不二，宗門所證者乃是眞如與佛性，教門所說者乃說宗門證悟之眞如佛性，故教門與宗門不二。本書作者以宗教二門互通之見地，細說「宗通與說通」，從初見道至悟後起修之道、細說分明；並將諸宗諸派在整體佛教中之地位與次第，加以明確之教判，學人讀之即可了知佛法之梗概也。欲擇明師學法之前，允宜先讀。平實導師著，主文共381頁，全書392頁，只售成本價300元。

宗門正道—公案拈提第五輯：修學大乘佛法有二果須證—解脫果及大菩提果。二乘人不證大菩提果，唯證解脫果；此果之智慧，名爲聲聞菩提、緣覺菩提。大乘佛子所證二果之菩提果爲佛菩提，故名大菩提果，其慧名爲一切種智—函蓋二乘解脫果。然此大乘二果修證，須經由禪宗之宗門證悟方能相應。而宗門證悟極難，自古已然；其所以難者，咎在古今佛教界普遍存在三種邪見：1.以修定認作佛法， 2.以無因論之緣起性空—否定涅槃本際如來藏以後之一切法空作爲佛法，3.以常見外道邪見（離語言妄念之靈知性）作爲佛法。 如是邪見，或因自身正見未立所致，或因邪師之邪教導所致，或因無始劫來虛妄熏習所致。若不破除此三種邪見，永劫不悟宗門眞義、不入大乘正道，唯能外門廣修菩薩行。 平實導師於此書中，有極爲詳細之說明，有志佛子欲摧邪見、入於內門修菩薩行者，當閱此書。主文共496頁，全書512頁。售價500元（2007年起，凡購買公案拈提第一輯至第七輯，每購一輯皆贈送本公司精製公案拈提〈超意境〉CD一片，市售價格280元，多購多贈）。

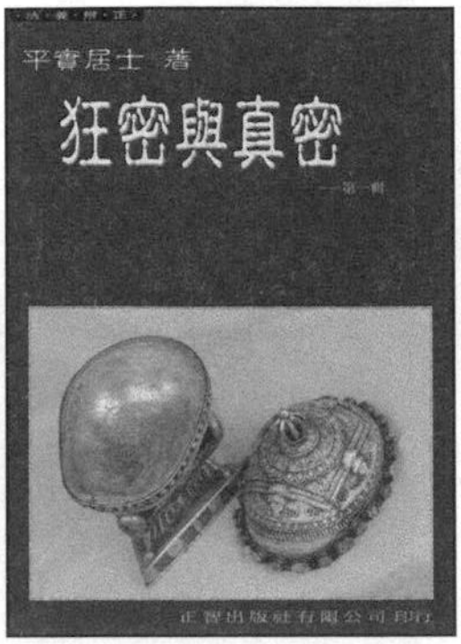

狂密與眞密：密教之修學，皆由有相之觀行法門而入，其最終目標仍不離顯教經典所說第一義諦之修證；若離顯教第一義經典、或違背顯教第一義經典，即非佛教。西藏密教之觀行法，如灌頂、觀想、遷識法、寶瓶氣、大聖歡喜雙身修法、喜金剛、無上瑜伽、大樂光明、樂空雙運等，皆是印度教兩性生生不息思想之轉化，自始至終皆以如何能運用交合淫樂之法達到全身受樂爲其中心思想，純屬欲界五欲的貪愛，不能令人超出欲界輪迴，更不能令人斷除我見；何況大乘之明心與見性，更無論矣！故密宗之法絕非佛法也。而其明光大手印、大圓滿法教，又皆同以常見外道所說離語言妄念之無念靈知心錯認爲佛地之眞如，不能直指不生不滅之眞如。西藏密宗所有法王與徒衆，都尚未開頂門眼，不能辨別眞僞，以依人不依法、依密續不依經典故，不肯將其上師喇嘛所說對照第一義經典，純依密續之藏密祖師所說爲準，因此而誇大其證德與證量，動輒謂彼祖師上師爲究竟佛、爲地上菩薩；如今台海兩岸亦有自謂其師證量高於 釋迦文佛者，然觀其師所述，猶未見道，仍在觀行即佛階段，尚未到禪宗相似即佛、分證即佛階位，竟敢標榜爲究竟佛及地上法王，誑惑初機學人。凡此怪象皆是狂密，不同於眞密之修行者。近年狂密盛行，密宗行者被誤導者極衆，動輒自謂已證佛地眞如，自視爲究竟佛，陷於大妄語業中而不知自省，反謗顯宗眞修實證者之證量粗淺；或如義雲高與釋性圓…等人，於報紙上公然誹謗眞實證道者爲「騙子、無道人、人妖、癩蛤蟆…」等，造下誹謗大乘勝義僧之大惡業；或以外道法中有爲有作之甘露、魔術……等法，誑騙初機學人，狂言彼外道法爲眞佛法。如是怪象，在西藏密宗及附藏密之外道中，不一而足，舉之不盡，學人宜應愼思明辨，以免上當後又犯毀破菩薩戒之重罪。密宗學人若欲遠離邪知邪見者，請閱此書，即能了知密宗之邪謬，從此遠離邪見與邪修，轉入眞正之佛道。 平實導師著 共四輯 每輯約400頁（主文約340頁）每輯售價300元。

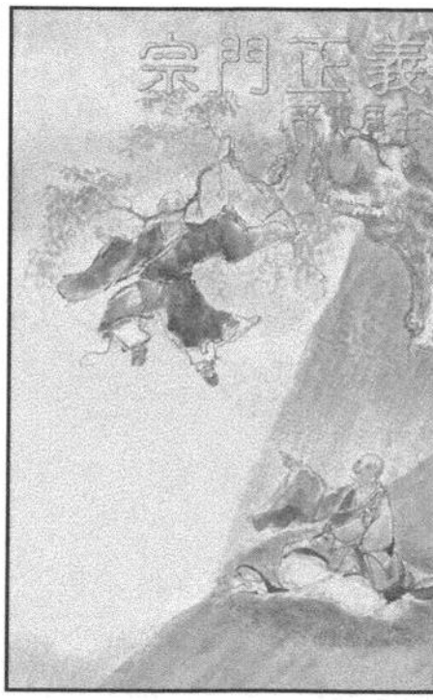

宗門正義—公案拈提第六輯：佛教有六大危機，乃是藏密化、世俗化、膚淺化、學術化、宗門密意失傳、悟後進修諸地之次第混淆；其中尤以宗門密意之失傳，為當代佛教最大之危機。由宗門密意失傳故，易令 世尊本懷普被錯解，易令 世尊正法被轉易為外道法，以及加以淺化、世俗化，是故宗門密意之廣泛弘傳與具緣佛弟子，極為重要。然而欲令宗門密意之廣泛弘傳予具緣之佛弟子者，必須同時配合錯誤知見之解析、普令佛弟子知之，然後輔以公案解析之直示入處，方能令具緣之佛弟子悟入。而此二者，皆須以公案拈提之方式為之，方易成其功、竟其業，是故平實導師續作宗門正義一書，以利學人。　全書500餘頁，售價500元（2007年起，凡購買公案拈提第一輯至第七輯，每購一輯皆贈送本公司精製公案拈提〈超意境〉CD一片，市售價格280元，多購多贈）。

心經密意—心經與解脫道、佛菩提道、祖師公案之關係與密意。　二乘菩提所證之解脫道，實依第八識心之斷除煩惱障現行而立解脫之名；大乘菩提所證之佛菩提道，實依親證第八識如來藏之涅槃性、清淨自性、及其中道性而立般若之名；禪宗祖師公案所證之眞心，即是此第八識如來藏；是故三乘佛法所修所證之三乘菩提，皆依此如來藏心而立名也。此第八識心，即是《心經》所說之心也。證得此如來藏已，即能漸入大乘佛菩提道，亦可因證知此心而了知二乘無學所不能知之無餘涅槃本際，是故《心經》之密意，與三乘佛菩提之關係極為密切、不可分割，三乘佛法皆依此心而立名故。今者平實導師以其所證解脫道之無生智及佛菩提之般若種智，將《心經》與解脫道、佛菩提道、祖師公案之關係與密意，以演講之方式，用淺顯之語句和盤托出，發前人所未言，呈三乘菩提之眞義，令人藉此《心經密意》一舉而窺三乘菩提之堂奧，迴異諸方言不及義之說；欲求眞實佛智者、不可不讀！　主文317頁，連同跋文及序文…等共384頁，售價300元。

宗門密意—公案拈提第七輯：佛教之世俗化，將導致學人以信仰作為學佛，則將以感應及世間法之庇祐，作為學佛之主要目標，不能了知學佛之主要目標為親證三乘菩提。大乘菩提則以般若實相智慧為主要修習目標，以二乘菩提解脫道為附帶修習之標的；是故學習大乘法者，應以禪宗之證悟為要務，能親入大乘菩提之實相般若智慧中故，般若實相智慧非二乘聖人所能知故。此書則以台灣世俗化佛教之三大法師，說法似是而非之實例，配合眞悟祖師之公案解析，提示證悟般若之關節，令學人易得悟入。平實導師著，全書五百餘頁，售價500元（2007年起，凡購買公案拈提第一輯至第七輯，每購一輯皆贈送本公司精製公案拈提〈超意境〉CD一片，市售價格280元，多購多贈）。

淨土聖道—兼評選擇本願念佛：佛法甚深極廣，般若玄微，非諸二乘聖僧所能知之，一切凡夫更無論矣！所謂一切證量皆歸淨土是也！是故大乘法中「聖道之淨土、淨土之聖道」，其義甚深，難可了知；乃至眞悟之人，初心亦難知也。今有正德老師眞實證悟後，復能深探淨土與聖道之緊密關係，憐憫衆生之誤會淨土實義，亦欲利益廣大淨土行人同入聖道，同獲淨土中之聖道門要義，乃振奮心神、書以成文，今得刊行天下。主文279頁，連同序文等共301頁，總有十一萬六千餘字，正德老師著，成本價200元。

起信論講記：詳解大乘起信論心生滅門與心眞如門之眞實意旨，消除以往大師與學人對起信論所說心生滅門之誤解，由是而得了知眞心如來藏之非常非斷中道正理；亦因此一講解，令此論以往隱晦而被誤解之眞實義，得以如實顯示，令大乘佛菩提道之正理得以顯揚光大；初機學者亦可藉此正論所顯示之法義，對大乘法理生起正信，從此得以眞發菩提心，眞入大乘法中修學，世世常修菩薩正行。平實導師演述，共六輯，都已出版，每輯三百餘頁，售價各250元。

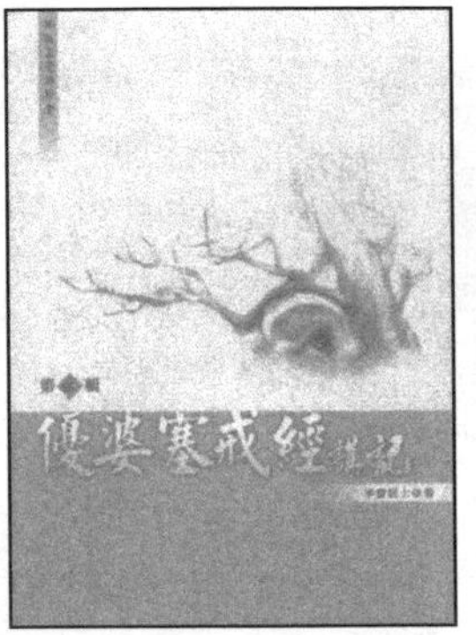

優婆塞戒經講記：本經詳述在家菩薩修學大乘佛法，應如何受持菩薩戒？對人間善行應如何看待？對三寶應如何護持？應如何正確地修集此世後世證法之福德？應如何修集後世「行菩薩道之資糧」？並詳述第一義諦之正義：五蘊非我非異我、自作自受、異作異受、不作不受……等深妙法義，乃是修學大乘佛法、行菩薩行之在家菩薩所應當了知者。出家菩薩今世或未來世登地已，捨報之後多數將如華嚴經中諸大菩薩，以在家菩薩身而修行菩薩行，故亦應以此經所述正理而修之，配合《楞伽經、解深密經、楞嚴經、華嚴經》等道次第正理，方得漸次成就佛道；故此經是一切大乘行者皆應證知之正法。平實導師講述，每輯三百餘頁，售價各250元；共八輯，已全部出版。

真假活佛—略論附佛外道盧勝彥之邪說：人人身中都有眞活佛，永生不滅而有大神用，但衆生都不了知，所以常被身外的西藏密宗假活佛籠罩欺瞞。本來就眞實存在的眞活佛，才是眞正的密宗無上密！諾那活佛因此而說禪宗是大密宗，但藏密的所有活佛都不知道、也不曾實證自身中的眞活佛。本書詳實宣示眞活佛的道理，舉證盧勝彥的「佛法」不是眞佛法，也顯示盧勝彥是假活佛，直接的闡釋第一義佛法見道的眞實正理。眞佛宗的所有上師與學人們，都應該詳細閱讀，包括盧勝彥個人在內。正犀居士著，優惠價140元。

阿含正義—唯識學探源：廣說四大部《阿含經》諸經中隱說之眞正義理，一一舉示佛陀本懷，令阿含時期初轉法輪根本經典之眞義，如實顯現於佛子眼前。並提示末法大師對於阿含眞義誤解之實例，一一比對之，證實唯識增上慧學確於原始佛法之阿含諸經中已隱覆密意而略說之，證實 世尊確於原始佛法中已曾密意而說第八識如來藏之總相；亦證實 世尊在四阿含中已說此藏識是名色十八界之因、之本—證明如來藏是能生萬法之根本心。佛子可據此修正以往受諸大師（譬如西藏密宗應成派中觀師：印順、昭慧、性廣、大願、達賴、宗喀巴、寂天、月稱、……等人）誤導之邪見，建立正見，轉入正道乃至親證初果而無困難；書中並詳說三果所證的心解脫，以及四果慧解脫的親證，都是如實可行的具體知見與行門。全書共七輯，已出版完畢。平實導師著，每輯三百餘頁，售價300元。

超意境CD：以平實導師公案拈提書中超越意境之頌詞，加上曲風優美的旋律，錄成令人嚮往的超意境歌曲，其中包括正覺發願文及平實導師親自譜成的黃梅調歌曲一首。詞曲雋永，殊堪翫味，可供學禪者吟詠，有助於見道。內附設計精美的彩色小冊，解說每一首詞的背景本事。每片280元。【每購買公案拈提書籍一冊，即贈送一片。】

我的菩提路第一輯：凡夫及二乘聖人不能實證的佛菩提證悟，末法時代的今天仍然有人能得實證，由正覺同修會釋悟圓、釋善藏法師等二十餘位實證如來藏者所寫的見道報告，已爲當代學人見證宗門正法之絲縷不絕，證明大乘義學的法脈仍然存在，爲末法時代求悟般若之學人照耀出光明的坦途。由二十餘位大乘見道者所繕，敘述各種不同的學法、見道因緣與過程，參禪求悟者必讀。全書三百餘頁，售價300元。

我的菩提路第二輯：由郭正益老師等人合著，書中詳述彼等諸人歷經各處道場學法，一一修學而加以檢擇之不同過程以後，因閱讀正覺同修會、正智出版社書籍而發起抉擇分，轉入正覺同修會中修學；乃至學法及見道之過程，都一一詳述之。其中張志成等人係由前現代禪轉進正覺同修會，張志成原爲現代禪副宗長，以前未閱本會書籍時，曾被人藉其名義著文評論　平實導師（詳見《宗通與說通》辨正及《眼見佛性》書末附錄…等）；後因偶然接觸正覺同修會書籍，深覺以前聽人評論平實導師之語不實，於是投入極多時間閱讀本會書籍、深入思辨，詳細探索中觀與唯識之關聯與異同，認爲正覺之法義方是正法，深覺相應；亦解開多年來對佛法的迷雲，確定應依八識論正理修學方是正法。乃不顧面子，毅然前往正覺同修會面見平實導師懺悔，並正式學法求悟。今已與其同修王美伶（亦爲前現代禪傳法老師），同樣證悟如來藏而證得法界實相，生起實相般若眞智。此書中尚有七年來本會第一位眼見佛性者之見性報告一篇，一同供養大乘佛弟子。全書四百頁，售價300元。

我的菩提路第三輯：由王美伶老師等人合著。自從正覺同修會成立以來，每年夏初、冬初都舉辦精進禪三共修，藉以助益會中同修們得以證悟明心發起般若實相智慧；凡已實證而被平實導師印證者，皆書具見道報告用以證明佛法之眞實可證而非玄學，證明佛法並非純屬思想、理論而無實質，是故每年都能有人證明正覺同修會的「實證佛教」主張並非虛語。特別是眼見佛性一法，自古以來中國禪宗祖師實證者極寡，較之明心開悟的證境更難令人信受；至2017年初，正覺同修會中的證悟明心者已近五百人，然而其中眼見佛性者至今唯十餘人爾，可謂難能可貴，是故明心後欲冀眼見佛性者實屬不易。黃正倖老師是懸絕七年無人見性後的第一人，她於2009年的見性報告刊於本書的第二輯中，爲大眾證明佛性確實可以眼見；其後七年之中求見性者都屬解悟佛性而無人眼見，幸而又經七年後的2016冬初，以及2017夏初的禪三，復有三人眼見佛性，希冀鼓舞四眾佛子求見佛性之大心，今則具載一則於書末，顯示求見佛性之事實經歷，供養現代佛教界欲得見性之四眾弟子。全書四百頁，售價300元，預定2017年6月30日發行。

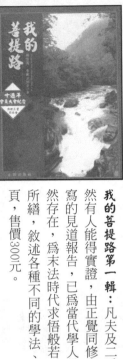

我的菩提路第四輯：由陳晏平等人著。中國禪宗祖師往往有所謂「見性」之言，所言多屬看見如來藏具有能令人發起成佛之自性，並非《大般涅槃經》中 如來所說之眼見佛性。眼見佛性者，於親見佛性之時，即能於山河大地眼見自己佛性，亦能於他人身上眼見自己佛性及對方之佛性，如是境界無法爲尚未實證者解釋；勉強說之，縱使眞實明心證悟之人聞之，亦只能以自身明心之境界想像之，但不論如何想像多屬非量，能有正確之比量者亦是稀有，故說眼見佛性極爲困難。眼見佛性之人若所見極分明時，在所見佛性之境界下所眼見之山河大地、自己五蘊身心皆是虛幻，自有異於明心者之解脫功德受用，此後永不思證二乘涅槃，必定邁向成佛之道而進入第十住位中，已超第一阿僧祇劫三分有一，可謂之爲超劫精進也。今又有明心之後眼見佛性之人出於人間，將其明心及後來見性之報告，連同其餘證悟明心者之精彩報告一同收錄於此書中，供養眞求佛法實證之四衆佛子。全書380頁，售價300元，預定2018年6月30日發行。

鈍鳥與靈龜：鈍鳥及靈龜二物，被宗門證悟者說爲二種人：前者是精修禪定而無智慧者，也是以定爲禪的愚癡禪人；後者是或有禪定、或無禪定的宗門證悟者，凡已證悟者皆是靈龜。但後來被人虛造事實，用以嘲笑大慧宗杲禪師，說他雖是靈龜，卻不免被天童禪師預記「患背」痛苦而亡：「鈍鳥離巢易，靈龜脫殼難。」藉以貶低大慧宗杲的證量。同時將天童禪師實證如來藏的證量，曲解爲意識境界的離念靈知。自從大慧禪師入滅以後，錯悟凡夫對他的不實毀謗就一直存在著，不曾止息，並且捏造的假事實也隨著年月的增加而越來越多，終至編成「鈍鳥與靈龜」的假公案、假故事。本書是考證大慧與天童之間的不朽情誼，顯現這件假公案的虛妄不實；更見大慧宗杲面對惡勢力時的正直不阿，亦顯示大慧對天童禪師的至情深義，將使後人對大慧宗杲的誣謗至此而止，不再有人誤犯毀謗賢聖的惡業。書中亦舉證宗門的所悟確以第八識如來藏爲標的，詳讀之後必可改正以前被錯悟大師誤導的參禪知見，日後必定有助於實證禪宗的開悟境界，得階大乘眞見道位中，即是實證般若之賢聖。全書459頁，售價350元。

維摩詰經講記：本經係 世尊在世時，由等覺菩薩維摩詰居士藉疾病而演說之大乘菩提無上妙義，所說函蓋甚廣，然極簡略，是故今時諸方大師與學人讀之悉皆錯解，何況能知其中隱含之深妙正義，是故普遍無法爲人解說；若強爲人說，則成依文解義而有諸多過失。今由平實導師公開宣講之後，詳實解釋其中密意，令維摩詰菩薩所說大乘不可思議解脫之深妙正法得以正確宣流於人間，利益當代學人及與諸方大師。書中詳實演述大乘佛法深妙不共二乘之智慧境界，顯示諸法之中絕待之實相境界，建立大乘菩薩妙道於永遠不敗不壞之地，以此成就護法偉功，欲冀永利娑婆人天。已經宣講圓滿整理成書流通，以利諸方大師及諸學人。全書共六輯，每輯三百餘頁，售價各250元。

真假外道：本書具體舉證佛門中的常見外道知見實例，並加以教證及理證上的辨正，幫助讀者輕鬆而快速的了知常見外道的錯誤知見，進而遠離佛門內外的常見外道知見，因此即能改正修學方向而快速實證佛法。游正光老師著 。成本價200元。

勝鬘經講記：如來藏爲三乘菩提之所依，若離如來藏心體及其含藏之一切種子，即無三界有情及一切世間法，亦無二乘菩提緣起性空之出世間法；本經詳說無始無明、一念無明皆依如來藏而有之正理，藉著詳解煩惱障與所知障間之關係，令學人深入了知二乘菩提與佛菩提相異之妙理；聞後即可了知佛菩提之特勝處及三乘修道之方向與原理，邁向攝受正法而速成佛道的境界中。平實導師講述，共六輯，每輯三百餘頁，售價各250元。

楞嚴經講記：楞嚴經係密教部之重要經典，亦是顯教中普受重視之經典；經中宣說明心與見性之內涵極爲詳細，將一切法都會歸如來藏及佛性—妙眞如性；亦闡釋佛菩提道修學過程中之種種魔境，以及外道誤會涅槃之狀況，旁及三界世間之起源。然因言句深澀難解，法義亦復深妙寬廣，學人讀之普難通達，是故讀者大多誤會，不能如實理解佛所說之明心與見性內涵，亦因是故多有悟錯之人引爲開悟之證言，成就大妄語罪。今由平實導師詳細講解之後，整理成文，以易讀易懂之語體文刊行天下，以利學人。全書十五輯，全部出版完畢。每輯三百餘頁，售價每輯300元。

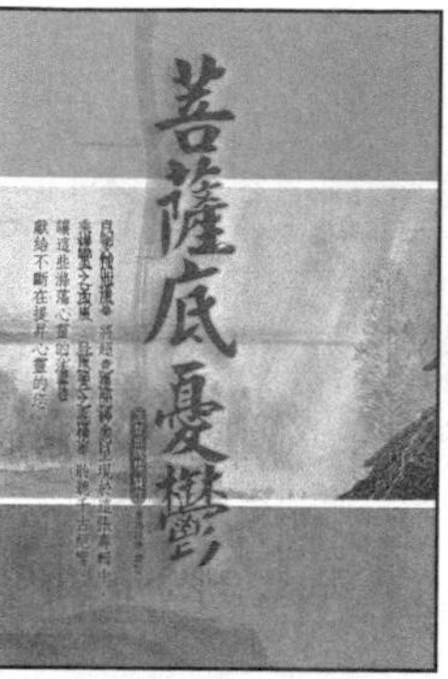

明心與眼見佛性：本書細述明心與眼見佛性之異同，同時顯示了中國禪宗破初參明心與重關眼見佛性二關之間的關聯；書中又藉法義辨正而旁述其他許多勝妙法義，讀後必能遠離佛門長久以來積非成是的錯誤知見，令讀者在佛法的實證上有極大助益。也藉慧廣法師的謬論來教導佛門學人回歸正知正見，遠離古今禪門錯悟者所墮的意識境界，非唯有助於斷我見，也對未來的開悟明心實證第八識如來藏有所助益，是故學禪者都應細讀之。　游正光老師著　共448頁　售價300元。

菩薩底憂鬱CD：將菩薩情懷及禪宗公案寫成新詞，並製作成超越意境的優美歌曲。1.主題曲〈菩薩底憂鬱〉，描述地後菩薩能離三界生死而迴向繼續生在人間，但因尚未斷盡習氣種子而有極深沈之憂鬱，非三賢位菩薩及二乘聖者所知，此憂鬱在七地滿心位方才斷盡；本曲之詞中所說義理極深，昔來所未曾見；此曲係以優美的情歌風格寫詞及作曲，聞者得以激發嚮往諸地菩薩境界之大心，詞、曲都非常優美，難得一見；其中勝妙義理之解說，已印在附贈之彩色小冊中。2.以各輯公案拈提中直示禪門入處之頌文，作成各種不同曲風之超意境歌曲，値得玩味、參究；聆聽公案拈提之優美歌曲時，請同時閱讀內附之印刷精美說明小冊，可以領會超越三界的證悟境界；未悟者可以因此引發求悟之意向及疑情，眞發菩提心而邁向求悟之途，乃至因此眞實悟入般若，成眞菩薩。3.正覺總持咒新曲，總持佛法大意；總持咒之義理，已加以解說並印在隨附之小冊中。本CD共有十首歌曲，長達63分鐘，附贈二張購書優惠券。每片280元。

禪意無限CD：平實導師以公案拈提書中偈頌寫成不同風格曲子，與他人所寫不同風格曲子共同錄製出版，幫助參禪人進入禪門超越意識之境界。盒中附贈彩色印製的精美解說小冊，以供聆聽時閱讀，令參禪人得以發起參禪之疑情，即有機會證悟本來面目，實證大乘菩提般若。本CD共有十首歌曲，長達69分鐘，每盒各附贈二張購書優惠券。每片280元。

金剛經宗通：三界唯心，萬法唯識，是成佛之修證內容，是諸地菩薩之所修；般若則是成佛之道（實證三界唯心、萬法唯識）的入門，若未證悟實相般若，即無成佛之可能，必將永在外門廣行菩薩六度，永在凡夫位中。然而實相般若的發起，全賴實證萬法的實相；若欲證知萬法的眞相，則必須探究萬法之所從來，則須實證自心如來—金剛心如來藏，然後現觀這個金剛心的金剛性、眞實性、如如性、清淨性、涅槃性、能生萬法的自性性、本住性，名爲證眞如；進而現觀三界六道唯是此金剛心所成，人間萬法須藉八識心王和合運作方能現起。如是實證《華嚴經》的「三界唯心、萬法唯識」以後，由此等現觀而發起實相般若智慧，繼續進修第十住位的如幻觀、第十行位的陽焰觀、第十迴向位的如夢觀，再生起增上意樂而勇發十無盡願，方能滿足三賢位的實證，轉入初地；自知成佛之道而無偏倚，從此按部就班、次第進修乃至成佛。第八識自心如來是般若智慧之所依，般若智慧的修證則要從實證金剛心自心如來開始；《金剛經》則是解說自心如來之經典，是一切三賢位菩薩所應進修之實相般若經典。這一套書，是將平實導師宣講的《金剛經宗通》內容，整理成文字而流通之；書中所說義理，迥異古今諸家依文解義之說，指出大乘見道方向與理路，有益於禪宗學人求開悟見道，及轉入內門廣修六度萬行。講述完畢後結集出版，總共9輯，每輯約三百餘頁，售價各250元。

空行母—性別、身分定位，以及藏傳佛教：本書作者爲蘇格蘭哲學家，因爲嚮往佛教深妙的哲學內涵，於是進入當年盛行於歐美的假藏傳佛教密宗，擔任卡盧仁波切的翻譯工作多年以後，被邀請成爲卡盧的空行母（又名佛母、明妃），開始了她在密宗裡的實修過程；後來發覺在密宗雙身法中的修行，其實無法使自己成佛，也發覺密宗對女性岐視而處處貶抑，並剝奪女性在雙身法中擔任一半角色時應有的身分定位。當她發覺自己只是雙身法中被喇嘛利用的工具，沒有獲得絲毫應有的尊重與基本定位時，發現了密宗的父權社會控制女性的本質；於是作者傷心地離開了卡盧仁波切與密宗，但是卻被恐嚇不許講出她在密宗裡的經歷，也不許她說出自己對密宗的教義與教制下對女性剝削的本質，否則將被咒殺死亡。後來她去加拿大定居，十餘年後方才擺脫這個恐嚇陰影，下定決心將親身經歷的實情及觀察到的事實寫下來並且出版，公諸於世。出版之後，她被流亡的達賴集團人士大力攻訐，誣指她爲精神狀態失常、說謊……等。但有智之士並未被達賴集團的政治操作及各國政府政治運作吹捧達賴的表相所欺，使她的書銷售無阻而又再版。正智出版社鑑於作者此書是親身經歷的事實，所說具有針對「藏傳佛教」而作學術研究的價值，也有使人認清假藏傳佛教剝削佛母、明妃的男性本位實質，因此洽請作者同意中譯而出版於華人地區。珍妮·坎貝爾女士著，呂艾倫 中譯，每冊250元。

霧峰無霧—給哥哥的信　本書作者藉兄弟之間信件往來論義，略述佛法大義；並以多篇短文辨義，舉出釋印順對佛法的無量誤解證據，並一一給予簡單而清晰的辨正，令人一讀即知。久讀、多讀之後即能認清楚釋印順的六識論見解，與眞實佛法之牴觸是多麼嚴重；於是在久讀、多讀之後，於不知不覺之間提升了對佛法的極深入理解，正知正見就在不知不覺間建立起來了。當三乘佛法的正知見建立起來之後，對於三乘菩提的見道條件便將隨之具足，於是聲聞解脫道的見道也就水到渠成；接著大乘見道的因緣也將次第成熟，未來自然也會有親見大乘菩提之道的因緣，悟入大乘實相般若也將自然成功，自能通達般若系列諸經而成實義菩薩。作者居住於南投縣霧峰鄉，自喻見道之後不復再見霧峰之霧，故鄉原野美景一一明見，於是立此書名爲《霧峰無霧》；讀者若欲撥霧見月，可以此書爲緣。游宗明 老師著 售價250元。

假藏傳佛教的神話—性、謊言、喇嘛教：本書編著者是由一首名叫「阿姊鼓」的歌曲爲緣起，展開了序幕，揭開假藏傳佛教—喇嘛教—的神秘面紗。其重點是蒐集、摘錄網路上質疑「喇嘛教」的帖子，以揭穿「假藏傳佛教的神話」爲主題，串聯成書，並附加彩色插圖以及說明，讓讀者們瞭解西藏密宗及相關人事如何被操作爲「神話」的過程，以及神話背後的眞相。作者：張正玄教授。售價200元。

達賴真面目—玩盡天下女人：假使您不想戴綠帽子，請記得詳細閱讀此書；假使您不想讓好朋友戴綠帽子，請您將此書介紹給您的好朋友。假使您想保護家中的女性，也想要保護好朋友的女眷，請記得將此書送給家中的女性和好友的女眷都來閱讀。本書爲印刷精美的大本彩色中英對照精裝本，爲您揭開達賴喇嘛的眞面目，內容精彩不容錯過，爲利益社會大眾，特別以優惠價格嘉惠所有讀者。編著者：白志偉等。大開版雪銅紙彩色精裝本。售價800元。

童女迦葉考—論呂凱文〈佛教輪迴思想的論述分析〉之謬：童女迦葉是佛世率領五百大比丘遊行於人間的歷史事實，是以童貞行而依止菩薩戒弘化於人間的大菩薩，不依別解脫戒（聲聞戒）來弘化於人間。這是大乘佛教與聲聞佛教同時存在於佛世的歷史明證，證明大乘佛教不是從聲聞法中分裂出來的部派佛教的產物，卻是聲聞佛教分裂出來的部派佛教聲聞凡夫僧所不樂見的史實；於是古今聲聞法中的凡夫都欲加以扭曲而作詭說，更是末法時代高聲大呼「大乘非佛說」的六識論聲聞凡夫極力想要扭曲的佛教史實之一，於是想方設法扭曲迦葉菩薩爲聲聞僧，以及扭曲迦葉童女爲比丘僧等荒謬不實之論著便陸續出現，古時聲聞僧寫作的《分別功德論》是最具體之事例，現代之代表作則是呂凱文先生的〈佛教輪迴思想的論述分析〉論文。鑑於如是假藉學術考證以籠罩大眾之不實謬論，未來仍將繼續造作及流竄於佛教界，繼續扼殺大乘佛教學人法身慧命，必須舉證辨正之，遂成此書。平實導師 著，每冊180元。

末代達賴—性交教主的悲歌：簡介從藏傳僞佛教（喇嘛教）的修行核心—性力派男女雙修，探討達賴喇嘛及藏傳僞佛教的修行內涵。書中引用外國知名學者著作、世界各地新聞報導，包含：歷代達賴喇嘛的祕史、達賴六世修雙身法的事蹟，以及《時輪續》中的性交灌頂儀式……等；達賴喇嘛書中開示的雙修法、達賴喇嘛的黑暗政治手段；達賴喇嘛所領導的寺院爆發喇嘛性侵兒童；新聞報導《西藏生死書》作者索甲仁波切性侵女信徒、澳洲喇嘛秋達公開道歉、美國最大假藏傳佛教組織領導人邱陽創巴仁波切的性氾濫，等等事件背後眞相的揭露。作者：張善思、呂艾倫、辛燕。售價250元。

黯淡的達賴—失去光彩的諾貝爾和平獎：本書舉出很多證據與論述，詳述達賴喇嘛不爲世人所知的一面，顯示達賴喇嘛並不是眞正的和平使者，而是假借諾貝爾和平獎的光環來欺騙世人；透過本書的說明與舉證，讀者可以更清楚的瞭解，達賴喇嘛是結合暴力、黑暗、淫欲於喇嘛教裡的集團首領，其政治行爲與宗教主張，早已讓諾貝爾和平獎的光環染污了。　本書由財團法人正覺教育基金會寫作、編輯，由正覺出版社印行，每冊250元。

第七意識與第八意識？—穿越時空「超意識」：「三界唯心，萬法唯識」是佛教中應該實證的聖教，也是《華嚴經》中明載而可以實證的法界實相。唯心者，三界一切境界、一切諸法唯是一心所成就，即是每一個有情的第八識如來藏，不是意識心。唯識者，即是人類各各都具足的八識心王——眼識、耳鼻舌身意識、意根、阿賴耶識，第八阿賴耶識又名如來藏，人類五陰相應的萬法，莫不由八識心王共同運作而成就，故說萬法唯識。依聖教量及現量、比量，都可以證明意識是二法因緣生，是由第八識藉意根與法塵二法爲因緣而出生，又是夜夜斷滅不存之生滅心，即無可能反過來出生第七識意根、第八識如來藏，當知不可能從生滅性的意識心中，細分出恆審思量的第七識意根，更無可能細分出恆而不審的第八識如來藏。本書是將演講內容整理成文字，細說如是內容，並已在《正覺電子報》連載完畢，今彙集成書以廣流通，欲幫助佛門有緣人斷除意識我見，跳脫於識陰之外而取證聲聞初果；嗣後修學禪宗時即得不墮外道神我之中，得以求證第八識金剛心而發起般若實智。平實導師 述，每冊300元。

中觀金鑑—詳述應成派中觀的起源與其破法本質：學佛人往往迷於中觀學派之不同學說，被應成派與自續派所迷惑；修學般若中觀二十年後自以爲實證般若中觀了，卻仍不曾入門，甫聞實證般若中觀者之所說，則茫無所知，迷惑不解；隨後信心盡失，不知如何實證佛法；凡此，皆因惑於這二派中觀學說所致。自續派中觀所說同於常見，以意識境界立爲第八識如來藏之境界，應成派所說則同於斷見，但又同立意識爲常住法，故亦具足斷常二見。今者孫正德老師有鑑於此，乃將起源於密宗的應成派中觀學說，追本溯源，詳考其來源之外，亦一一舉證其立論內容，詳加辨正，令密宗雙身法祖師以識陰境界而造之應成派中觀學說本質，詳細呈現於學人眼前，令其維護雙身法之目的無所遁形。若欲遠離密宗此二大派中觀謬說，欲於三乘菩提有所進道者，允宜具足閱讀並細加思惟，反覆讀之以後將可捨棄邪道返歸正道，則於般若之實證即有可能，證後自能現觀如來藏之中道境界而成就中觀。本書分上、中、下三冊，每冊250元，全部出版完畢。

人間佛教—實證者必定不悖三乘菩提：「大乘非佛說」的講法似乎流傳已久，卻只是日本人企圖擺脫中國正統佛教的影響，而在明治維新時期才開始提出來的說法；台灣佛教、大陸佛教的淺學無智之人，由於未曾實證佛法而迷信日本人錯誤的學術考證，錯認爲這些別有用心的日本佛學考證的講法爲天竺佛教的眞實歷史；甚至還有更激進的反對佛教者提出「釋迦牟尼佛並非眞實存在，只是後人揑造的假歷史人物」，竟然也有少數人願意跟著「學術」的假光環而信受不疑，於是開始有一些佛教界人士造作了反對中國佛教而推崇南洋小乘佛教的行爲，使佛教的信仰者難以檢擇，導致一般大陸人士開始轉入基督教的盲目迷信中。在這些佛教及外教人士之中，也就有一分人根據此邪說而大聲主張「大乘非佛說」的謬論，這些人以「人間佛教」的名義來抵制中國正統佛教，公然宣稱中國的大乘佛教是由聲聞部派佛教的凡夫僧所創造出來的。這樣的說法流傳於台灣及大陸佛教界凡夫僧之中已久，卻非眞正的佛教歷史中曾經發生過的事，只是繼承六識論的聲聞法中凡夫僧依自己的意識境界立場，純憑臆想而編造出來的妄想說法，卻已經影響許多無智之凡夫僧俗信受不移。本書則是從佛教的經藏法義實質及實證的現量內涵本質立論，證明大乘佛法本是佛說，是從《阿含正義》尚未說過的不同面向來討論「人間佛教」的議題，證明「大乘眞佛說」。閱讀本書可以斷除六識論邪見，迴入三乘菩提正道發起實證的因緣；也能斷除禪宗學人學禪時普遍存在之錯誤知見，對於建立參禪時的正知見有很深的著墨。平實導師　述，內文488頁，全書528頁，定價400元。

喇嘛性世界—揭開假藏傳佛教譚崔瑜伽的面紗：這個世界中的喇嘛，號稱來自世外桃源的香格里拉，穿著或紅或黃的喇嘛長袍，散布於我們的身邊傳教灌頂，吸引了無數的人嚮往學習；這些喇嘛虔誠地爲大眾祈福，手中拿著寶杵（金剛）與寶鈴（蓮花），口中唸著咒語：「唵．嘛呢．叭咪．吽……」，咒語的意思是說：「我至誠歸命金剛杵上的寶珠伸向蓮花寶穴之中」！「喇嘛性世界」是什麼樣的「世界」呢？本書將爲您呈現喇嘛世界的面貌。當您發現眞相以後，您將會唸：「噢！喇嘛．性．世界，譚崔性交嘛！」作者：張善思、呂艾倫。售價200元。

見性與看話頭：黃正倖老師的《見性與看話頭》於《正覺電子報》連載完畢，今結集出版。書中詳說禪宗看話頭的詳細方法，並細說看話頭與眼見佛性的關係，以及眼見佛性者求見佛性前必須具備的條件。本書是禪宗實修者追求明心開悟時參禪的方法書，也是求見佛性者作功夫時必讀的方法書，內容兼顧眼見佛性的理論與實修之方法，是依實修之體驗配合理論而詳述，條理分明而且極爲詳實、周全、深入。本書內文375頁，全書416頁，售價300元。

實相經宗通：學佛之目的在於實證一切法界背後之實相，禪宗稱之爲本來面目或本地風光，佛菩提道中稱之爲實相法界；此實相法界即是金剛藏，又名佛法之祕密藏，即是能生有情五陰、十八界及宇宙萬有（山河大地、諸天、三惡道世間）的第八識如來藏，又名阿賴耶識心，即是禪宗祖師所說的眞如心，此心即是三界萬有背後的實相。證得此第八識心時，自能瞭解般若諸經中隱說的種種密意，即得發起實相般若——實相智慧。每見學佛人修學佛法二十年後仍對實相般若茫然無知，亦不知如何入門，茫無所趣；更因不知三乘菩提的互異互同，是故越是久學者對佛法越覺茫然，都肇因於尚未瞭解佛法的全貌，亦未瞭解佛法的修證內容即是第八識心所致。本書對於修學佛法者所應實證的實相境界提出明確解析，並提示趣入佛菩提道的入手處，有心親證實相般若的佛法實修者，宜詳讀之，於佛菩提道之實證即有下手處。平實導師述著，共八輯，已全部出版完畢，每輯成本價250元。

真心告訴您（一）—**達賴喇嘛在幹什麼？**這是一本報導篇章的選集，更是「破邪顯正」的暮鼓晨鐘。「破邪」是戳破假象，說明達賴喇嘛及其所率領的密宗四大派法王、喇嘛們，弘傳的佛法是仿冒的佛法；他們是假藏傳佛教，是坦特羅（譚崔性交）外道法和藏地崇奉鬼神的苯教混合成的「喇嘛教」，推廣的是以所謂「無上瑜伽」的男女雙身法冒充佛法的假佛教，詐財騙色誤導衆生，常常造成信徒家庭破碎、家中兒少失怙的嚴重後果。「顯正」是揭櫫眞相，指出眞正的藏傳佛教只有一個，就是覺囊巴，傳的是 釋迦牟尼佛演繹的第八識如來藏妙法，稱爲他空見大中觀。正覺教育基金會即以此古今輝映的如來藏正法正知見，在眞心新聞網中逐次報導出來，將箇中原委「眞心告訴您」，如今結集成書，與想要知道密宗眞相的您分享。售價250元。

法華經講義：此書爲平實導師始從2009/7/21演述至2014/1/14之講經錄音整理所成。世尊一代時教，總分五時三教，即是華嚴時、聲聞緣覺教、般若教、種智唯識教、法華時；依此五時三教區分爲藏、通、別、圓四教。本經是最後一時的圓教經典，圓滿收攝一切法教於本經中，是故最後的圓教聖訓中，特地指出無有三乘菩提，其實唯有一佛乘；皆因衆生愚迷故，方便區分爲三乘菩提以助衆生證道。世尊於此經中特地說明如來示現於人間的唯一大事因緣，便是爲有緣衆生「開、示、悟、入」諸佛的所知所見——第八識如來藏妙眞如心，並於諸品中隱說「妙法蓮花」如來藏心的密意。然因此經所說甚深難解，眞義隱晦，古來難得有人能窺堂奧；平實導師以知如是密意故，特爲末法佛門四衆演述《妙法蓮華經》中各品蘊含之密意，使古來未曾被古德註解出來的「此經」密意，如實顯示於當代學人眼前。乃至〈藥王菩薩本事品〉、〈妙音菩薩品〉、〈觀世音菩薩普門品〉、〈普賢菩薩勸發品〉中的微細密意，亦皆一併詳述之，開前人所未曾言之密意，示前人所未見之妙法。最後乃至以〈法華大意〉而總其成，全經妙旨貫通始終，而依佛旨圓攝於一心如來藏妙心，厥爲曠古未有之大說也。平實導師述　已於2015/5/31起開始出版，每二個月出版一輯，共25輯。每輯300元。

西藏「活佛轉世」制度——附佛、造神、世俗法：歷來關於喇嘛教活佛轉世的研究，多針對歷史及文化兩部分，於其所以成立的理論基礎，較少系統化的探討。尤其是此制度是否依據「佛法」而施設？是否合乎佛法眞實義？現有的文獻大多含糊其詞，或人云亦云，不曾有明確的闡釋與如實的見解。因此本文先從活佛轉世的由來，探索此制度的起源、背景與功能，並進而從活佛的尋訪與認證之過程，發掘活佛轉世的特徵，以確認「活佛轉世」在佛法中應具足何種果德。定價150元。

真心告訴您(二)—達賴喇嘛是佛教僧侶嗎?補祝達賴喇嘛八十大壽：這是一本針對當今達賴喇嘛所領導的喇嘛教，冒用佛教名相、於師徒間或師兄姊間，實修男女邪淫，而從佛法三乘菩提的現量與聖教量，揭發其謊言與邪術，證明達賴及其喇嘛教是仿冒佛教的外道，是「假藏傳佛教」。藏密四大派教義雖有「八識論」與「六識論」的表面差異，然其實修之內容，皆共許「無上瑜伽」四部灌頂爲究竟「成佛」之法門，也就是共以男女雙修之邪淫法爲「即身成佛」之密要，雖美其名曰「欲貪爲道」之「金剛乘」，並誇稱其成就超越於（應身佛）釋迦牟尼佛所傳之顯教般若乘之上；然詳考其理論，則或以意識離念時之粗細心爲第八識如來藏，或以中脈裡的明點爲第八識如來藏，或如宗喀巴與達賴堅決主張第六意識爲常恆不變之眞心者，分別墮於外道之常見與斷見中；全然違背 佛說能生五蘊之如來藏的實質。售價300元。

涅槃—解說四種涅槃之實證及內涵：眞正學佛之人，首要即是見道，由見道故方有涅槃之實證，證涅槃者方能出生死，但涅槃有四種：二乘聖者的有餘涅槃、無餘涅槃，以及大乘聖者的本來自性清淨涅槃、佛地的無住處涅槃。大乘聖者實證本來自性清淨涅槃，入地前再取證二乘涅槃，然後起惑潤生捨離二乘涅槃，繼續進修而在七地心前斷盡三界愛之習氣種子，依七地無生法忍之具足而證得念念入滅盡定；八地後進斷異熟生死，直至妙覺地下生人間成佛，具足四種涅槃，方是眞正成佛。此理古來少人言，以致誤會涅槃正理者比比皆是，今於此書中廣說四種涅槃、如何實證之理、實證前應有之條件，實屬本世紀佛教界極重要之著作，令人對涅槃有正確無訛之認識，然後可以依之實行而得實證。本書共有上下二冊，每冊各四百餘頁，對涅槃詳加解說，每冊各350元。預定2018/09/30出版下冊。

修習止觀坐禪法要講記：修學四禪八定之人，往往錯會禪定之修學知見，欲以無止盡之坐禪而證禪定境界，卻不知修除性障之行門才是修證四禪八定不可或缺之要素，故智者大師云「性障初禪」；性障不除，初禪永不現前，云何修證二禪等？又：行者學定，若唯知數息，而不解六妙門之方便善巧者，欲求一心入定，未到地定極難可得，智者大師名之爲「事障未來」：障礙未到地定之修證。又禪定之修證，不可違背二乘菩提及第一義法，否則縱使具足四禪八定，亦不能實證涅槃而出三界。此諸知見，智者大師於《修習止觀坐禪法要》中皆有闡釋。作者平實導師以其第一義之見地及禪定之實證證量，曾加以詳細解析。將俟正覺寺竣工啓用後重講，不限制聽講者資格；講後將以語體文整理出版。欲修習世間定及增上定之學者，宜細讀之。平實導師述著。

解深密經講記：本經係 世尊晚年第三轉法輪，宣說地上菩薩所應熏修之唯識正義經典，經中所說義理乃是大乘一切種智增上慧學，以阿陀那識—如來藏—阿賴耶識爲主體。禪宗之證悟者，若欲修證初地無生法忍乃至八地無生法忍者，必須修學《楞伽經、解深密經》所說之八識心王一切種智；此二經所說正法，方是眞正成佛之道；印順法師否定第八識如來藏之後所說萬法緣起性空之法，是以誤會後之二乘解脫道取代大乘眞正成佛之道，尚且不符二乘解脫道正理，亦已墮於斷滅見中，不可謂爲成佛之道也。平實導師曾於本會郭故理事長往生時，於喪宅中從首七開始宣講，於每一七各宣講三小時，至第十七而快速略講圓滿，作爲郭老之往生佛事功德，迴向郭老早證八地、速返娑婆住持正法。茲爲今時後世學人故，將擇期重講《解深密經》，以淺顯之語句講畢後，將會整理成文，用供證悟者進道；亦令諸方未悟者，據此經中佛語正義，修正邪見，依之速能入道。平實導師述著，全書輯數未定，每輯三百餘頁，將於未來重講完畢後逐輯出版。

阿含經講記—小乘解脫道之修證：數百年來，南傳佛法所說證果之不實，所說解脫道之虛妄，所弘解脫道法義之世俗化，皆已少人知之；從南洋傳入台灣與大陸之後，所說法義虛謬之事，亦復少人知之；今時台灣全島印順系統之法師居士，多不知南傳佛法數百年來所說解脫道之義理已然偏斜、已然世俗化、已非眞正之二乘解脫正道，猶極力推崇與弘揚。彼等南傳佛法近代所謂之證果者多非眞實證果者，譬如阿迦曼、葛印卡、帕奧禪師、一行禪師……等人，悉皆未斷我見故。近年更有台灣南部大願法師，高抬南傳佛法之二乘修證行門爲「捷徑究竟解脫之道」者，然而南傳佛法縱使眞修實證，得成阿羅漢，至高唯是二乘菩提解脫之道，絕非究竟解脫，無餘涅槃中之實際尚未得證故，法界之實相尚未了知故，習氣種子待除故，一切種智未實證故，焉得謂爲「究竟解脫」？即使南傳佛法近代眞有實證之阿羅漢，尚且不及三賢位中之七住明心菩薩本來自性清淨涅槃智慧境界，則不能知此賢位菩薩所證之無餘涅槃實際，仍非大乘佛法中之見道者，何況普未實證聲聞果乃至未斷我見之人？謬充證果已屬逾越，更何況是誤會二乘菩提之後，以未斷我見之凡夫知見所說之二乘菩提解脫偏斜法道，焉可高抬爲「究竟解脫」？而且自稱「捷徑之道」？又妄言解脫之道即是成佛之道，完全否定般若實智、否定三乘菩提所依之如來藏心體，此理大大不通也！平實導師爲令修學二乘菩提欲證解脫果者，普得迴入二乘菩提正見、正道中，是故選錄四阿含諸經中，對於二乘解脫道法義有具足圓滿說明之經典，預定未來十年內將會加以詳細講解，令學佛人得以了知二乘解脫道之修證理路與行門，庶免被人誤導之後，未證言證，干犯道禁，成大妄語，欲升反墮。本書首重斷除我見，以助行者斷除我見而實證初果爲著眼之目標，若能根據此書內容，配合平實導師所著《識蘊眞義》《阿含正義》內涵而作實地觀行，實證初果非爲難事，行者可以藉此三書自行確認聲聞初果爲實際可得現觀成就之事。此書中除依二乘經典所說加以宣示外，亦依斷除我見等之證量，及大乘法中道種智之證量，對於意識心之體性加以細述，令諸二乘學人必定得斷我見、常見，免除三縛結之繫縛。次則宣示斷除我執之理，欲令升進而得薄貪瞋痴，乃至斷五下分結…等。平實導師述，共二冊，每冊三百餘頁。每輯300元。

喇嘛教修外道雙身法，墮識陰境界，非佛教

弘揚如來藏他空見的覺囊派才是真正藏傳佛教

總經銷： 飛鴻 國際行銷股份有限公司
231 新北市新店市中正路 501 之 9 號 2 樓
Tel.02－82186688（五線代表號） Fax.02-82186458、82186459

零售：1.**全台連鎖經銷書局：**
三民書局、誠品書局、何嘉仁書店
敦煌書店、紀伊國屋、金石堂書局、建宏書局
諾貝爾圖書城、墊腳石圖書文化廣場

2.**台北市：**佛化人生 **大安區**羅斯福路 3 段 325 號 6 樓之 4　台電大樓對面
3.**新北市：**春大地書店 **蘆洲區**中正路 117 號
4.**桃園市：**御書堂 **龍潭區**中正路 123 號
5.**新竹市：**大學書局 **東區**建功路 10 號
6.**台中市：**瑞成書局 **東區**雙十路 1 段 4 之 33 號
佛教詠春書局 **南屯區**永春東路 884 號
文春書店 **霧峰區**中正路 1087 號
7.**彰化市：**心泉佛教文化中心 南瑤路 286 號
8.**高雄市：**政大書城 **苓雅區**光華路 148-83 號
明儀書局 **三民區**明福街 2 號\
青年書局 **苓雅區**青年一路 141 號
9.**宜蘭市：**金隆書局　中山路 3 段 43 號
10.**台東市：**東普佛教文物流通處 博愛路 282 號
11.**其餘鄉鎮市經銷書局：**請電詢總經銷**飛鴻**公司。
12.**大陸地區請洽：**
香港：樂文書店
旺角店 :香港九龍旺角西洋菜街 62 號 3 樓
電話 : (852) 2390 3723　email: luckwinbooks@gmail.com
銅鑼灣店 :香港銅鑼灣駱克道 506 號 2 樓
電話 : (852) 2881 1150　email: luckwinbs@gmail.com
廈門：廈門外圖臺灣書店有限公司
地址：廈門市思明區湖濱南路809 號 廈門外圖書城3 樓 郵編：361004
電話：0592-5061658（臺灣地區請撥打 86-592-5061658）
E-mail：JKB118＠188.COM
13.**美國：世界日報圖書部：**紐約圖書部　電話 7187468889#6262
洛杉磯圖書部　電話 3232616972#202
14.**國內外地區網路購書：**
正智出版社 書香園地　http://books.enlighten.org.tw/
（書籍簡介、經銷書局可直接聯結下列網路書局購書）
三民 網路書局　http://www.sanmin.com.tw
誠品 網路書局　http://www.eslitebooks.com

博客來 網路書局　　http://www.books.com.tw

金石堂 網路書局　　http://www.kingstone.com.tw

飛鴻 網路書局　http://fh6688.com.tw

附註：1.請儘量向各經銷書局購買：郵政劃撥需要八天才能寄到（本公司在您劃撥後第四天才能接到劃撥單，次日寄出後第二天您才能收到書籍，此六天中可能會遇到週休二日，是故共需八天才能收到書籍）若想要早日收到書籍者，請劃撥完畢後，將劃撥收據貼在紙上，旁邊寫上您的姓名、住址、郵區、電話、買書詳細內容，直接傳眞到本公司 02-28344822，並來電 02-28316727、28327495 確認是否已收到您的傳眞，即可提前收到書籍。 2.因台灣每月皆有五十餘種宗教類書籍上架，書局書架空間有限，故唯有新書方有機會上架，通常每次只能有一本新書上架；本公司出版新書，大多上架不久便已售出，若書局未再叫貨補充者，書架上即無新書陳列，則請直接向書局櫃台訂購。 3.若書局不便代購時，可於晚上共修時間向正覺同修會各共修處請購（共修時間及地點，詳閱**共修現況表**。每年例行年假期間請勿前往請書，年假期間請見共修現況表）。 4.郵購：郵政劃撥帳號 19068241。 5.正覺同修會會員購書都以八折計價（戶籍台北市者爲一般會員，外縣市爲護持會員）都可獲得優待，欲一次購買全部書籍者，可以考慮入會，節省書費。入會費一千元（第一年初加入時才需要繳），年費二千元。**6.尚未出版之書籍，請勿預先郵寄書款與本公司，謝謝您！** 7.若欲一次購齊本公司書籍，或同時取得正覺同修會贈閱之全部書籍者，請於正覺同修會共修時間，親到各共修處請購及索取；**台北市讀者**請洽：103 台北市承德路三段 267 號 10 樓（捷運淡水線 圓山站旁）請書時間：週一至週五爲 18.00~21.00，第一、三、五週週六爲 10.00~21.00，雙週之週六爲 10.00~18.00 請購處專線電話：25957295-分機 14（於請書時間方有人接聽）。

敬告大陸讀者：

大陸讀者購書、索書捷徑（尚未在大陸出版的書籍，以下二個途徑都可以購得，電子書另包括結緣書籍）：

1.廈門外國圖書公司：廈門市思明區湖濱南路 809 號 廈門外圖書城 3F
郵編：361004　電話：0592-5061658　網址：http://www.xibc.com.cn/

2.電子書：正智出版社有限公司及正覺同修會在台灣印行的各種局版書、結緣書，已有『**正覺電子書**』陸續上線中，提供讀者於手機、平板電腦上購書、下載、閱讀正智出版社、正覺同修會及正覺教育基金會所出版之電子書，詳細訊息敬請參閱『正覺電子書』專頁：http://books.enlighten.org.tw/ebook

關於平實導師的書訊，請上網查閱：

成佛之道　http://www.a202.idv.tw
正智出版社 書香園地　http://books.enlighten.org.tw/

中國網採訪佛教正覺同修會、正覺教育基金會訊息：

http://big5.china.com.cn/gate/big5/fangtan.china.com.cn/2014-06/19/content_32714638.htm

http://pinpai.china.com.cn/

★ 正智出版社有限公司售書之稅後盈餘，全部捐助財團法人正覺寺籌備處、佛教正覺同修會、正覺教育基金會，供作弘法及購建道場之用；懇請諸方大德支持，功德無量。

★ 聲　明 ★

本社於 2015/01/01 開始調整本目錄中部分書籍之售價，以因應各項成本的持續增加。

＊ 喇嘛教修外道雙身法、墮識陰境界，非佛教 ＊

＊ 弘揚如來藏他空見的覺囊派才是真正藏傳佛教 ＊

售後服務—換書啓事（免附回郵）　2017/12/05

《楞伽經詳解》第三輯初版免費調換新書啓事：茲因 平實導師弘法早期尚未回復往世全部證量，有些法義接受他人的說法，寫書當時並未察覺而有二處（同一種法義）跟著誤說，如今發現已將之修正。茲爲顧及讀者權益，已開始免費調換新書；敬請所有讀者將以前所購第三輯（不論第幾刷），攜回或寄回本公司免費換新；郵寄者之回郵由本公司負擔，不需寄來郵票。因此而造成讀者閱讀、以及換書的不便，在此向所有讀者致上萬分的歉意，祈請讀者大眾見諒！

《楞嚴經講記》第 14 輯初版首刷本免費調換新書啓事：本講記第 14 輯出版前因 平實導師諸事繁忙，未將之重新閱讀而只改正校對時發現的錯別字，故未能發覺十年前所說法義有部分錯誤，於第 15 輯付印前重閱時才發覺第 14 輯中有部分錯誤尚未改正。今已重新審閱修改並已重印完成，煩請所有讀者將以前所購第 14 輯初版首刷本，寄回本公司免費換新（初版二刷本無錯誤），本公司將於寄回新書時同時附上您寄書來換新時的郵資，並在此向所有讀者致上最誠懇的歉意。

《心經密意》初版書免費調換二版新書啓事：本書係演講錄音整理成書，講時因時間所限，省略部分段落未講。後於再版時補寫增加 13 頁，維持原價流通之。茲爲顧及初版讀者權益，自 2003/9/30 開始免費調換新書，原有初版一刷、二刷書籍，皆可寄來本公司換書。

《宗門法眼》已經增寫改版爲 464 頁新書，2008 年 6 月中旬出版。讀者原有初版之第一刷、第二刷書本，都可以寄回本公司免費調換改版新書。改版後之公案及錯悟事例維持不變，但將內容加以增說，較改版前更具有廣度與深度，將更能助益讀者參究實相。

換書者**免附回郵**，亦無截止期限；舊書請寄：111 台北郵政 73-151 號信箱 或 103 台北市承德路三段 267 號 10 樓 正智出版社有限公司。舊書若有塗鴨、殘缺、破損者，仍可換取新書；但缺頁之舊書至少應仍有五分之三頁數，方可換書。所有讀者不必顧念本公司是否有盈餘之問題，都請踴躍寄來換書；本公司成立之目的不是營利，只要能眞實利益學人，即已達到成立及運作之目的。若以郵寄方式換書者，免附回郵；並於寄回新書時，由本公司附上您寄來書籍時耗用的郵資。造成您不便之處，再次致上萬分的歉意。

正智出版社有限公司 啓

換書及道歉公告

《法華經講義》第十三輯，因謄稿、印製等相關人員作業疏失，導致該書中的經文及內文用字將「**親近**」誤植成「清淨」。茲為顧及讀者權益，自 2017/8/30 開始免費調換新書；敬請所有讀者將以前所購第十三輯初版首刷及二刷本，攜回或寄回本社免費換新，或請自行更正其中的錯誤之處；郵寄者之回郵由本社負擔，不需寄來郵票。同時對因此而造成讀者閱讀、以及換書的困擾及不便，在此向所有讀者致上最誠懇的歉意，祈請讀者大眾見諒！錯誤更正說明如下：

一、第 256 頁第 10 行~第 14 行：【就是先要具備「**法親近處**」、「**眾生親近處**」；法**親近**處就是在實相之法有所實證，如果在實相法上有所實證，他在二乘菩提中自然也能有所實證，以這個作為第一個**親近**處——第一個基礎。然後還要有第二個基礎，就是瞭解應該如何善待眾生；對於眾生不要有排斥或者是貪取之心，平等觀待而攝受、親近一切有情。以這兩個**親近**處作為基礎，來實行其他三個安樂行法。】。

二、第 268 頁第 13 行：【具足了那兩個「**親近處**」，使你能夠在末法時代，如實而圓滿的演述《法華經》時，那麼你作這個夢，它就是如理作意的，完全符合邏輯去完成這個過程，就表示你那個晚上，在那短短的一場夢中，已經度了不少眾生了。】

正智出版社有限公司 敬啓

國家圖書館出版品預行編目(CIP)資料

法華經講義 / 平實導師述. -- 初版. -
- 臺北市：正智，2015.05　面；　公分
ISBN 978-986-56553-0-3（第一輯：平裝）
ISBN 978-986-56554-6-4（第二輯：平裝）
ISBN 978-986-56555-6-3（第三輯：平裝）
ISBN 978-986-56556-1-7（第四輯：平裝）
ISBN 978-986-56556-9-3（第五輯：平裝）
ISBN 978-986-56557-9-2（第六輯：平裝）
ISBN 978-986-56558-2-2（第七輯：平裝）
ISBN 978-986-56558-9-1（第八輯：平裝）
ISBN 978-986-56559-8-3（第九輯：平裝）
ISBN 978-986-93725-2-7（第十輯：平裝）
ISBN 978-986-93725-4-1（第十一輯：平裝）
ISBN 978-986-93725-6-5（第十二輯：平裝）
ISBN 978-986-93725-7-2（第十三輯：平裝）
ISBN 978-986-94970-3-9（第十四輯：平裝）
ISBN 978-986-94970-7-7（第十五輯：平裝）
ISBN 978-986-94970-9-1（第十六輯：平裝）
ISBN 978-986-95830-1-5（第十七輯：平裝）
ISBN 978-986-95830-4-6（第十八輯：平裝）
ISBN 978-986-95830-9-1（第十九輯：平裝）
ISBN 978-986-96548-1-4（第二十輯：平裝）
1. 法華部
221.5　104004638

法華經講義——第二十輯

著述者：平實導師
音文轉換：章乃鈞、高惠齡、劉惠莉、蔡正利、黃昇金
校對：章乃鈞 陳介源 孫淑貞 傅素嫻 王美伶
出版者：正智出版社有限公司
電話：○二 28327495　28316727（白天）
傳眞：○二 28344822
111台北郵政73-151號信箱
郵政劃撥帳號：一九○六八二四一
正覺講堂：總機○二 25957295（夜間）
總經銷：飛鴻國際行銷股份有限公司
231新北市新店區中正路501-9號2樓
電話：○二 82186688（五線代表號）
傳眞：○二 82186458　82186459
初版首刷：二○一八年七月三十一日　二千冊
初版三刷：二○一八年八月六日　二千冊
定價：三○○元